5年

実力アップ 白地図ノート

特別ふろく

教科書ワーク112ページのプラスワークも見てみましょう。

自分だけの地図を作って社会の力をのばす！調べ学習にも！

年 組	名前

※地図の縮尺は異なっている場合があります。また、一部の離島を省略している場合があります。

「白地図ノート」はとりはずして使用できます。

●勉強した日　　月　　日

1 世界のようす

大陸と海洋の名前を調べて書こう。大陸ごとに好きな色でぬりわけるとわかりやすくなるよ。

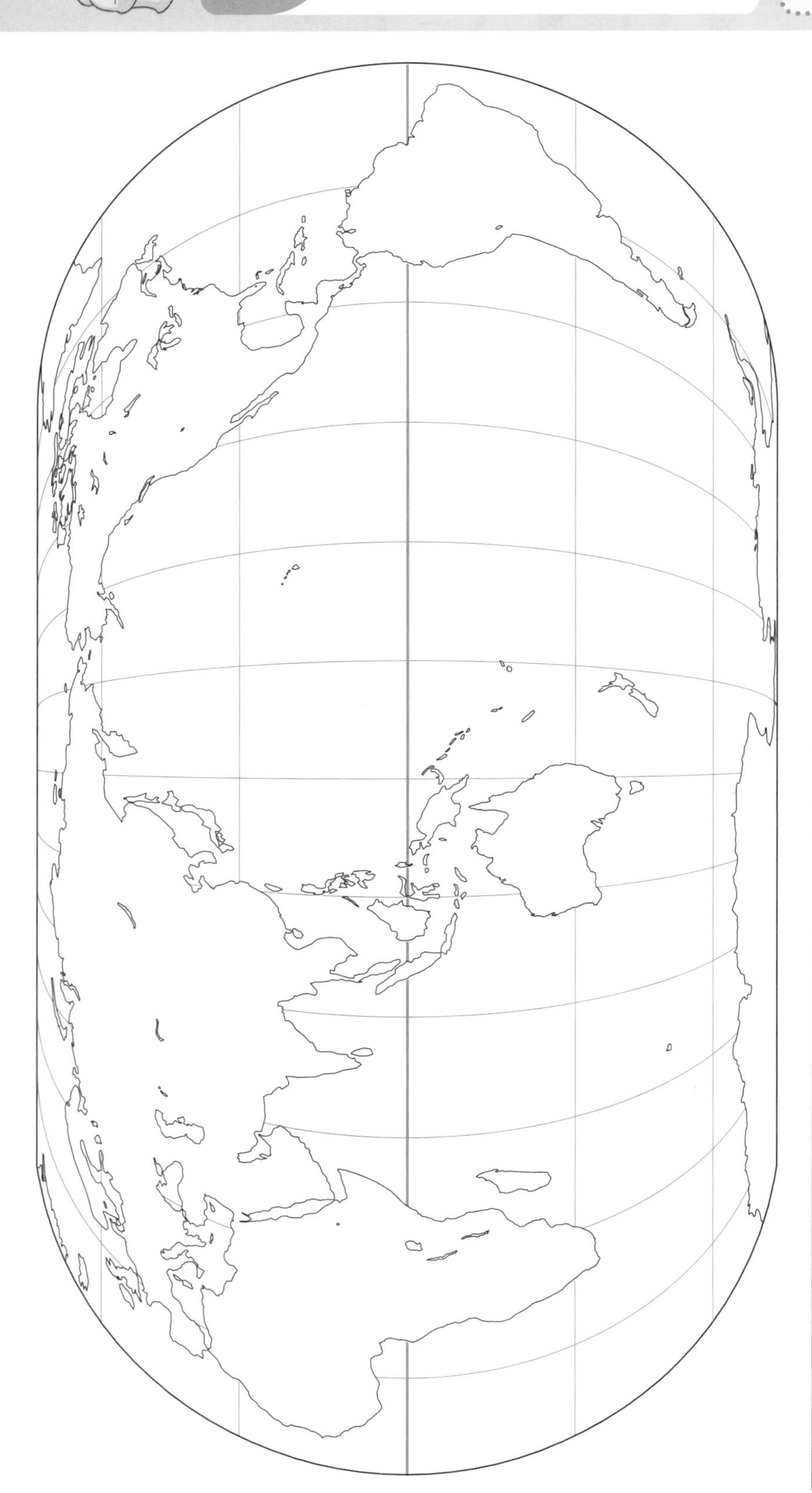

●勉強した日　　月　　日

2 世界の国々

日本の位置をさがして好きな色でぬろう。知っている国の位置や名前を調べて書きこんでみよう。

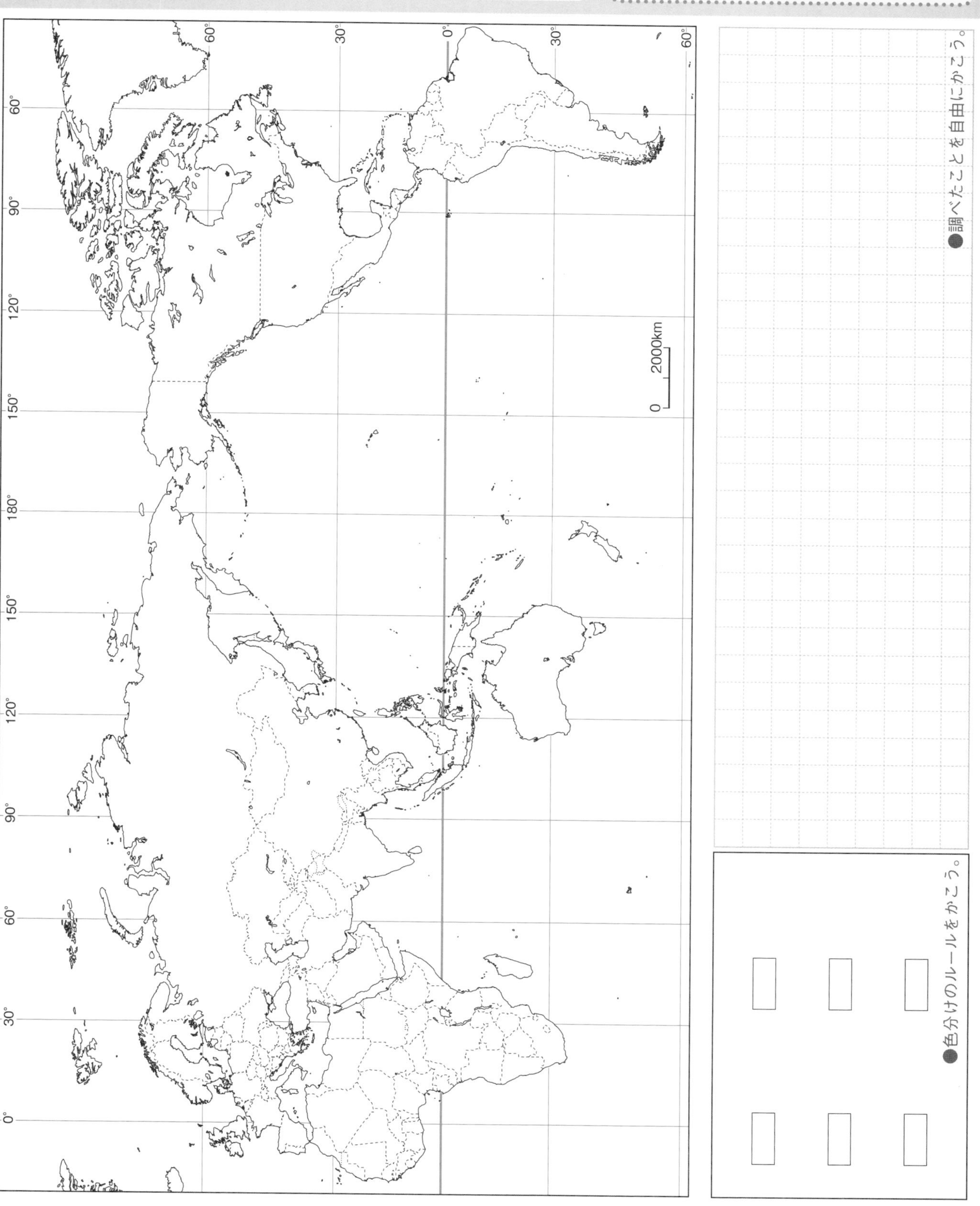

●勉強した日　　月　　日

3 日本の国土の広がり

使い方のヒント
日本の領土のはんいの地図だよ。島の名前を調べて書こう。領海や排他的経済水域のはんいも調べて色をぬってみよう。

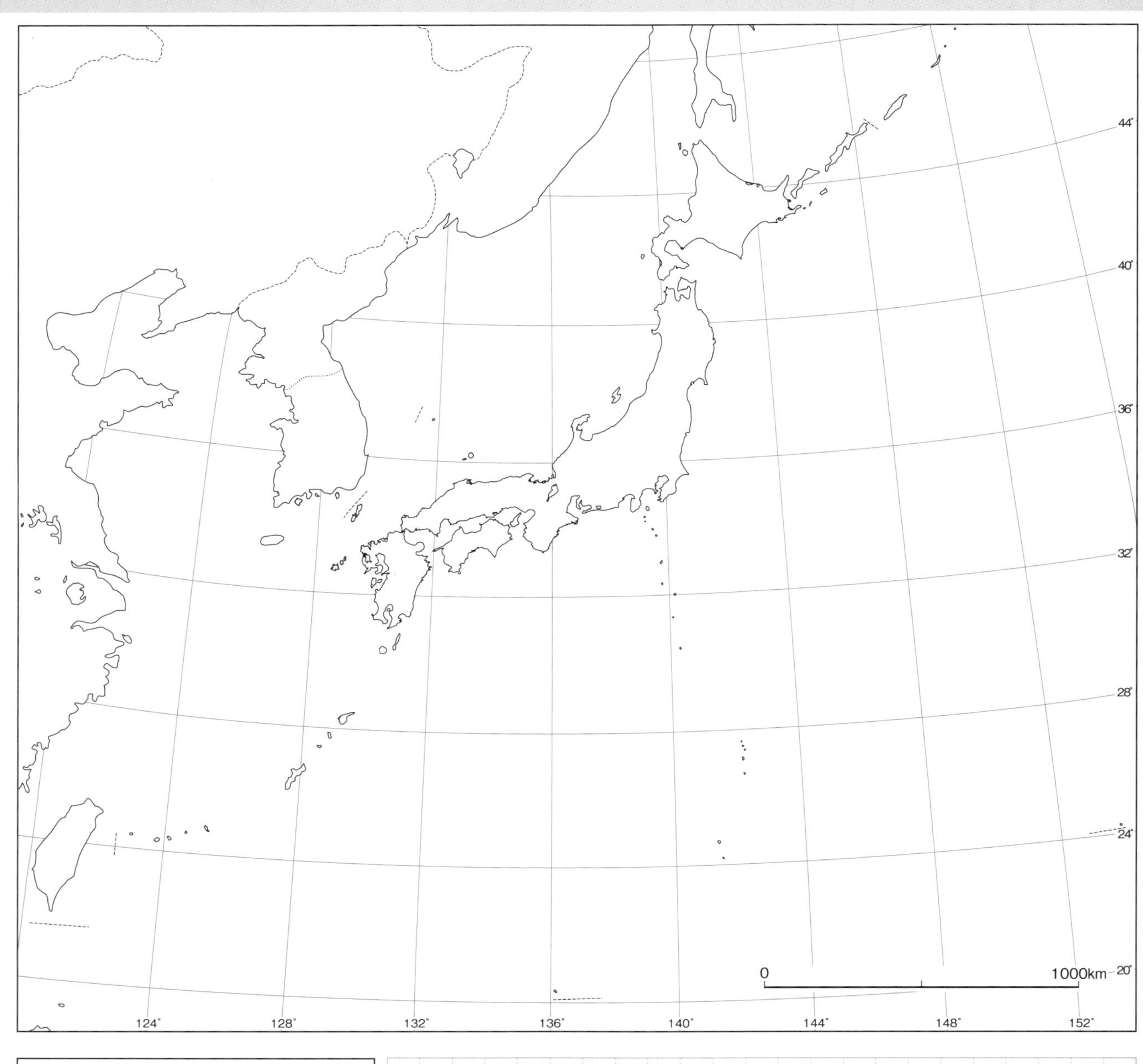

●勉強した日　　月　　日

4 日本の地形

使い方のヒント
山脈(さんみゃく)、山地、平野、盆地(ぼんち)などの地形や、川の名前を調べて書きこんでみよう。山や平野は色をぬるとわかりやすいよ。

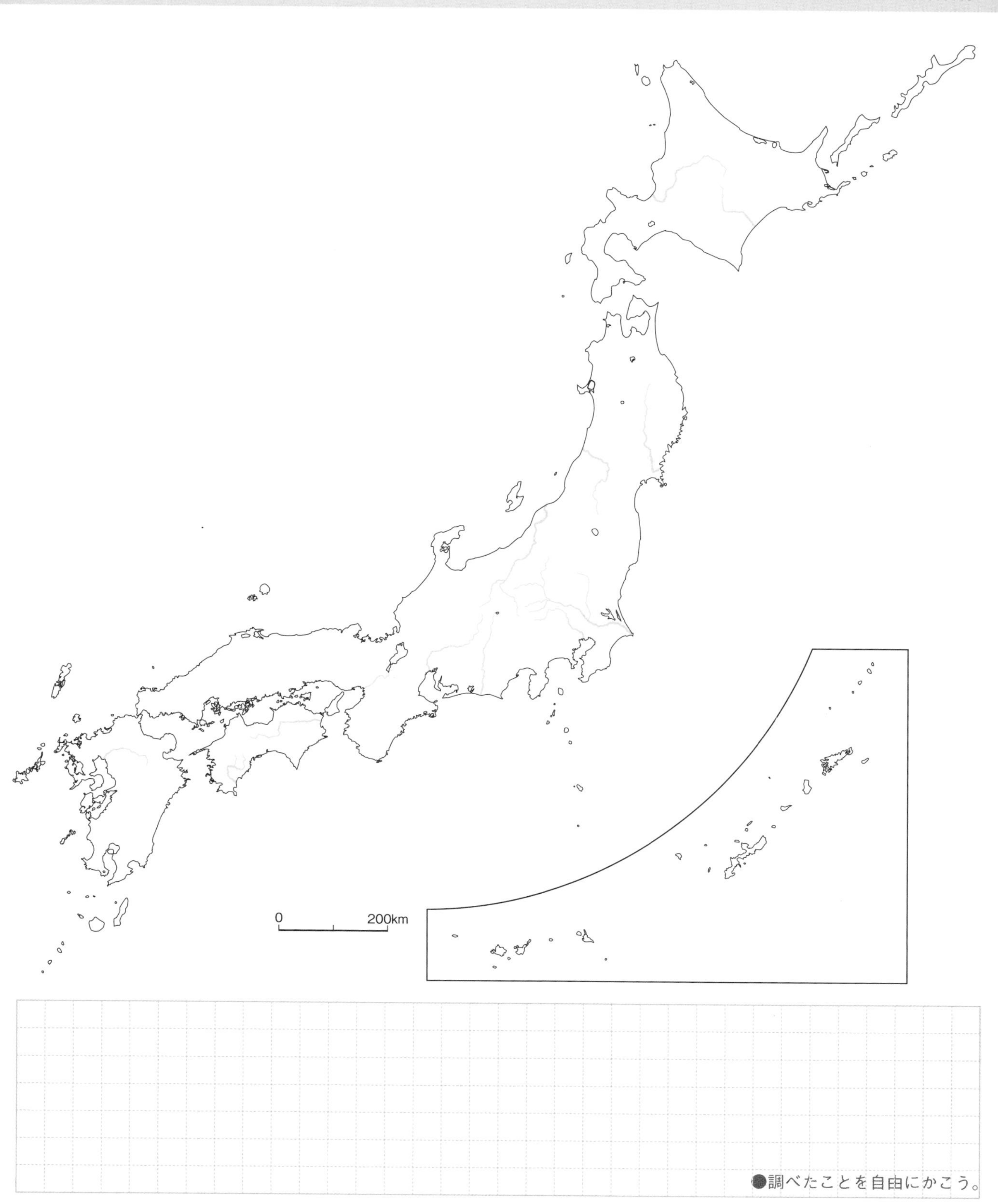

●調べたことを自由にかこう。

●勉強した日　月　日

5 日本の気候

気候のちがう地域をまとめた地図だよ。
それぞれの地域の気候の特色を調べて、
色分けもしてみよう。

●勉強した日　　月　　日

6 日本近海の海流

日本のまわりの海流をまとめた地図だよ。暖流（だんりゅう）と寒流（かんりゅう）を色分けして、それぞれの海流の名前も調べて書いてみよう。

●色分けのルールをかこう。

●調べたことを自由にかこう。

7 日本地図

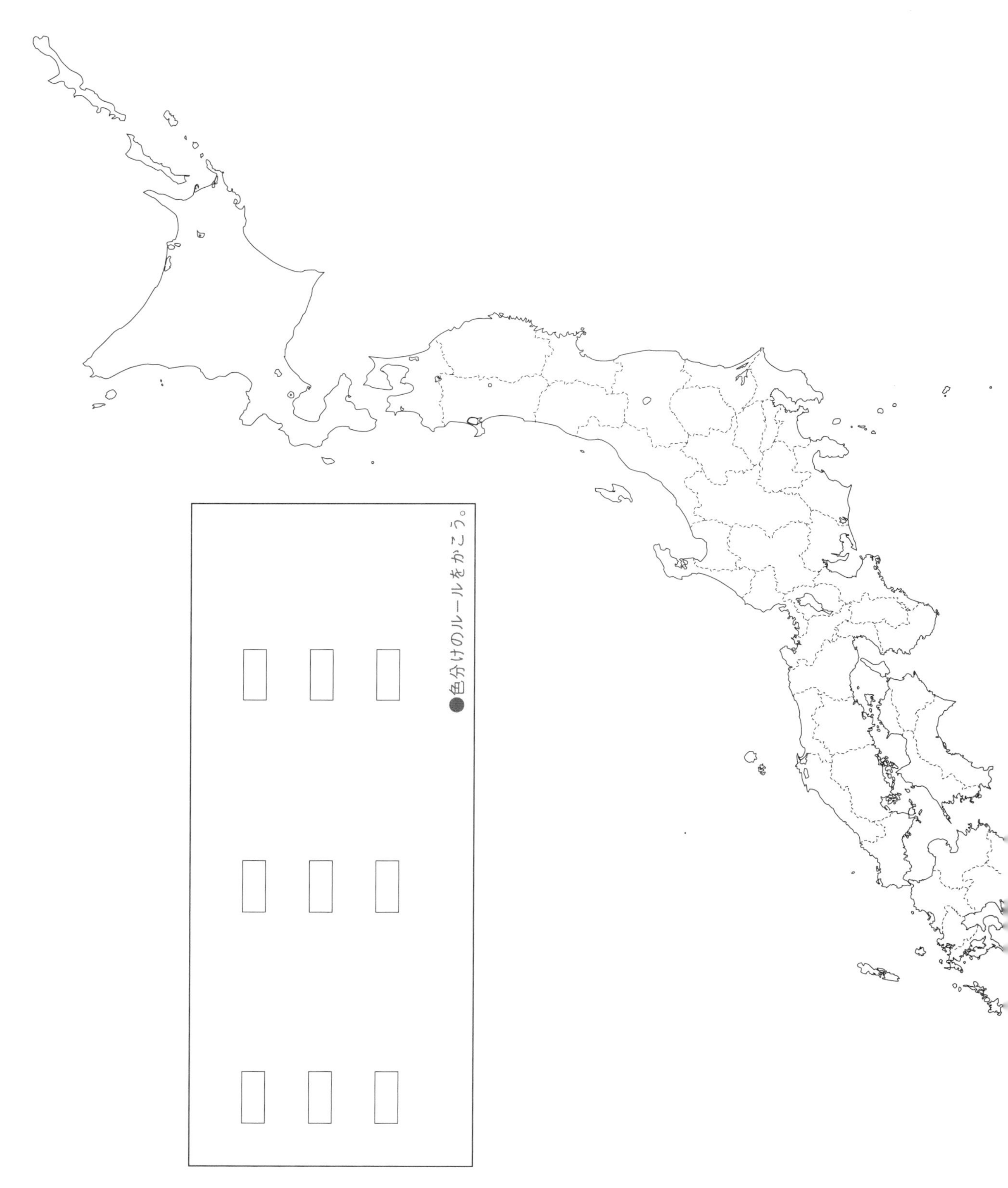

使い方のヒント

大きい日本地図だよ。都道府県名と県庁所在地を書いてみよう。農業などテーマを決めて調べたことを自由に書こう。

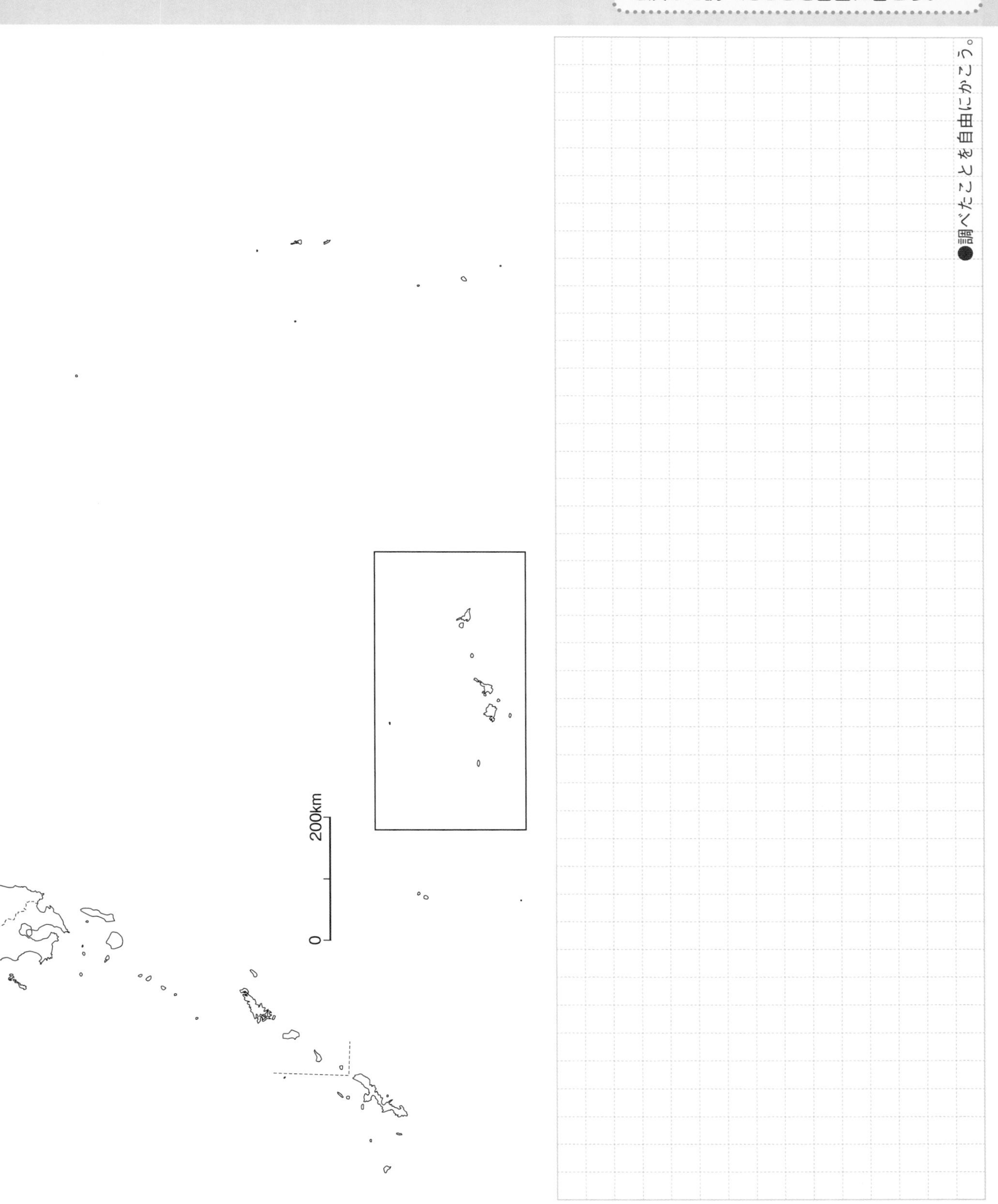

●調べたことを自由にかこう。

8 北海道・東北地方

米などの農産物の生産量を調べて色分けをしよう。山や川など地形の名前も調べて書いてみよう。

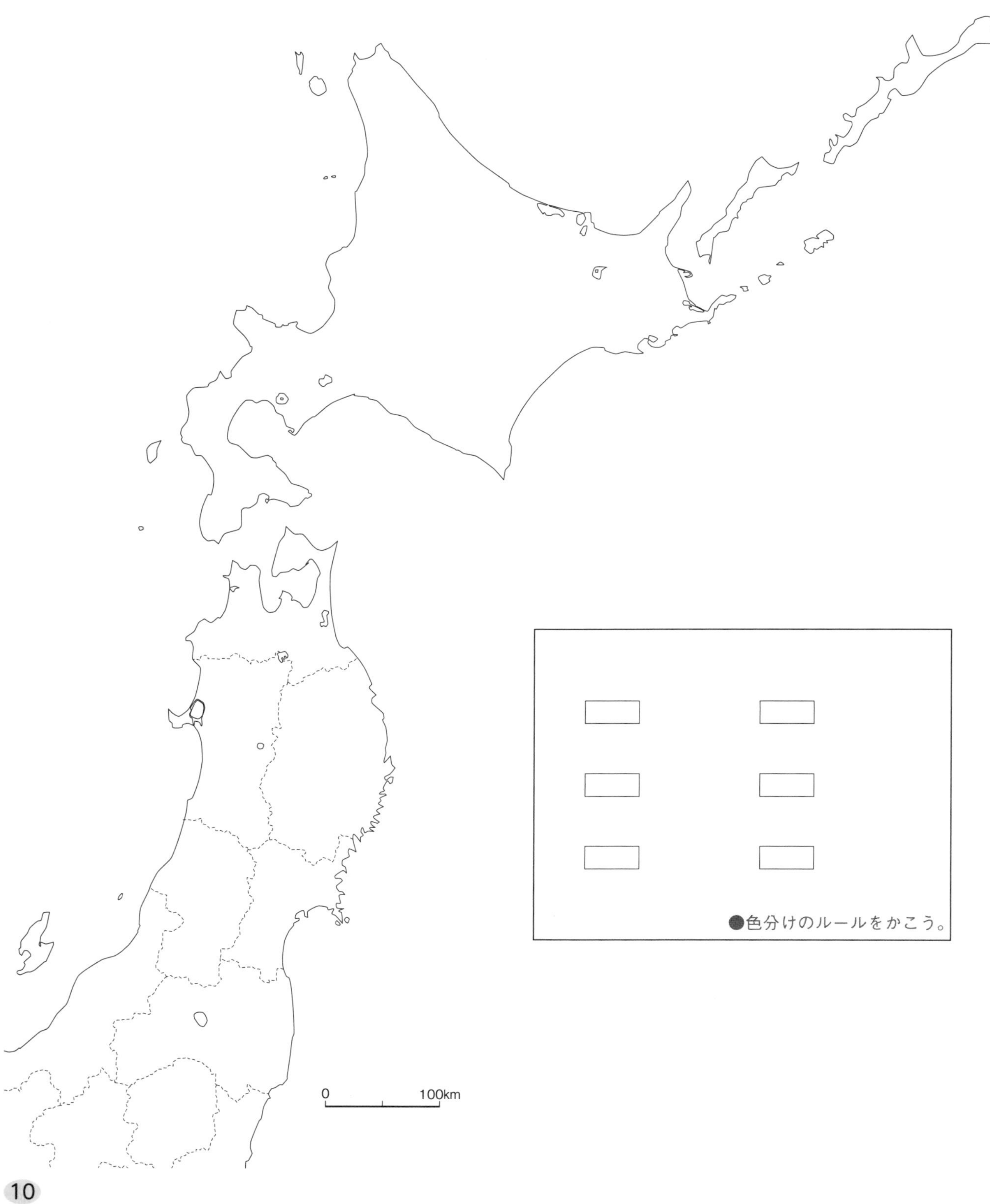

●勉強した日　　月　　日

9 関東地方

使い方のヒント
農業や工業のさかんな地域を調べて色分けをしよう。山や川など地形の名前も調べて書いてみよう。

●色分けのルールをかこう。

●勉強した日　　月　　日

10 中部地方

農業や、自動車などの工業のさかんな地域を調べて色分けをしよう。山や川など地形の名前も調べて書いてみよう。

●色分けのルールをかこう。

●勉強した日　　月　　日

11 近畿地方

農業や、機械などさかんな工業製品を調べて書きこもう。山や川、湖などの地名も調べて書こう。

●色分けのルールをかこう。

●勉強した日　　月　　日

12 中国・四国地方

使い方のヒント

果物などの農産物や、さかんな工業を調べて色をぬってみよう。山や川、地形の名前も調べて書こう。

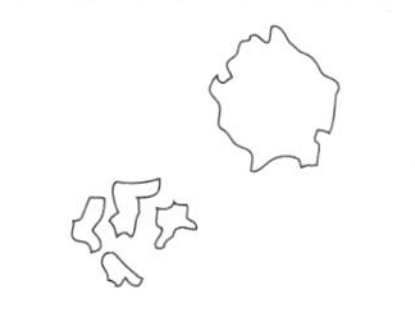

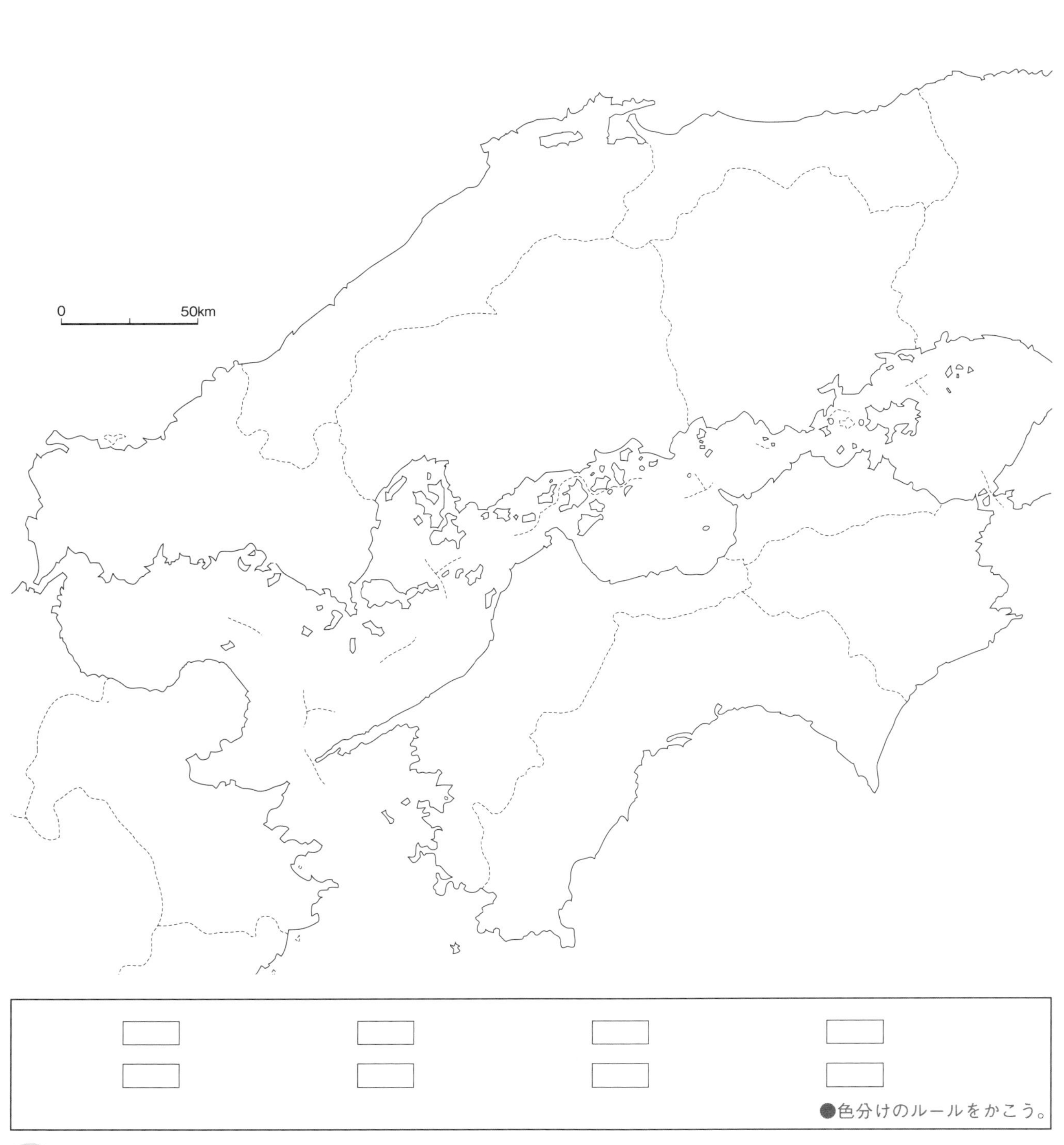

●色分けのルールをかこう。

●勉強した日　　月　　日

13 九州地方（きゅうしゅう）

使い方のヒント

畜産物（ちくさんぶつ）など農産物の生産について調べて書こう。山や川など、地形の名前も調べて書いてみよう。

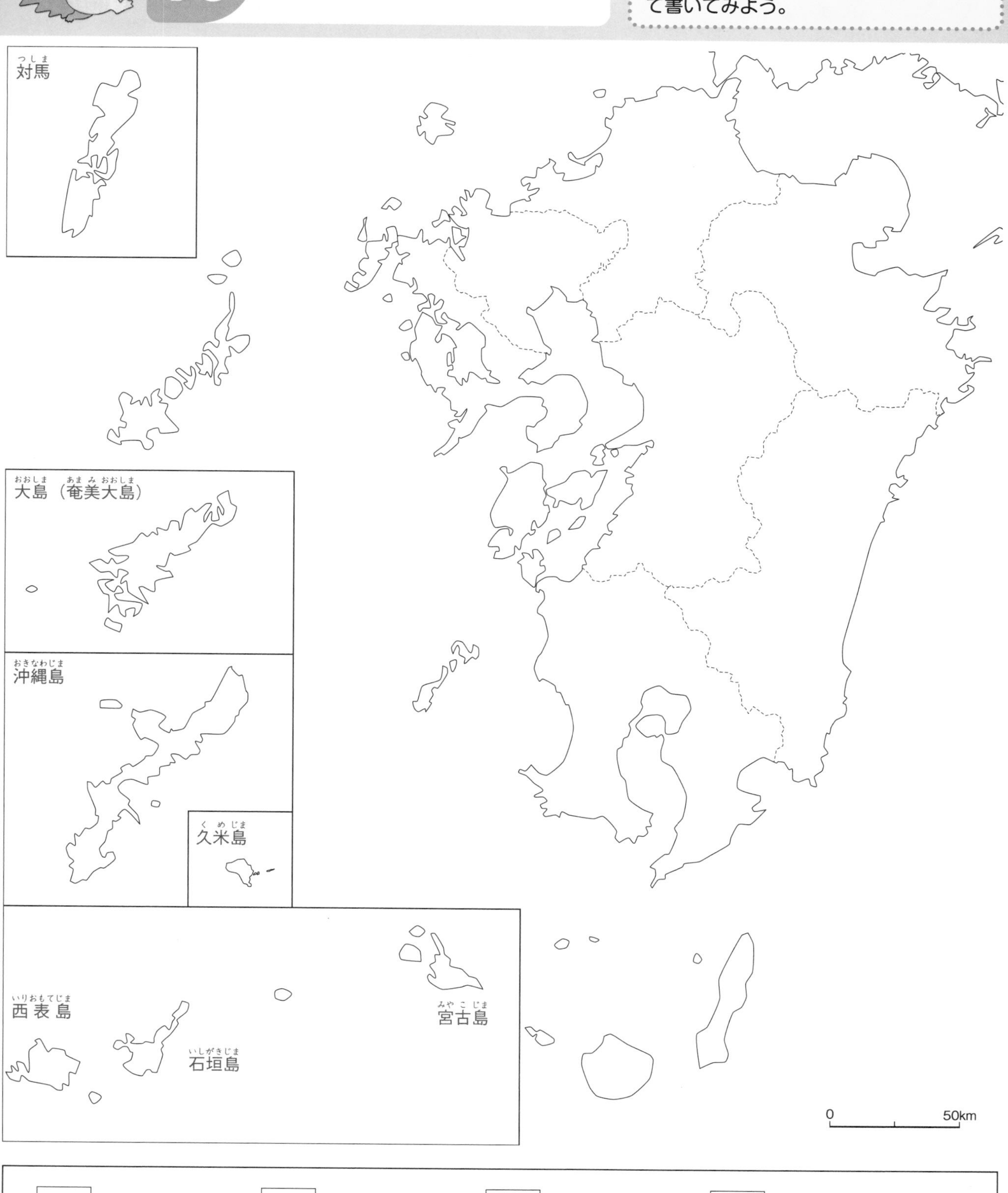

●色分けのルールをかこう。

●勉強した日　　月　　日

14 日本地図

使い方のヒント

地形や気候、それぞれの地域でさかんな農業・工業、災害が起こった場所など、自由に調べて書きこもう！

わくわくシール

★学習が終わったら、ページの上に好きなふせんシールをはろう。
　がんばったページやあとで見直したいページなどにはってもいいよ。
★実力判定テストが終わったら、まんてんシールをはろう。

まんてんシール

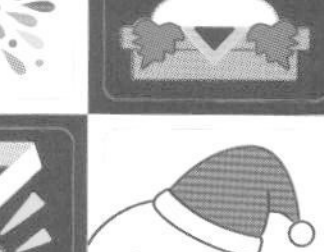

ふせんシール

社会 5年

世界の大陸と海洋

教科書ワーク

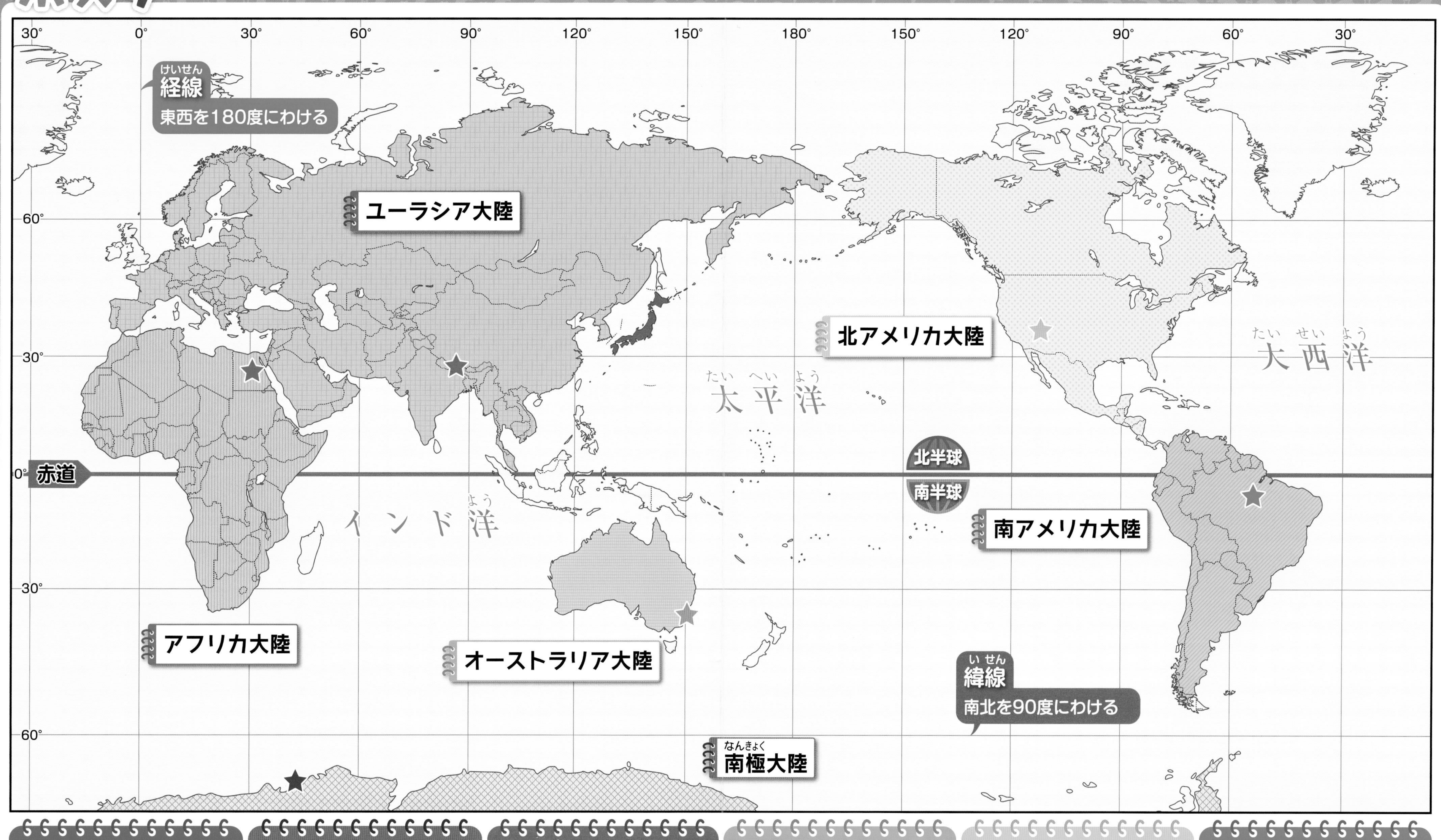

アフリカ大陸

★ピラミッド

南極大陸

★南極のペンギン

ユーラシア大陸

★ヒマラヤ山脈（エベレスト山）

オーストラリア大陸

★真夏のサンタクロース

北アメリカ大陸

★グランドキャニオン

南アメリカ大陸

★アマゾン川

わくわくポスター 社会 5年

日本の地形と自然

教科書ワーク

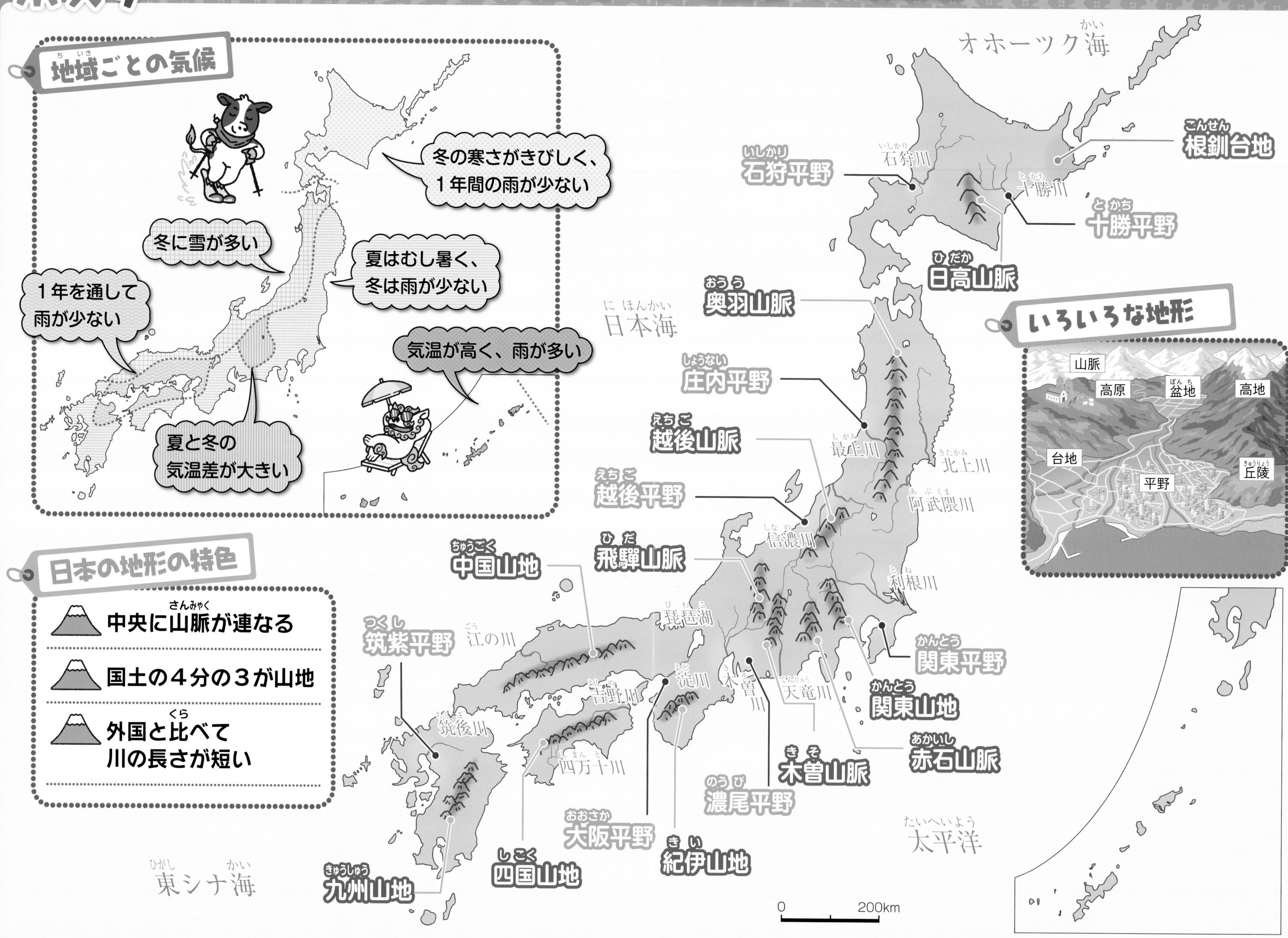

どこの国？ アジア州 ①

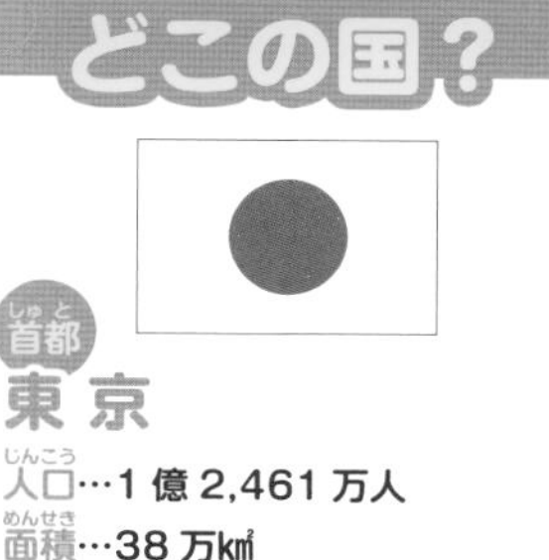

首都（しゅと）　東京

人口（じんこう）…1億2,461万人

面積（めんせき）…38万㎢

どこの国？ アジア州 ②

首都（しゅと）　ソウル

人口（じんこう）…5,183万人

面積（めんせき）…10万㎢

どこの国？ アジア州 ③

首都（しゅと）　ペキン

人口（じんこう）…14億5,794万人

面積（めんせき）…960万㎢

どこの国？ アジア州 ④

首都（しゅと）　ピョンヤン

人口（じんこう）…2,597万人

面積（めんせき）…12万㎢

どこの国？ アジア州 ⑤

首都（しゅと）　ウランバートル

人口（じんこう）…335万人

面積（めんせき）…156万㎢

どこの国？ アジア州 ⑥

首都（しゅと）　ハノイ

人口（じんこう）…9,747万人

面積（めんせき）…33万㎢

どこの国？ アジア州 ⑦

首都（しゅと）　マニラ

人口（じんこう）…1億1,388万人

面積（めんせき）…30万㎢

どこの国？ アジア州 ⑧

首都（しゅと）　クアラルンプール

人口（じんこう）…3,357万人

面積（めんせき）…33万㎢

どこの国？ アジア州 ⑨

首都（しゅと）　シンガポール

人口（じんこう）…594万人

面積（めんせき）…700㎢

どこの国？ アジア州 ⑩

首都（しゅと）　ジャカルタ

人口（じんこう）…2億7,375万人

面積（めんせき）…191万㎢

どこの国？ アジア州 ⑪

首都（しゅと）　バンコク

人口（じんこう）…7,160万人

面積（めんせき）…51万㎢

使い方

- きりとり線にそって切りはなしましょう。
- 表面を見て国名を、裏面を見て首都の名前を答えてみましょう。
- 面積や人口を比べたり、食べ物など興味のあることを覚えたりして楽しく学習しましょう。

※地図の縮尺は同じではありません。人口は2021年、面積は2020年のものです。

日本

食べ物…寿司
おもな言葉…日本語
おもな宗教…仏教
通貨…円
漢字では？…日本

❶

大韓民国

食べ物…キムチ
おもな言葉…韓国語
おもな宗教…キリスト教、仏教
通貨…大韓民国ウォン
漢字では？…大韓民国

❷

中華人民共和国

食べ物…麻婆豆腐
おもな言葉…中国語
おもな宗教…仏教など
通貨…人民元
漢字では？…中華人民共和国

❸

朝鮮民主主義人民共和国

食べ物…冷めん
おもな言葉…朝鮮語
通貨…北朝鮮ウォン
漢字では？…朝鮮民主主義人民共和国

❹

モンゴル

食べ物…ボーズ
おもな言葉…モンゴル語
おもな宗教…チベット仏教など
通貨…トグログ
漢字では？…蒙古、莫臥児

❺

ベトナム

食べ物…フォー
おもな言葉…ベトナム語
おもな宗教…仏教など
通貨…ドン
漢字では？…越南

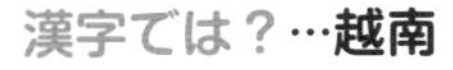

❻

フィリピン

食べ物…シニガン
おもな言葉…フィリピノ語、英語
おもな宗教…キリスト教
通貨…ペソ
漢字では？…比律賓

❼

マレーシア

食べ物…ロティジャラ
おもな言葉…マレー語
おもな宗教…イスラム教など
通貨…リンギット
漢字では？…馬来西亜

❽

シンガポール

食べ物…チキンライス
おもな言葉…中国語、英語など
おもな宗教…仏教など
通貨…シンガポール・ドル
漢字では？…新嘉坡

❾

インドネシア

食べ物…ナシゴレン
おもな言葉…インドネシア語
おもな宗教…イスラム教
通貨…ルピア
漢字では？…印度尼西亜

❿

タイ

食べ物…トムヤムクン
おもな言葉…タイ語
おもな宗教…仏教
通貨…バーツ
漢字では？…泰

⓫

どこの国？ アジア州

首都（しゅと）
デリー
人口（じんこう）…14億756万人
面積（めんせき）…329万㎢

⑫

どこの国？ アジア州

首都（しゅと）
イスラマバード
人口（じんこう）…2億3,140万人
面積（めんせき）…80万㎢

⑬

どこの国？ アジア州

首都（しゅと）
リヤド
人口（じんこう）…3,595万人
面積（めんせき）…221万㎢

⑭

どこの国？ アジア州

首都（しゅと）
テヘラン
人口（じんこう）…8,792万人
面積（めんせき）…163万㎢

⑮

どこの国？ アジア州

首都（しゅと）
バグダッド
人口（じんこう）…4,353万人
面積（めんせき）…44万㎢

⑯

どこの国？ アジア州／ヨーロッパ州

首都（しゅと）
アンカラ
人口（じんこう）…8,478万人
面積（めんせき）…78万㎢

⑰

どこの国？ アフリカ州

首都（しゅと）
カイロ
人口（じんこう）…1億926万人
面積（めんせき）…100万㎢

⑱

どこの国？ アフリカ州

首都（しゅと）
アルジェ
人口（じんこう）…4,418万人
面積（めんせき）…238万㎢

⑲

どこの国？ アフリカ州

首都（しゅと）
ヤムスクロ
人口（じんこう）…2,748万人
面積（めんせき）…32万㎢

⑳

どこの国？ アフリカ州

首都（しゅと）
アブジャ
人口（じんこう）…2億1,340万人
面積（めんせき）…92万㎢

㉑

どこの国？ アフリカ州

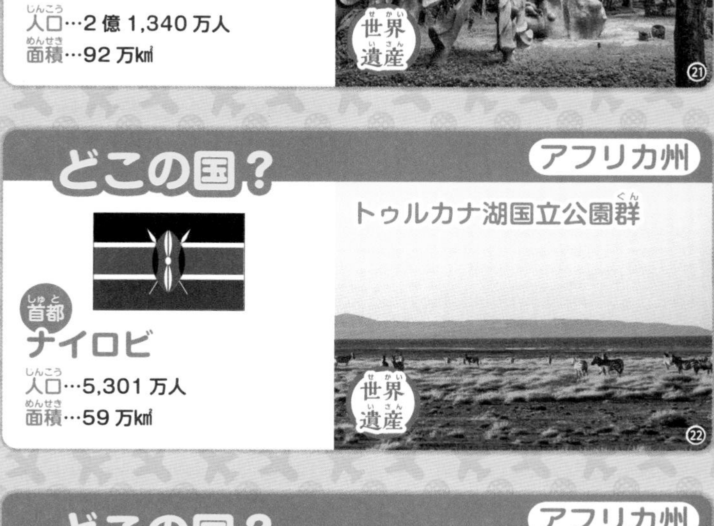

首都（しゅと）
ナイロビ
人口（じんこう）…5,301万人
面積（めんせき）…59万㎢

㉒

どこの国？ アフリカ州

首都（しゅと）
プレトリア
人口（じんこう）…5,939万人
面積（めんせき）…122万㎢

㉓

エジプト

食べ物…コシャリ
おもな言葉…アラビア語
おもな宗教…イスラム教
通貨…エジプト・ポンド
漢字では？…埃及

18

アルジェリア

食べ物…クスクス
おもな言葉…アラビア語
おもな宗教…イスラム教
通貨…アルジェリアン・ディナール
漢字では？…阿爾及

19

コートジボワール

食べ物…フトゥ
おもな言葉…フランス語
おもな宗教…イスラム教、キリスト教
通貨…CFA フラン
漢字では？…象牙海岸

20

ナイジェリア

食べ物…エグシスープ
おもな言葉…英語
おもな宗教…イスラム教、キリスト教
通貨…ナイラ
漢字では？…尼日利亜

21

ケニア

食べ物…ウガリ
おもな言葉…スワヒリ語、英語
おもな宗教…キリスト教
通貨…ケニア・シリング
漢字では？…肯尼亜

22

南アフリカ共和国

食べ物…ボボティ
おもな言葉…ズールー語、コサ語、英語など
おもな宗教…キリスト教
通貨…ランド
漢字では？…南阿弗利加

23

インド

食べ物…カレー
おもな言葉…ヒンディー語など
おもな宗教…ヒンドゥー教
通貨…ルピー
漢字では？…印度

12

パキスタン

食べ物…カレー
おもな言葉…ウルドゥ語、英語
おもな宗教…イスラム教
通貨…パキスタン・ルピー
漢字では？…巴基斯担

13

サウジアラビア

食べ物…カブサ
おもな言葉…アラビア語
おもな宗教…イスラム教
通貨…サウジアラビア・リヤル
漢字では？…沙地亜剌比亜

14

イラン

食べ物…アブグシュト
おもな言葉…ペルシャ語
おもな宗教…イスラム教
通貨…リアル
漢字では？…伊蘭

15

イラク

食べ物…マスグーフ
おもな言葉…アラビア語
おもな宗教…イスラム教
通貨…イラク・ディナール
漢字では？…伊拉久

16

トルコ

食べ物…ドネルケバブ
おもな言葉…トルコ語
おもな宗教…イスラム教
通貨…トルコ・リラ
漢字では？…土耳古

17

どこの国？

ヨーロッパ州／アジア州

首都
モスクワ
人口…1億4,510万人
面積…1,710万㎢

24

どこの国？

ヨーロッパ州

首都
ロンドン
人口…6,728万人
面積…24万㎢

25

どこの国？

ヨーロッパ州

首都
パリ

人口…6,453万人
面積…55万㎢

26

どこの国？

ヨーロッパ州

首都
ベルリン

人口…8,341万人
面積…36万㎢

27

どこの国？

ヨーロッパ州

首都
マドリード

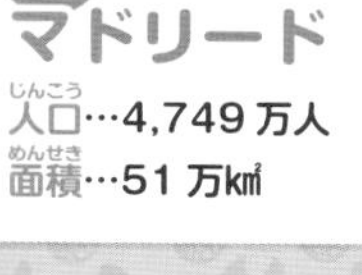

人口…4,749万人
面積…51万㎢

28

どこの国？

ヨーロッパ州

首都
ローマ
人口…5,924万人
面積…30万㎢

29

どこの国？

ヨーロッパ州

首都
アムステルダム
人口…1,750万人
面積…4万㎢

30

どこの国？

ヨーロッパ州

首都
ベルン
人口…869万人
面積…4万㎢

31

どこの国？

ヨーロッパ州

首都
オスロ
人口…540万人
面積…32万㎢

32

どこの国？

ヨーロッパ州

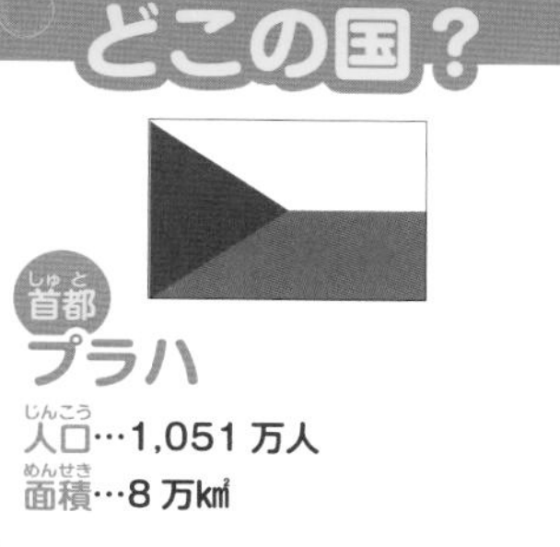

首都
プラハ
人口…1,051万人
面積…8万㎢

33

どこの国？

ヨーロッパ州

アウシュビッツ強制収容所

首都
ワルシャワ
人口…3,831万人
面積…31万㎢

34

どこの国？

ヨーロッパ州

首都
アテネ
人口…1,045万人
面積…13万㎢

35

オランダ

食べ物…ヒュッツポット

おもな言葉…オランダ語

おもな宗教…キリスト教

通貨…ユーロ

漢字では？…和蘭、阿蘭陀

30

スイス

食べ物…チーズフォンデュ

おもな言葉…ドイツ語、フランス語

おもな宗教…キリスト教

通貨…スイスフラン

漢字では？…瑞西

31

ノルウェー

食べ物…フィスクシュッペ

おもな言葉…ノルウェー語

おもな宗教…キリスト教

通貨…ノルウェー・クローネ

漢字では？…諾威

32

チェコ

食べ物…スヴィーチュコヴァー

おもな言葉…チェコ語

おもな宗教…キリスト教

通貨…チェコ・コルナ

漢字では？…捷克

33

ポーランド

食べ物…ピエロギ

おもな言葉…ポーランド語

おもな宗教…キリスト教

通貨…ズロチ

漢字では？…波蘭

34

ギリシャ

食べ物…ムサカ

おもな言葉…ギリシャ語

おもな宗教…キリスト教

通貨…ユーロ

漢字では？…希臘

35

ロシア

食べ物…ボルシチ

おもな言葉…ロシア語

おもな宗教…キリスト教

通貨…ルーブル

漢字では？…露西亜

24

イギリス

食べ物…フィッシュアンドチップス

おもな言葉…英語

おもな宗教…キリスト教

通貨…スターリング・ポンド

漢字では？…英吉利

25

フランス

食べ物…ブイヤベース

おもな言葉…フランス語

おもな宗教…キリスト教

通貨…ユーロ

漢字では？…仏蘭西

26

ドイツ

食べ物…ブルスト（ソーセージ）

おもな言葉…ドイツ語

おもな宗教…キリスト教

通貨…ユーロ

漢字では？…独逸

27

スペイン

食べ物…パエリア

おもな言葉…スペイン語

おもな宗教…キリスト教

通貨…ユーロ

漢字では？…西班牙

28

イタリア

食べ物…パスタ

おもな言葉…イタリア語

おもな宗教…キリスト教

通貨…ユーロ

漢字では？…伊太利

29

どこの国？　北アメリカ州

首都 オタワ
人口…3,816万人
面積…999万㎢

カナディアン・ロッキー　世界遺産　36

どこの国？　北アメリカ州

首都 ワシントンD.C.
人口…3億3,700万人
面積…983万㎢

自由の女神像　世界遺産　37

どこの国？　北アメリカ州

首都 メキシコシティ
人口…1億2,671万人
面積…196万㎢

テオティワカン遺跡　世界遺産　38

どこの国？　北アメリカ州

首都 ハバナ
人口…1,126万人
面積…11万㎢

ハバナ旧市街　世界遺産　39

どこの国？　北アメリカ州

首都 サンホセ
人口…515万人
面積…5万㎢

チリポ山　世界遺産　40

どこの国？　南アメリカ州

首都 ボゴタ
人口…5,152万人
面積…114万㎢

コーヒー産地の風景　世界遺産　41

どこの国？　南アメリカ州

首都 ブラジリア
人口…2億1,433万人
面積…852万㎢

アマゾンの熱帯林　世界遺産　42

どこの国？　南アメリカ州

首都 リマ
人口…3,372万人
面積…129万㎢

マチュ・ピチュ　世界遺産　43

どこの国？　南アメリカ州

首都 ブエノスアイレス
人口…4,528万人
面積…280万㎢

ロス・グラシアレス国立公園　世界遺産　44

どこの国？　南アメリカ州

首都 サンティアゴ
人口…1,949万人
面積…76万㎢

ラパ・ヌイ国立公園（イースター島）　世界遺産　45

どこの国？　オセアニア州

首都 キャンベラ
人口…2,592万人
面積…769万㎢

ウルル　世界遺産　46

どこの国？　オセアニア州

首都 ウェリントン
人口…513万人
面積…27万㎢

トンガリロ国立公園　世界遺産　47

ブラジル

食べ物…シュラスコ

おもな言葉…ポルトガル語

おもな宗教…キリスト教

通貨…レアル

漢字では？…伯剌西爾

42

ペルー

食べ物…セビーチェ

おもな言葉…スペイン語

おもな宗教…キリスト教

通貨…ソル

漢字では？…秘露

43

アルゼンチン

食べ物…アサード

おもな言葉…スペイン語

おもな宗教…キリスト教

通貨…ペソ

漢字では？…亜爾然丁

44

チリ

食べ物…カスエラ

おもな言葉…スペイン語

おもな宗教…キリスト教

通貨…ペソ

漢字では？…智利

45

オーストラリア

食べ物…ルーミート

おもな言葉…英語

おもな宗教…キリスト教

通貨…オーストラリア・ドル

漢字では？…濠太剌利

46

ニュージーランド

食べ物…キウイフルーツ

おもな言葉…英語、マオリ語

おもな宗教…キリスト教

通貨…ニュージーランド・ドル

漢字では？…新西蘭

47

カナダ

食べ物…メープルシロップ

おもな言葉…英語、フランス語

おもな宗教…キリスト教

通貨…カナダ・ドル

漢字では？…加奈陀

36

アメリカ合衆国

食べ物…ハンバーガー

おもな言葉…英語

おもな宗教…キリスト教

通貨…ドル

漢字では？…亜米利加

37

メキシコ

食べ物…タコス

おもな言葉…スペイン語

おもな宗教…キリスト教

通貨…ペソ

漢字では？…墨西哥

38

キューバ

食べ物…アロスコングリ

おもな言葉…スペイン語

おもな宗教…キリスト教

通貨…キューバ・ペソ

漢字では？…玖馬

39

コスタリカ

食べ物…ガジョピント

おもな言葉…スペイン語

おもな宗教…キリスト教

通貨…コロン

漢字では？…哥斯達黎加

40

コロンビア

食べ物…アヒアコ

おもな言葉…スペイン語

おもな宗教…キリスト教

通貨…ペソ

漢字では？…哥倫比亜

41

教育出版版 社会5年

動画 コードを読みとって、下の番号の動画を見てみよう。

この本のページ

◆は選択学習です。いずれかを選んで学習をしましょう。 発展 は発展的な内容をあつかっています。

写真提供：アフロ、国土交通省関東地方整備局、Cynet Photo、鳴門市、日産自動車、東大阪商工会議所、幕張ファーム・ペチカ、読売新聞、ロイター（敬称略・五十音順）

勉強した日 月 日

1 世界の中の日本の国土①

基本のワーク

学習の目標
主な国々の名や位置、地球上の位置の表し方を確認しましょう。

教科書 8〜13ページ　答え 1ページ

1 世界地図／地球儀／さまざまな地図や写真

地球儀と地図を使い分けよう

●①（　　　　）は地球の形をそのまま小さく表したもので、陸地や海の形、面積、方位、きょりなどを②（　　　　）しく表すことができるが、世界全体を一度に見わたせない。

●③（　　　　）は世界全体を一度に見わたせるが、球の形をした地球を平面に表すため、④（　　　　）が出て、面積、方位などをすべて同時に正しく表すことはできない。

2 ワールドツアーへ！

よみトク！地図

世界の大陸、海洋と主な国

●世界には６つの⑤（　　　　）、⑥（　　　　）つの大きな海洋があり、日本は⑦（　　　　）大陸の東側にある。

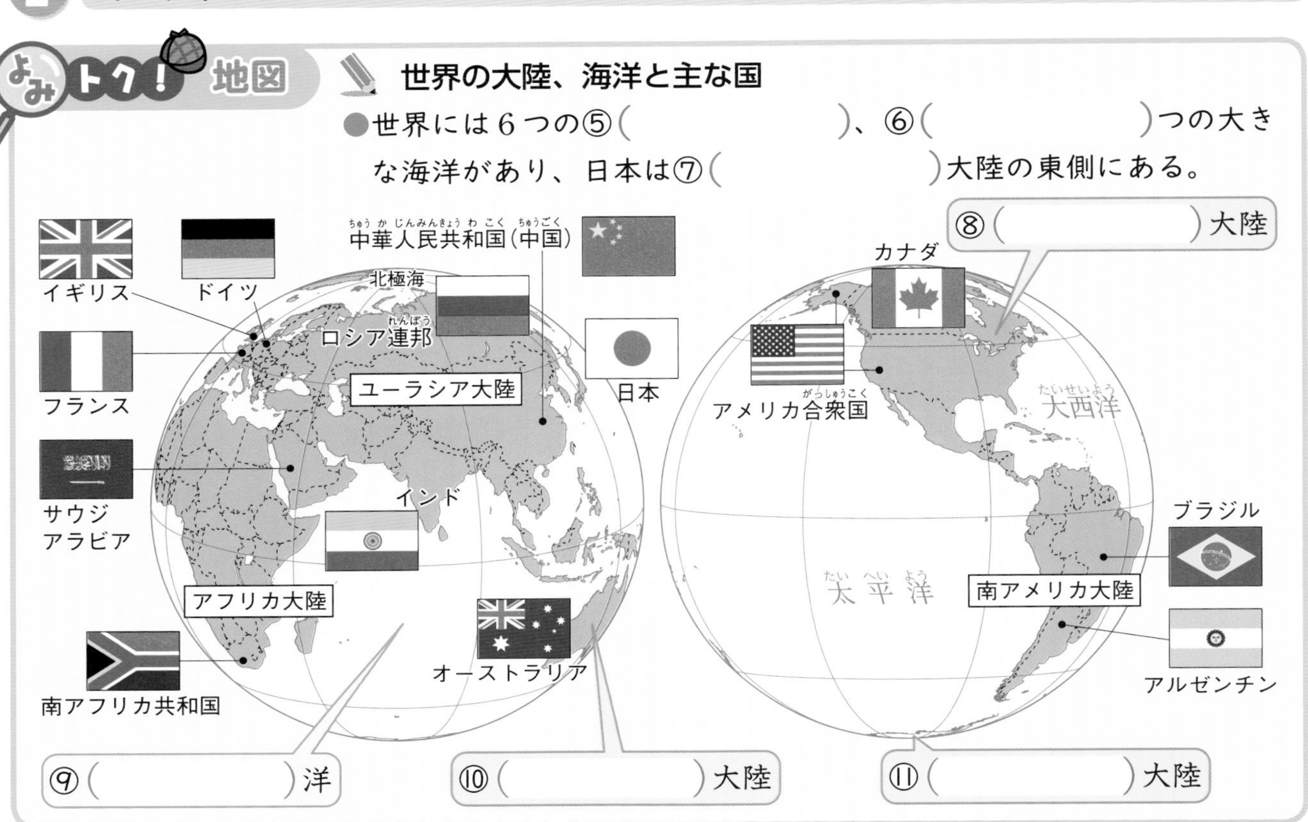

3 日本から世界へ、世界から日本へ

緯度と経度

●横の線を⑫（　　　　）といい、０度の緯線は⑬（　　　　）という。同じ緯線の上にある国々は**緯度**が同じである。

●たての線を⑭（　　　　）という。０度の経線はイギリスのロンドンを通る。同じ経線の上にある国々は**経度**が同じである。

➡日本の位置を、「オーストラリアと同じ⑮（　　　　）で、中国と同じ緯度にある」と表すことができる。

地球上の位置の表し方

イギリスのロンドン　北極　経線　緯線
北半球　北緯90度まで
西経180度まで　東経180度まで
南半球　南緯90度まで
0度の経線　南極　0度の緯線（赤道）

しゃかいか工場
世界にはたくさんの国があって、現在、その数は190か国以上あるんだよ。知っている国はいくつあるかな。

練習のワーク

教科書 8～13ページ　答え 1ページ

できた数 ／18問中

1 次の文の{ }にあてはまる言葉に○を書きましょう。

●地球儀(ちきゅうぎ)は、陸地や海の形、面積、方位、きょりを正しく表すことが①{ できる できない }。

●地図は地球を平面に表すため、すべてを正しく表すことが②{ できる できない }。

2 右の地図を見て、次の問いに答えましょう。

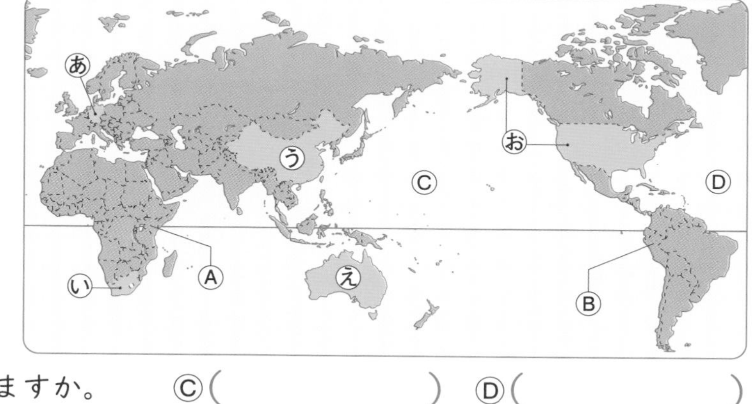

(1) Ⓐ、Ⓑの大陸名を、次からそれぞれ選びましょう。

Ⓐ(　　) Ⓑ(　　)

㋐ ユーラシア大陸

㋑ アフリカ大陸

㋒ 北アメリカ大陸

㋓ 南アメリカ大陸

㋔ 南極大陸

(2) Ⓒ、Ⓓの海洋をそれぞれ何といいますか。 Ⓒ(　　) Ⓓ(　　)

(3) あ～おの国名を、[　]からそれぞれ選びましょう。

あ(　　) い(　　) う(　　)

え(　　) お(　　)

アメリカ合衆国(がっしゅうこく)　カナダ　ブラジル　南アフリカ共和国(きょうわこく)

オーストラリア　ドイツ　フランス　中華人民共和国(ちゅうかじんみんきょうわこく)

(4) 次の国旗は、どの国のものですか。あ～おからそれぞれ選びましょう。

①(　　) ②(　　) ③(　　)

①

②

③

3 右の地球儀を見て、次の問いに答えましょう。

(1) Ⓐで示(しめ)したたての線を何といいますか。 (　　)

(2) Ⓑで示した横の線を何といいますか。 (　　)

(3) (2)の線のうち、Ⓒで示した0度の線を何といいますか。

(　　)

(4) 北緯(ほくい)・南緯はともに何度までですか。

(　　)

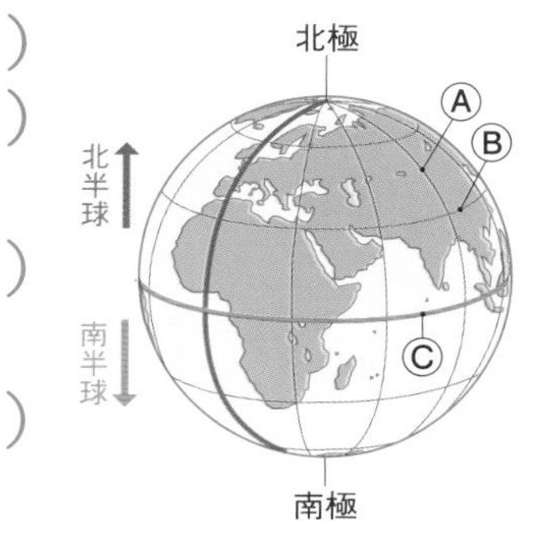

ポイント 世界には6つの大陸と3つの大きな海洋がある。

勉強した日　　月　　日

1　世界の中の日本の国土②

基本のワーク

学習の目標
日本の国土のはん囲や形、周りの国々を確認しましょう。

教科書　14～19ページ　答え　1ページ

1 日本の国土のすがた

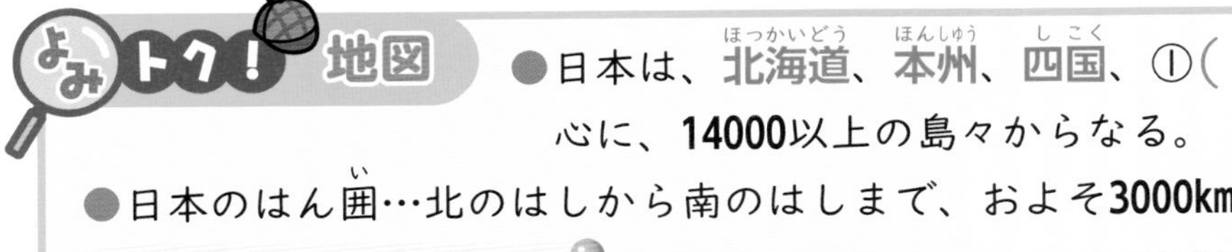

よみトク！地図

●日本は、北海道、本州、四国、①（　　　　）の大きな島を中心に、14000以上の島々からなる。

●日本のはん囲…北のはしから南のはしまで、およそ3000kmある。

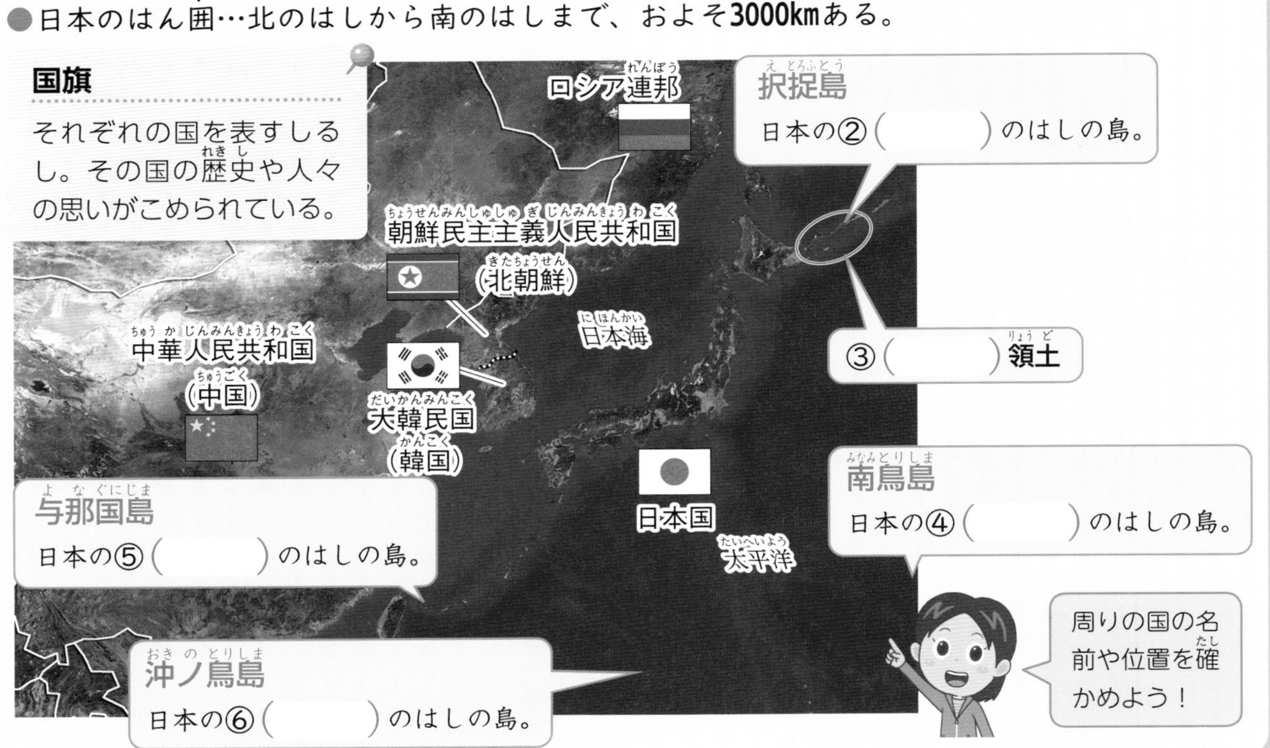

2 日本の国土はどこまで？／まとめる

日本の国のはん囲

●各国がもつ陸地を⑦（　　　　）、その海岸線から12海里（約22km）までの海を⑧（　　　　）という。領土と領海の上空を領空という。

●領土の海岸線から⑨（　　　　）海里（約370km）までのはん囲から、領海をのぞいた海を⑩（　　　　）水域という。

◆排他的経済水域では、漁業や、海底の資源開発をその国が自由に行える。

日本は海に囲まれた島国で、領海や排他的経済水域が広いよ。

外国との国境に近い島々

●北方領土は⑪（　　　　）の北東に連なる島々で、択捉島、国後島、色丹島、歯舞群島からなる。太平洋戦争が終わったあと、ソビエト連邦（今の⑫（　　　　）連邦）が不法に占領した。

●竹島は⑬（　　　　）県に属する島で、韓国が不法な占拠を続けている。

●尖閣諸島は⑭（　　　　）県に属する島だが、中国も自国の領土であると主張している。

日本の南のはしの沖ノ鳥島は、さんご礁でできた小さな2つの島なんだ。島が水没しないように、コンクリートで周りを固めているよ。

練習のワーク

できた数　／16問中

教科書　14〜19ページ　　答え　1ページ

1 右の地図を見て、次の問いに答えましょう。

(1) 次の文の{　　}にあてはまる数字に○を書きましょう。

> 日本は、北海道、本州、四国、九州などを中心におよそ①{ 14000　24000 }以上もの島々からなる。日本の北のはしから南のはしまでは、およそ②{ 1500　3000 }kmもあり、国土は細長い形をしている。

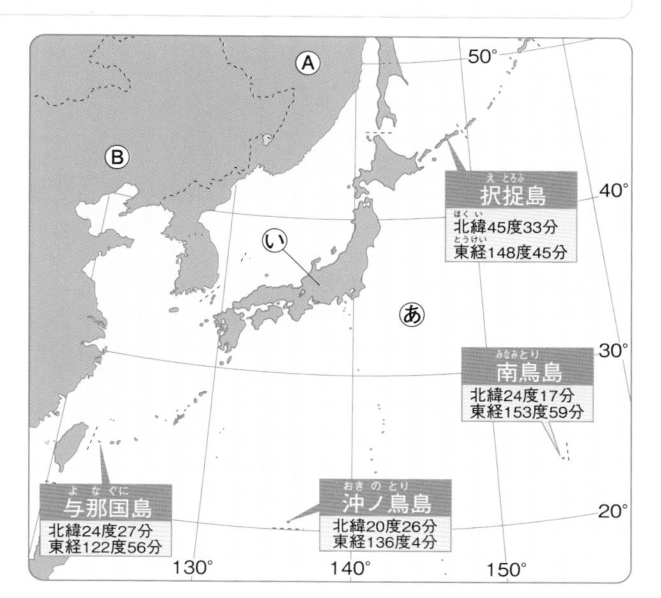

(2) 日本の南東に広がる、あの海を何といいますか。

(　　　　　)

(3) 日本で一番大きな島である、いの島を何といいますか。

(　　　　　)

(4) 日本の東西南北のはしの島を、**地図**からそれぞれ選びましょう。

① 東のはし (　　　　　)
② 西のはし (　　　　　)
③ 南のはし (　　　　　)
④ 北のはし (　　　　　)

(5) **地図**のⒶ、Ⓑの国名を、次からそれぞれ選びましょう。

Ⓐ(　　　)　Ⓑ(　　　)

㋐ ロシア連邦　　㋑ 大韓民国（韓国）
㋒ 朝鮮民主主義人民共和国（北朝鮮）　　㋓ 中華人民共和国（中国）

(6) その国の歴史や人々の思いがこめられている、それぞれの国を表すしるしを何といいますか。

(　　　　　)

2 右の地図を見て、次の問いに答えましょう。

(1) **地図**のⒶ、Ⓑの島をそれぞれ何といいますか。

Ⓐ(　　　　　)
Ⓑ(　　　　　)

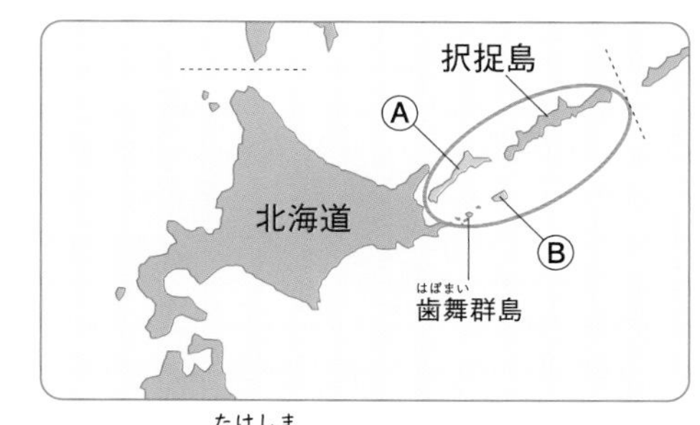

(2) **地図**の⬭の島々をまとめて何といいますか。

(　　　　　)

(3) 次の島はそれぞれ何県に属していますか。

① 竹島 (　　　　　)
② 尖閣諸島 (　　　　　)

ポイント 北方領土や竹島、尖閣諸島は日本固有の領土である。

勉強した日 月 日

まとめのテスト

1 世界の中の日本の国土

得点

/100点

教科書 8～19ページ　答え 2ページ

1 地球儀と地図 次の問いに答えましょう。 1つ4〔12点〕

(1) 次の文の□にあてはまる言葉や数字を、それぞれ書きましょう。

①(　　　　　) ②(　　　　　)

●同じ経度を結んだたての線を ① という。東西をそれぞれ ② 度ずつに分けている。

記述 (2) 地球儀の特ちょうを、**陸地や海の形**、**方位**、**きょり**の言葉を使ってかんたんに書きましょう。

(　　　　　　　　　　　　　　　　　　　　　　　　　　)

2 世界の国々と日本の位置 次の地図を見て、あとの問いに答えましょう。 1つ4〔24点〕

(1) **地図**のあの大陸を何といいますか。 (　　　　)大陸

(2) 赤道について、次の問いに答えましょう。

① ㋐～㋓から赤道を選びましょう。 (　　)

② 赤道は何度の緯線ですか。 (　　　)度

(3) 次の文は、世界の中の日本の位置について説明したものです。□にあてはまる大陸と海洋の組み合わせとして正しいものを、あとから選びましょう。 (　　)

日本は、 ① 大陸の東側に位置し、 ② 洋や日本海に面している。

㋐ ①ユーラシア ②大西　㋑ ①ユーラシア ②太平

㋒ ①アフリカ ②大西　㋓ ①アフリカ ②太平

思考 (4) 日本とほぼ同じ緯度にある国を**地図**のⒶ～Ⓕから選びましょう。 (　　)

(5) 国旗とはどのようなものですか。次から選びましょう。 (　　)

㋐ 世界の国の数を表す　㋑ 世界の人々のしるし

㋒ 世界の国の大きさを表す　㋓ それぞれの国を表すしるし

3 日本のはん囲 **右の地図を見て、次の問いに答えましょう。** 1つ4〔64点〕

(1) Ⓐの国名を、次から選びましょう。（　　）

㋐ 朝鮮民主主義人民共和国
㋑ 大韓民国
㋒ フィリピン共和国
㋓ モンゴル国

(2) Ⓑの海の名前を書きましょう。

（　　　　）

(3) 日本の大きな４つの島のうち、Ⓧ・Ⓨをそれぞれ何といいますか。

Ⓧ（　　　　）

Ⓨ（　　　　）

(4) 日本のはん囲について、次の問いに答えましょう。

よく出る

① ⓐ～ⓓの島名を次からそれぞれ選びましょう。

ⓐ（　　）ⓑ（　　）

ⓒ（　　）ⓓ（　　）

㋐ 南鳥島　㋑ 択捉島
㋒ 沖ノ鳥島　㋓ 与那国島

日本の周辺

115° 120° 125° 130° 135° 140° 145° 150° 155° 160° 165°
50° 45° 40° 35° 30° 25° 20° 15°
Ⓐ Ⓑ Ⓧ Ⓨ ⓐ ⓑ ⓒ ⓓ
0 800km
あ い

② ⓐの島からⓒの島までのきょりに最も近いものを、次から選びましょう。（　　）

㋐ 約7000km　㋑ 約5000km　㋒ 約3000km　㋓ 約1500km

(5) 領土と領海の上空のことを何といいますか。（　　　　）

思考

(6) 次の文の――線部が正しければ○を、あやまっていれば正しい言葉を書きましょう。

① **地図**のあ・いのうち日本の排他的経済水域はいのはん囲である。（　　）

② 右の**表**で、最も排他的経済水域が広いのはアメリカ合衆国である。（　　）

③ 中華人民共和国とアメリカ合衆国は排他的経済水域の面積が領土の面積よりも大きい。（　　）

領土と排他的経済水域の広さのちがい

国名	領土の面積	排他的経済水域の面積
日本	38万km²	447万km²
中華人民共和国	960万km²	96万km²
アメリカ合衆国	983万km²	762万km²

※排他的経済水域の面積には領海をふくむ。（海上保安庁ほか）

記述

(7) 右の**表**のように、日本の排他的経済水域が領土の10倍以上ある理由を、**地図**を見て、かんたんに書きましょう。

（　　　　　　　　　　）

(8) ①竹島と②尖閣諸島について正しい文を、次からそれぞれ選びましょう。

①（　　）②（　　）

㋐ 北海道に属する日本の領土であるが、ロシア連邦が不法に占領している。
㋑ 沖縄県に属する日本の領土であるが、中国も自国の領土であると主張している。
㋒ 島根県に属する日本の領土であるが、韓国が不法な占拠を続けている。

勉強した日 月 日

2 国土の気候と地形①

学習の目標
地域による気候のちがいや日本の地形の様子を確かめましょう。

基本のワーク

教科書 20～23ページ　答え 2ページ

1 変化の大きい日本の自然

地域による気候のちがい

気候は、温度や降水量などの特ちょうだね。

●日本では、地域によって、①（　　　）が大きくことなる。

●日本の北と南とでは、桜のさく時期は②（　　　）のほうが早い。

●知床と③（　　　）諸島は、北と南でかなりはなれており、同じ月でも様子がちがう。

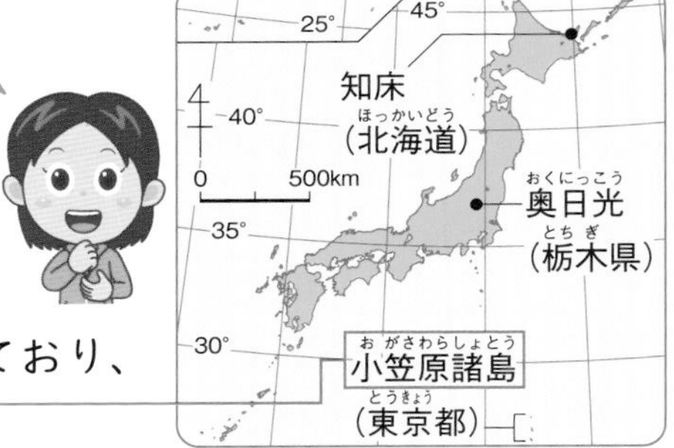

2 気温と地形との関係

標高による気候のちがい

●海面を０ｍとして測ったときの陸地の高さである④（　　　）が100ｍ上がると、⑤（　　　）が約0.6℃下がる。

よみトク！地図

日本の地形

●日本の国土は、山脈や山が集まった⑥（　　　）などの高地が多く、海に面した⑦（　　　）などの平地は少ない。➡国土の約４分の⑧（　　　）が山地。

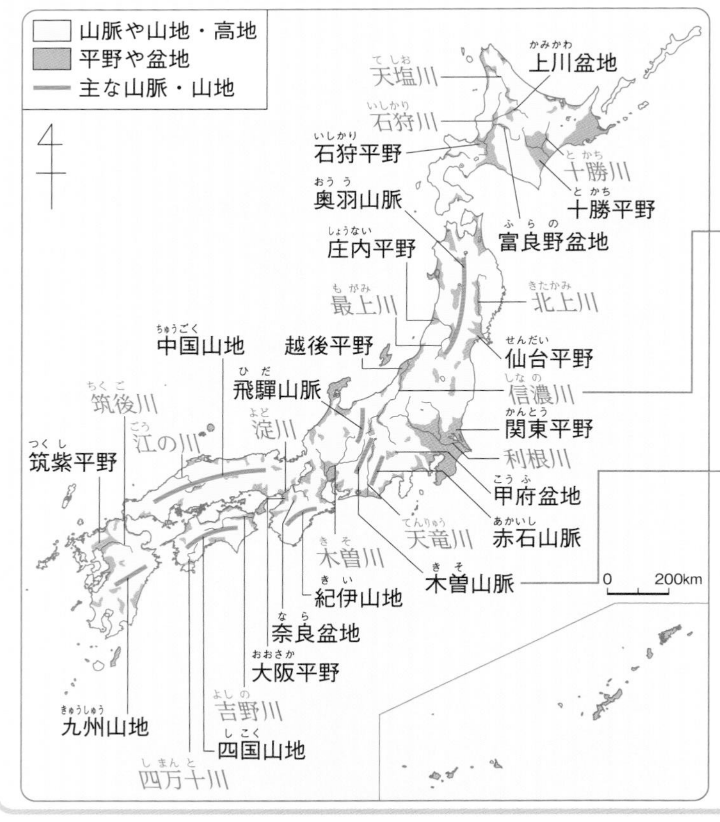

●長崎県の九十九島など、各地で**入り組んだ海岸**が見られる。

●⑨（　　　）は、日本一広い平野で、利根川が流れている。

●⑩（　　　）が、越後平野を流れている。

信濃川は日本一長い川だよ。

●東北地方を南北にはしる⑪（　　　）。

●飛驒山脈と⑫（　　　）、赤石山脈のあたりは高い山なみが続き、「**日本の**⑬（　　　）」とよばれる。

●富良野盆地では夏の気温が30℃をこえるが、冬は零下30℃を下回る。

山脈
山が列のように連なっているところ。

しゃかいか工場　日本各地の桜の開花し始める予想日を線で結んだものを「桜前線」というよ。ほかにも、「紅葉前線」や「花粉前線」もあるんだ。

勉強した日 月 日

練習のワーク

教科書 20～23ページ　答え 2ページ

1 右の地図を見て、次の問いに答えましょう。

(1) 沖縄県では、何月に桜が開花しますか。
（　　　　　）月

(2) 北海道の大部分の地域では、何月に桜が開花しますか。
（　　　　　）月

(3) 桜が開花する時期のちがいから、日本の気候について何がわかりますか。あてはまるものを２つ選びましょう。
（　　）（　　）

㋐ 日本の気候は、南北でちがいが見られる。
㋑ 日本の気候は、どこも同じ気候である。
㋒ 日本の春は、南から北へおとずれる。
㋓ 日本の秋は、南から北へおとずれる。

桜が開花する時期のちがい

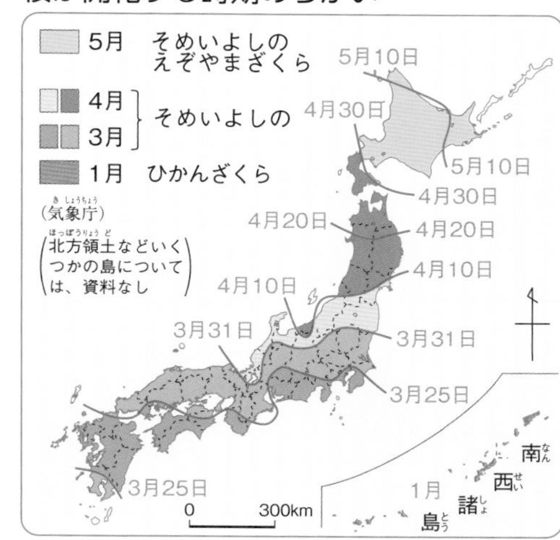

2 さまざまな地形をまとめた次の表の①～④にあてはまる地形を、右の図から選びましょう。

高地	①（　　　　　）	山が列のように連なったところ
	山地	山が集まったところ
	②（　　　　　）	山に囲まれた平地
低地	③（　　　　　）	海に面した平地
	④（　　　　　）	いちだんと高くなっている平地
	湾	陸地に入りこんだ海

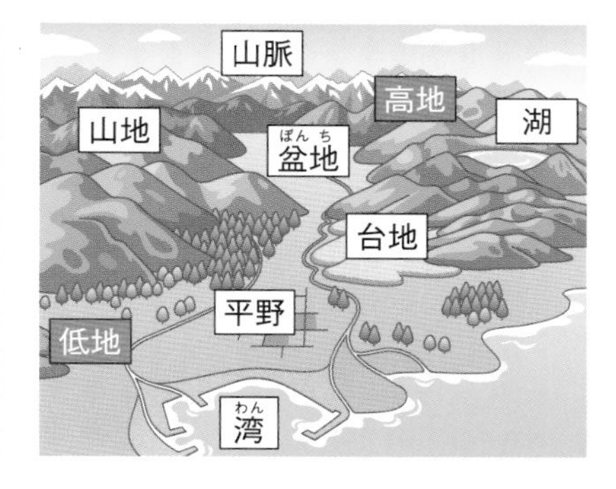

3 右の地図は日本の山脈・山地、平野や川を示したものです。Ⓐ～Ⓗにあてはまる地名を、［　］からそれぞれ選びましょう。

Ⓐ（　　　　　）平野
Ⓑ（　　　　　）山脈
Ⓒ（　　　　　）川
Ⓓ（　　　　　）平野
Ⓔ（　　　　　）山脈
Ⓕ（　　　　　）山地
Ⓖ（　　　　　）川
Ⓗ（　　　　　）川

越後　紀伊　奥羽　赤石　信濃　最上
筑後　吉野　十勝　筑紫　石狩　関東

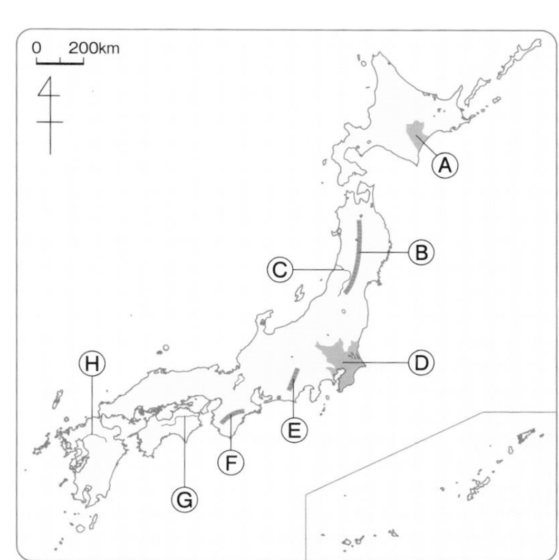

ポイント 日本の国土は、平地よりも山脈や山地が多い。

勉強した日　月　日

2 国土の気候と地形②

基本のワーク

教科書 24～27ページ　答え 2ページ

学習の目標
日本の地域ごとの気候の様子を確認しましょう。

1 日本のさまざまな気候

日本の気候のちがい

- 日本各地の気候には、①(　　　　)だけでなく、雨や雪のふる量を表す②(　　　　)にもちがいがある。
- 同じ地域でも月ごとに気温や降水量のちがいがあり、**春夏秋冬**という③(　　　　)の変化が見られる。

気温と降水量のグラフ(東京都千代田区)

気温　折れ線グラフと「℃」のめもり

気温(℃)　降水量(mm)

40　30　20　10　0　零下10

500　400　300　200　100　0

1　3　6　9　12月

(気象庁)

降水量　ぼうグラフと「mm」のめもり

よみトク！ 地図

各地の気候の特色

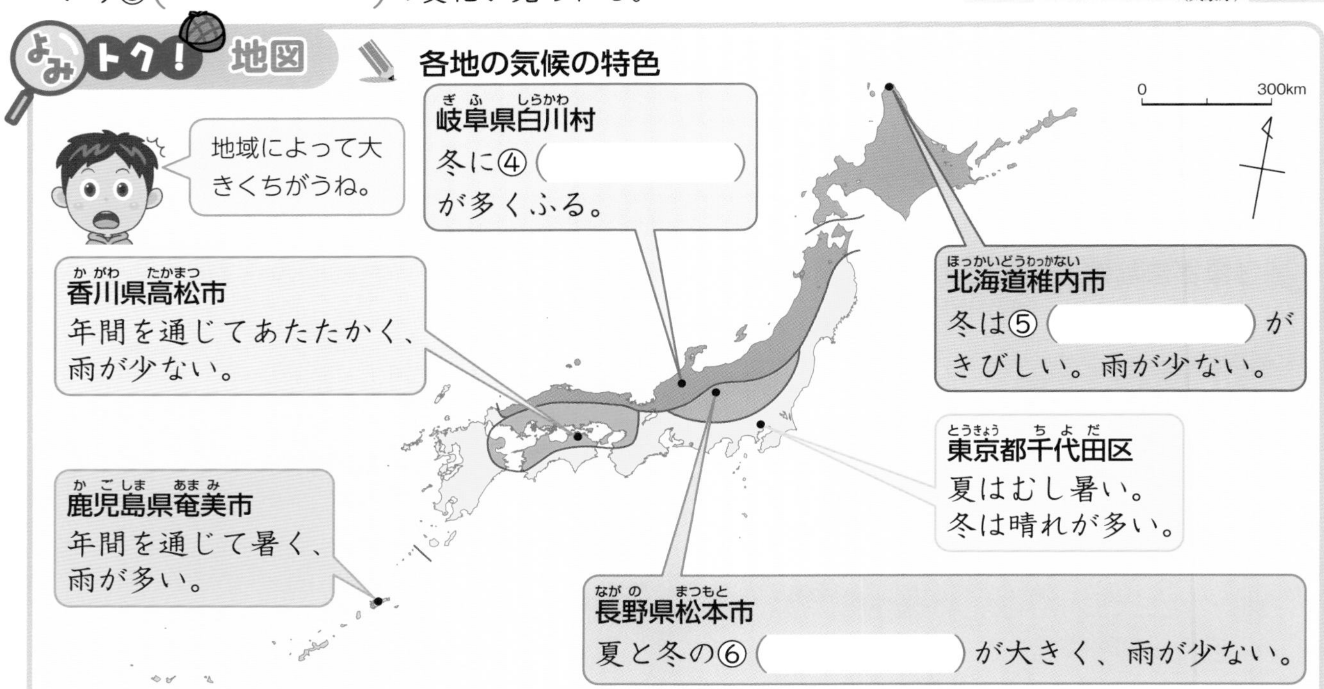

夏から冬の気候

- ⑦(　　　　)月から７月にかけて、主に北海道以外の地域で**梅雨**があり、夏から秋にかけては、南から暴風雨をともなう⑧(　　　　)が日本列島にやってくる。
- 冬にユーラシア大陸からふく⑨(　　　　)が日本海をわたるときにしめった風となり、国土の中央の山地にぶつかって⑩(　　　　)側に多くの**雪**をふらせる。山地をこえた太平洋側ではかわいた風となり、⑪(　　　　)の日が続く。

2 まとめる

日本各地の気候のちがい

- 各地の気温のちがいには、⑫(　　　　)の位置のちがいが関係している。
- 太平洋側と日本海側の降水量のちがいは、**季節風**と中央の⑬(　　　　)が関係している。
  - ◆気候のちがいには⑭(　　　　)も関係している。

しゃかいか工場　台風の被害は沖縄県や九州、四国で多く見られるよ。停電になったり、農産物がだめになったりするんだ。

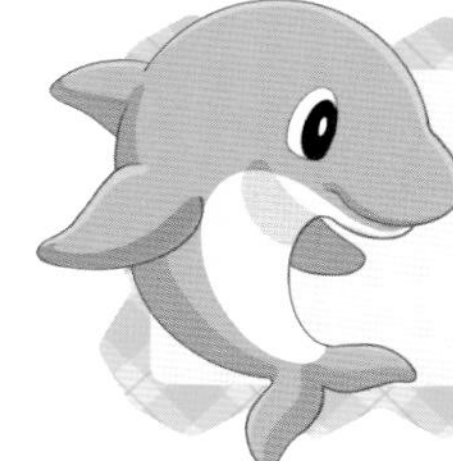

練習のワーク

できた数　／16問中

教科書 24〜27ページ　答え 2ページ

1 右のグラフを見て、次の問いに答えましょう。

(1) 次の①・②は、右の**グラフ**ではそれぞれ気温と降水量（こうすい）のどちらを示（しめ）していますか。

① 折れ線グラフ　（　　　　）

② ぼうグラフ　（　　　　）

(2) 次の文の{　　}にあてはまる言葉に○を書きましょう。

●白川村（しらかわ）は稚内市（わっかない）に比（くら）べて、１年を通して降水量が{ 多い　少ない }。

岐阜県（ぎふ）白川村

北海道（ほっかいどう）稚内市

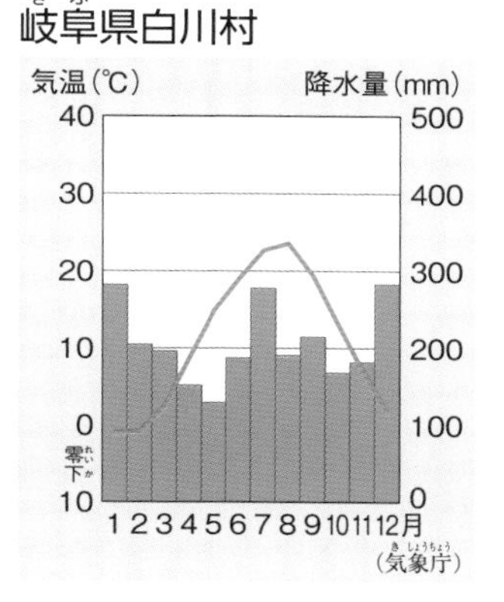

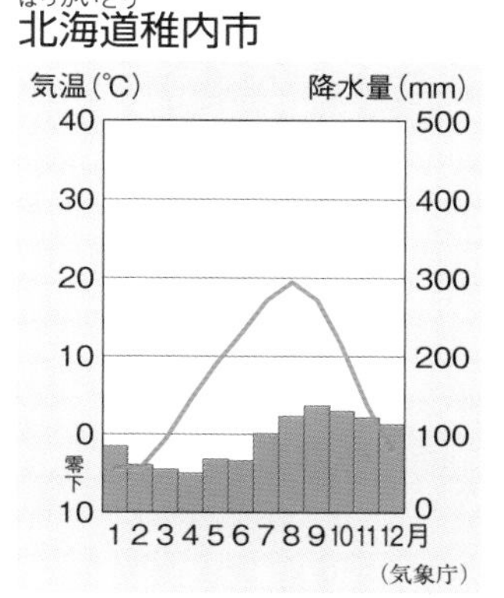

2 次の問いに答えましょう。

(1) 右の**図**のⒶ〜Ⓕの気候の特色についてあてはまる文を、次からそれぞれ選びましょう。

Ⓐ（　　）　Ⓑ（　　）

Ⓒ（　　）　Ⓓ（　　）

Ⓔ（　　）　Ⓕ（　　）

㋐ 夏はむし暑く、雨が多い。冬は晴れの日が多い。

㋑ 冬は雪が多くふる。

㋒ 冬の寒さがきびしい。１年を通して、雨が少ない。

㋓ １年を通してあたたかく、雨が少ない。

㋔ １年を通して暑く、雨が多い。

㋕ 夏と冬の気温差が大きく、雨が少ない。

日本の気候

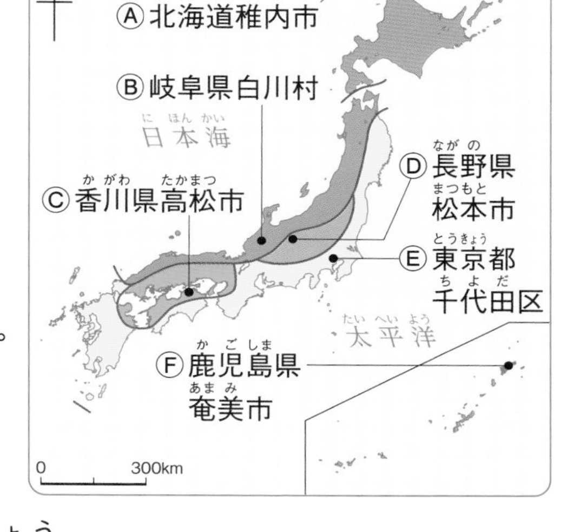

(2) 次の文の□にあてはまる言葉をそれぞれ書きましょう。

①（　　　　）　②（　　　　）　③（　　　　）

日本の大部分の地域（ちいき）では、６月から７月にかけて[①]が続き、多くの雨がふる。また、夏から[②]にかけて、暴風雨（ぼうふうう）をともなう台風が[③]からやってくる。

(3) (2)の①がない都道府県を、次から選びましょう。（　　）

㋐ 北海道　㋑ 岩手県（いわて）　㋒ 岡山県（おかやま）　㋓ 沖縄県（おきなわ）

(4) 右の**図**のように、季節によって、ふく方向が変わる風を何といいますか。（　　　　）

(5) (4)の風について、次の①・②にあてはまるものを、**図**のⒶ〜Ⓓからすべて選びましょう。

① しめった風　（　　　　）

② かわいた風　（　　　　）

ポイント 日本の気候の特色は、大きく６つに分けられる。

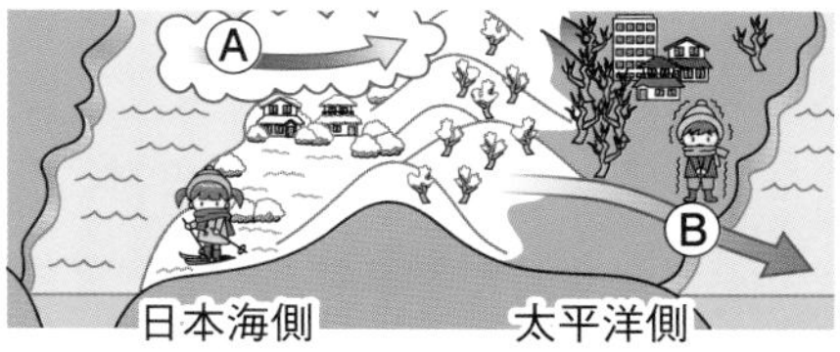

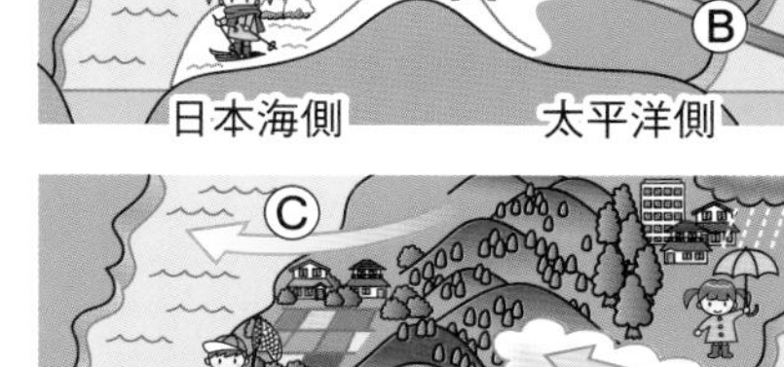

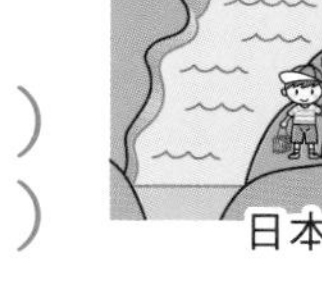

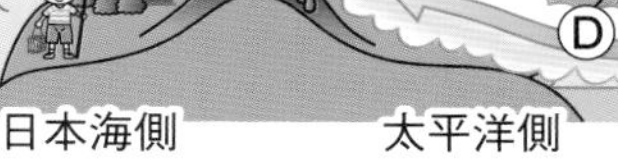

まとめのテスト

勉強した日　　月　　日

2　国土の気候と地形

時間20分　得点　/100点

教科書 20～27ページ　答え 3ページ

1 さまざまな地形① 右の地図を見て、次の問いに答えましょう。

1つ4〔36点〕

(1)　次の文は、Ⓐの3つの山脈(さんみゃく)について説明したものです。①～③にあてはまる山脈名を、あとからそれぞれ選びましょう。

①(　　　)　②(　　　)　③(　　　)

> これらの3つの山脈のうち、北に位置するのが(　①　)山脈、中央が(　②　)山脈、南に位置するのが(　③　)山脈である。これらの山脈のあたりは高く険(けわ)しい山が連なり、「日本の屋根」といわれる。

㋐　赤石(あかいし)　　㋑　木曽(きそ)　　㋒　飛騨(ひだ)

(2)　Ⓑ～Ⓓの山地を、それぞれ何といいますか。

Ⓑ(　　　　　)山地　Ⓒ(　　　　　)山地

Ⓓ(　　　　　)山地

記述 (3)　盆地(ぼんち)とは、どのような地形ですか。かんたんに書きましょう。

(　　　　　　　　　　　　　　　　　　　　　　)

(4)　**地図**と、右の**グラフ**を見て、次の問いに答えましょう。

①　次の文の{　　}にあてはまる言葉に、○を書きましょう。

●知床(しれとこ)と奥日光(おくにっこう)の気温の変化は、{ ほぼ変わらない　大きくちがう }。

②　①の理由をかんたんに書きましょう。

奥日光は、知床よりもだいぶ南にあるが(　　　　　　　　)から。

知床と奥日光の気温

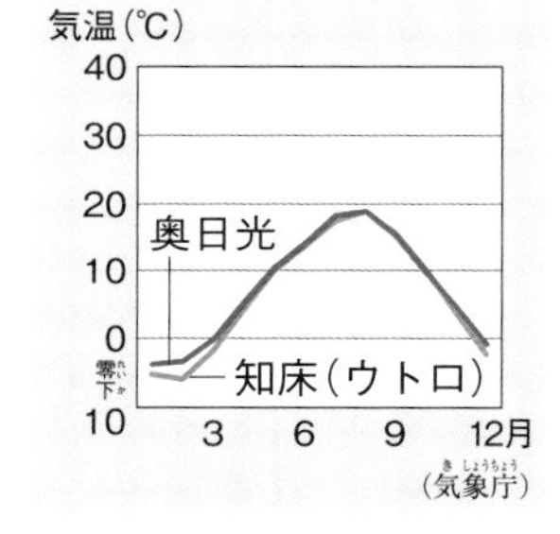

2 さまざまな地形② 右の地図を見て、次の問いに答えましょう。

1つ4〔12点〕

(1)　次の文は、Ⓐの平野について説明したものです。①・②にあてはまる平野と川の組み合わせとして正しいものを、あとから選びましょう。

(　　　)

> この平野は、日本で最も広い(　①　)平野で、(　②　)川などの大きな川がいくつも流れている。

㋐　①十勝(とかち)　②利根(とね)　　㋑　①十勝　②信濃(しなの)

㋒　①関東(かんとう)　②利根　　㋓　①関東　②信濃

(2)　①石狩(いしかり)川と②筑後(ちくご)川を示しているものを、**地図**のあ～おからそれぞれ選びましょう。

①(　　　)　②(　　　)

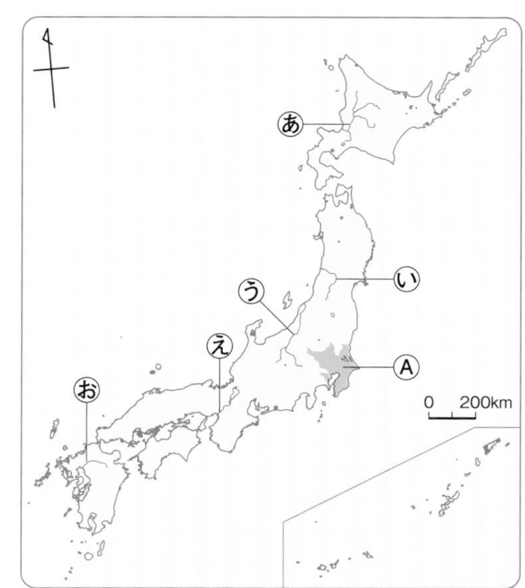

3 日本の気候① 右の図を見て、次の問いに答えましょう。

1つ4〔12点〕

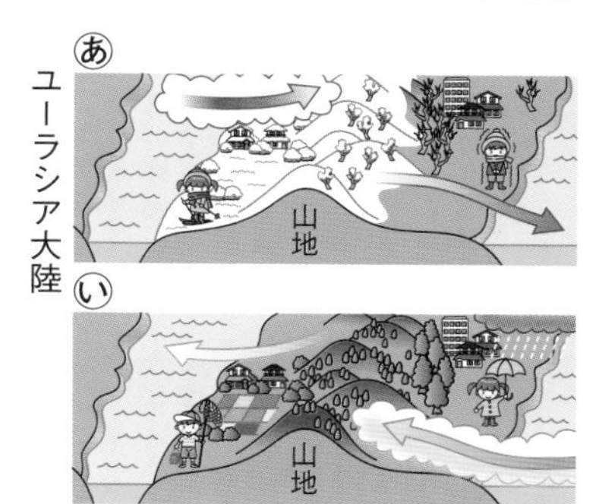

(1) 次の問いに答えましょう。

① Ⓐの風を説明している文を、次から選びましょう。(　　)

㋐ 太平洋(たいへいよう)から日本海(にほんかい)に向かってふいている。

㋑ 日本海から太平洋に向かってふいている。

② 夏の季節風がふく様子を示(しめ)している矢印は、Ⓐ、Ⓘのどちらですか。(　　)

(2) **図**を見て、季節風が日本列島に雨をもたらすしくみをかんたんに書きましょう。

しめった風が(　　　　　　　　　　)

4 日本の気候② 次の問いに答えましょう。

1つ4〔40点〕

(1) 次の①～⑥の**グラフ**は、**地図**のⒶ～Ⓕの気温と降水量(こうすい)、気候の特色を示したものです。それぞれの**グラフ**にあてはまる地域(ちいき)を選びましょう。

①(　　) ②(　　) ③(　　) ④(　　) ⑤(　　) ⑥(　　)

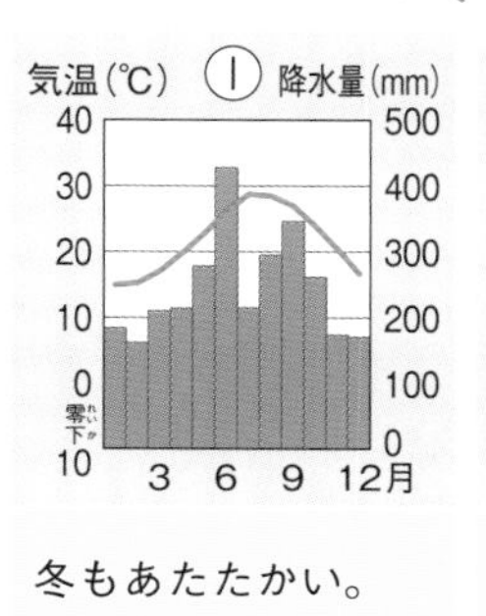

冬もあたたかい。

気温(℃) ② 降水量(mm)

冬に雪が多い。

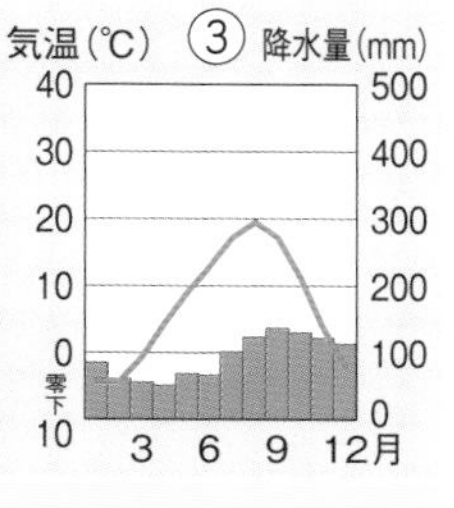

冬がとても寒い。

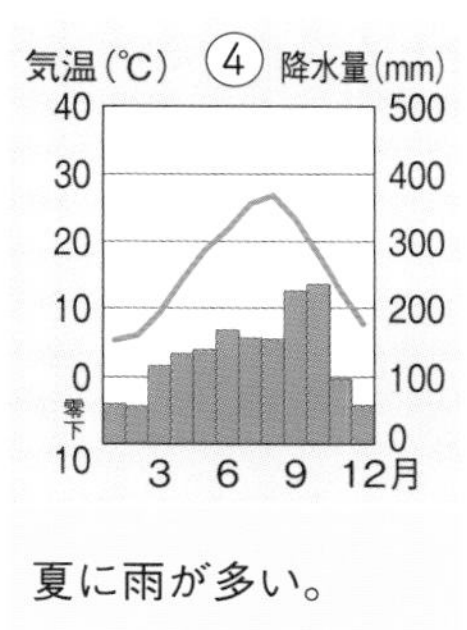

夏に雨が多い。

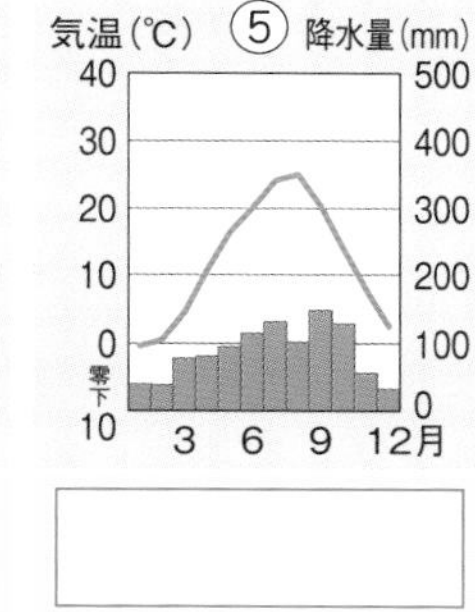

気温(℃) ⑥ 降水量(mm)

1年を通して雨が少なく、あたたかい。

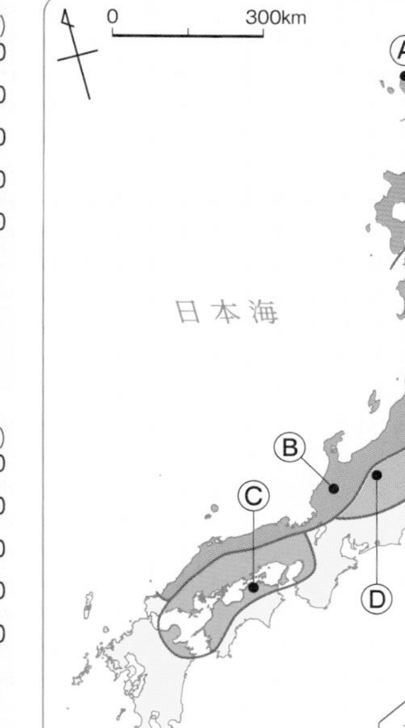

(2) ⑤の**グラフ**の□にあてはまる内容(ないよう)をかんたんに書きましょう。

(　　　　　　　　　　)

(3) **グラフ**の説明として正しい文を、次から2つ選びましょう。

(　　)(　　)

㋐ ①と②は、降水量が400㎜をこえた月は、まったくない。

㋑ ②と③とでは、9月の降水量が同じくらいある。

㋒ ④と⑤は、最も気温が高いのは8月である。

㋓ ①と③とでは、1月の気温の差が15℃以上ある。

㋔ ⑤と⑥とでは、8月の降水量は2倍以上の差がある。

(4) 暴風雨(ぼうふうう)をともなって、夏から秋に日本の南から多くやってくるものは何ですか。

(　　)

勉強した日 月 日

◆3 自然条件と人々のくらし①

学習の目標
沖縄県の気候と産業、人々のくらしを確認しましょう。

基本のワーク

教科書 28〜37ページ　答え 3ページ

「寒い地域のくらし」(20 〜 21ページ)のどちらかを選んで学習しましょう。

1 あたたかい地域と寒い地域、高地と低地

地域を比べる

●気候や地形などの①(　　　　　)がちがうと、人々のくらしがことなる。

2 あたたかい気候と沖縄県の観光／あたたかい気候と沖縄県の農業・漁業

沖縄県の自然と文化

さんご礁

●あたたかい海で育つ②(　　　　　)に囲まれた海が広がる。
●独自の文化にふれようと、多くの③(　　　　　)客がおとずれる。
◆開発が進んで海がよごれ、海水温が④(　　　　　)など、環境が変化➡さんごなどの生き物にもえいきょうがおよぶ。
●約450年間、沖縄県の島々を中心に⑤(　　　　　)が存在した。独自の文化をもち、日本や中国などの国々と交流を広げて発展した。

あたたかい気候と沖縄県の農業・漁業

●高い⑥(　　　　　)や湿度で育つ**さとうきび**や、暑い地域の原産である**マンゴー**や⑦(　　　　　)などの果物が**特産品**となっている。
●あたたかくきれいな海では、もずくの生産がさかん。
●沖縄県の周りの海は、あたたかい⑧(　　　　　)の通り道なので、まぐろやかじきなどの**魚**がとれる、よい⑨(　　　　　)となっている。

特産品
その地域の自然条件を生かしてつくられる、有名な品物。

3 暑さや台風と、沖縄県の人々のくらし

よみトク! 資料　家のつくりなどのくらしのくふう

コンクリートづくりの住宅地

●⑩(　　　　　)が他の地域に比べると多く、昔から大雨や強風の被害を受けてきた。
●雨はふるものの、雨水をたくわえる⑪(　　　　　)の多い山が少なく、大きな川もないため、⑫(　　　　　)になやまされることもあった。
●家の戸や⑬(　　　　　)を大きくして風通しをよくし、夏の暑さや湿気をしのぐ。
●伝統的な家のつくりには、台風で屋根の⑭(　　　　　)が飛ばされないよう白い**しっくい**でとめるくふうが見られる。

わすれてはならない歴史

●80年ほどの前の戦争で、⑮(　　　　　)軍が上陸し、沖縄県は大きな被害を受けた。現在もアメリカ軍の広い**軍用地**が残されている。

しゃかいか工場　プロ野球のシーズンが始まる前のキャンプは、沖縄県で行われることが多いんだ。あたたかい気候を利用しているんだね。

練習のワーク

教科書 28～37ページ　答え 3ページ

できた数　／14問中

1 右のグラフを見て、次の問いに答えましょう。

(1) 次の文の（　）にあてはまる月を、**グラフ**から書きましょう。

●那覇市では①（　）月から②（　）月まで月平均気温が20℃以上である。また、梅雨や台風のえいきょうで5月、6月、8月、③（　）月の降水量が多い。

(2) 沖縄県でときどき水不足になるのはなぜですか。あてはまるものを、次から2つ選びましょう。

（　）（　）

㋐ かわいた晴天の日が続くから。　㋑ 大きな川がないから。
㋒ 森林の多い山が少ないから。　㋓ 強い風がふくから。

那覇市の気温と降水量

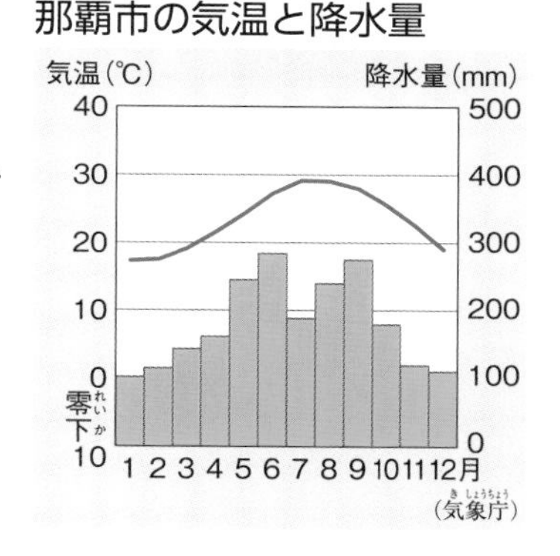

2 右のグラフを見て、次の問いに答えましょう。

(1) **グラフ**中のあ～うにあてはまる農産物を、□からそれぞれ選びましょう。

あ きれいな海で育つ水産物。
（　）

い あたたかい気候で育つ果物。
（　）

う チャンプルー料理で有名な農産物。
（　）

ゴーヤー　マンゴー　きく　もずく

沖縄県で多く生産されている農産物や水産物

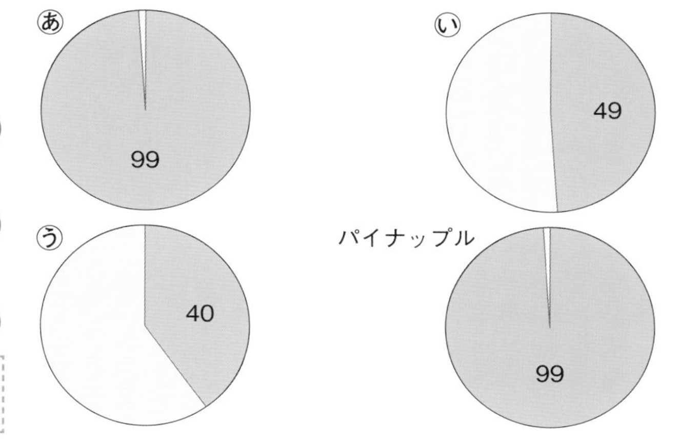

(2020年)　数字は、全国の生産量を100としたうちの沖縄県産の生産量（農林水産省）

(2) **グラフ**中のパイナップルなどのように、他の地域に比べて生産量が多かったり、品質がよかったりして有名な農産物や水産物を何といいますか。
（　）

3 右の絵を見て、沖縄県の伝統的なつくりの家について、次の問いに答えましょう。

(1) 次の文の｛　｝にあてはまる言葉に○を書きましょう。

●右のような家では、夏の暑さをしのぐためにまどや戸が①｛ 大きく　小さく ｝て、②｛ 見た目　風通し ｝がよい。

●また、台風に備え③｛ 石がきや木　ビニールハウス ｝で家の周りを囲んで、屋根のかわらが飛ばされないように④｛ しっくいでとめ　そのままにし ｝ている。

沖縄の伝統的なつくりの家

(2) 次の文の□にあてはまる言葉を書きましょう。
（　）

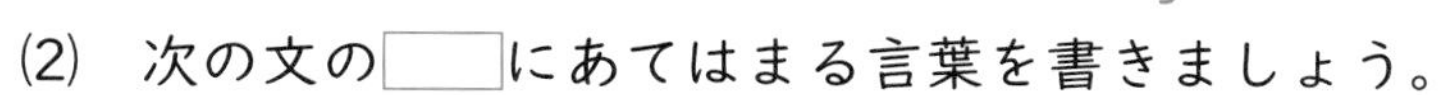
●沖縄県では、伝統的な街なみを保存して、□資源として生かしている。

沖縄県では観光がさかん。台風に備えてくらしている。

勉強した日　月　日

◆3　自然条件と人々のくらし②

学習の目標
高地のくらしや、特色を生かした産業の様子を確かめましょう。

基本のワーク

教科書　38〜45ページ　　答え　3ページ

「低地のくらし」(22 〜 23ページ)のどちらかを選んで学習しましょう。

1　高地の自然条件と、野辺山原の農業

高地の自然条件

●長野県の野辺山原は①(　　　　　)のふもとにあり、②(　　　　　)1200m以上の高地にある。そのため、**夏でもすずしく**、朝や夜の気温が大きく下がる。

よみトク!資料　野辺山原の農業

●夏の気候を生かし、**レタスやはくさい、キャベツ**などの③(　　　　　)の野菜のさいばいがさかん。

●④(　　　　　)に弱い葉物の野菜を、他の地域では生産しにくい⑤(　　　　　)の時期に出荷することができる。

東京都の市場に出荷された、レタスの量

9000 (t)　6000　3000　0
1　2　3　4　5　6　7　8　9　10　11　12月
その他　長野県産　全体の数
(2022年)　(東京都中央卸売市場)

夏でもすずしい気候を農業に生かしているんだね。

●レタスは、すずしい朝のうちに収穫し、トラクターで集出荷場に運ぶ。低温で運べる⑥(　　　　　)を利用して、野菜を新鮮なまま各地へとどけている。

2　高地の自然条件と、野辺山原の産業

野辺山原の牛の飼育

●牧草地が多く、牛を育てて、⑦(　　　　　)をとる**酪農**もさかん。

●牛乳を加工したチーズやヨーグルトなどの⑧(　　　　　)は他の都府県にも出荷され、⑨(　　　　　)品となっている。

野辺山原の観光

●牧場体験や美しい星空、夏のすずしさを求めて、⑩(　　　　　)におとずれる人も多い。

3　あれ地や寒さと、野辺山原の人々のくらし/まとめる

野辺山原の開拓と農業に関する歩み

●昔の野辺山原は草や木ばかりで、あれた土地が広がっていた。

●戦争後に、人々は⑪(　　　　　)を進め、農地や農道を整えた。

●だいこんなどを育てていたが、⑫(　　　　　)障害もあって思うように生産できなかった。きびしい自然条件のため、他の地域へ移った人も多かった。

●⑬(　　　　　)の気候を生かして、**高原野菜**の生産を増やした。

●⑭(　　　　　)灰が積もってできた土に牛のふんを混ぜるなどして、⑮(　　　　　)のある土に改良しようとしてきた。

連作障害
同じ畑で同じ作物をさいばいし続けると、作物の育ちが悪くなってくること。

野辺山駅は、標高1346mの高さにあり、全国のJRの駅の中で、いちばん高いところにある駅として有名だよ。

練習のワーク

教科書　38～45ページ　　答え　3ページ

1 次の問いに答えましょう。

(1) 野辺山原は何県にありますか。　（　　　　）

(2) 野辺山原の土地の高さは、およそどれくらいですか。あてはまるものを、次から選びましょう。　（　　）

㋐ 600m　㋑ 900m　㋒ 1200m　㋓ 2600m

(3) 右の**地図**を見て、次の文の｛　｝にあてはまる言葉に○を書きましょう。

●野辺山原の①｛ 東　西 ｝側の八ヶ岳で、よりかたむきが急で険しいのは、㋐と②｛ ㋑　㋒ ｝の間である。

●野辺山原は③｛ 急　なだらか ｝な地形になっている。

野辺山原周辺の地形

(4) 野辺山原の気温の特ちょうとして正しいものを、次から選びましょう。　（　　）

㋐ 日中と朝や夜の気温差が小さい。　㋑ 日中と朝や夜の気温差が大きい。

2 次の問いに答えましょう。

(1) 右の農家の人の話から、レタスの収穫の時間を、次から選びましょう。　（　　）

㋐ 朝早く　㋑ お昼ごろ　㋒ 夕方

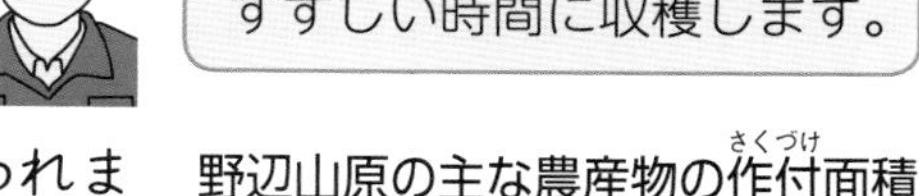

(2) レタスを収穫したあと、集出荷場へ運ぶのには何が使われますか。　（　　　　）

(3) 右の**グラフ**の□にあてはまる葉物の野菜は何ですか。　（　　　　）

野辺山原の主な農産物の作付面積

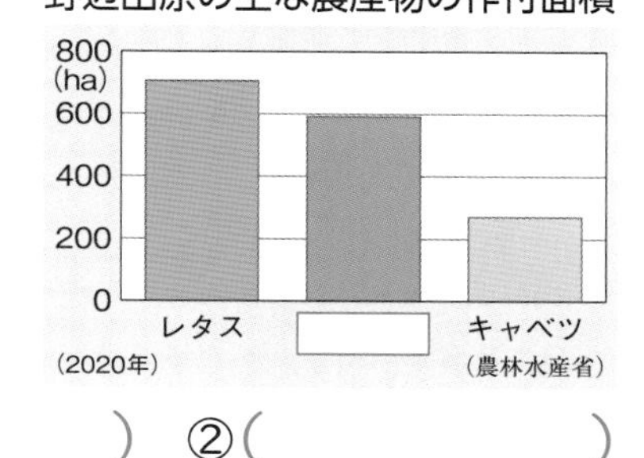

(4) 野辺山原の野菜づくりについて述べた次の文の①にあてはまる季節と、②にあてはまる言葉をそれぞれ書きましょう。

①（　　　　）②（　　　　）

●野辺山原では、①でも②という高地の気候を生かして、野菜を生産している。

(5) 野辺山原の気候を生かして行われている、牛を育てて牛乳をとる農業を何といいますか。　（　　　　）

3 次の問いに答えましょう。

(1) 野辺山原は、かつてどのようななやみをもった土地でしたか。あやまっているものを、次から選びましょう。　（　　）

㋐ 雨水をたくわえる森林があまりなかったので、いつも水不足だった。

㋑ きびしい自然条件もあって、他の地域へ移る人が多かった。

㋒ 草や木ばかりで、あれた土地が広がっていた。

(2) レタスやキャベツ、はくさいのように、高地の気候を利用してさいばいされる野菜を何といいますか。　（　　　　）

野辺山原では、高地のすずしい気候を生かした産業がさかん。

まとめのテスト

◆3　自然条件と人々のくらし①

得点　/100点

教科書　28～37ページ　答え　4ページ

1 沖縄県の人々のくらし　次の問いに答えましょう。　1つ9〔36点〕

思考 (1)　沖縄県の人々のくらしについて、右の**地図**を見てわかることを、次から２つ選びましょう。（　　）（　　）

㋐　施設をつくり水不足に備えている。
㋑　さんご礁の海を観光に生かしている。
㋒　日ざしが強いため、ぼうしをかぶる。
㋓　アメリカ軍の広い軍用地が残されている。

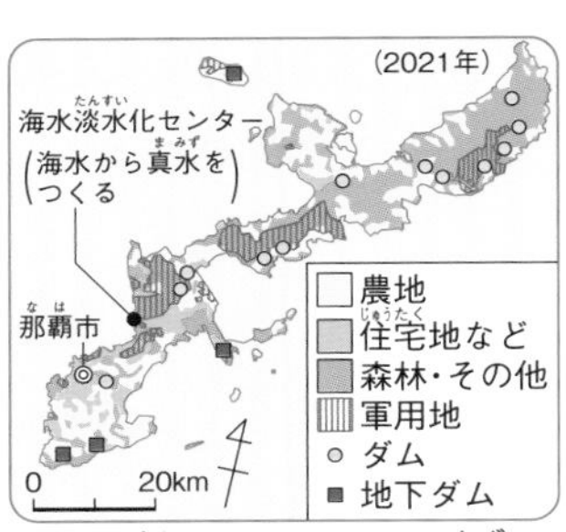

(2)　沖縄県の島々を中心に存在した、日本や中国などと交流をするなかで、独自の文化を築いた海洋王国を何といいますか。（　　）

記述 (3)　沖縄県の伝統的な家には、白いしっくいで屋根のかわらをとめているくふうが見られます。このくふうをする理由を、**台風**の言葉を使ってかんたんに書きましょう。
（　　　　　　）

2 沖縄県の農業と漁業　次のグラフを見て、あとの問いに答えましょう。　1つ8〔64点〕

Ⓐ東京都の市場に出荷された、小ぎくの数

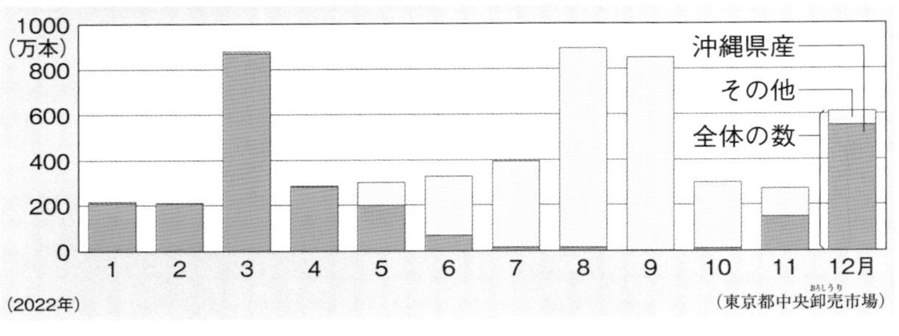

Ⓑ沖縄県の主な農産物の作付面積

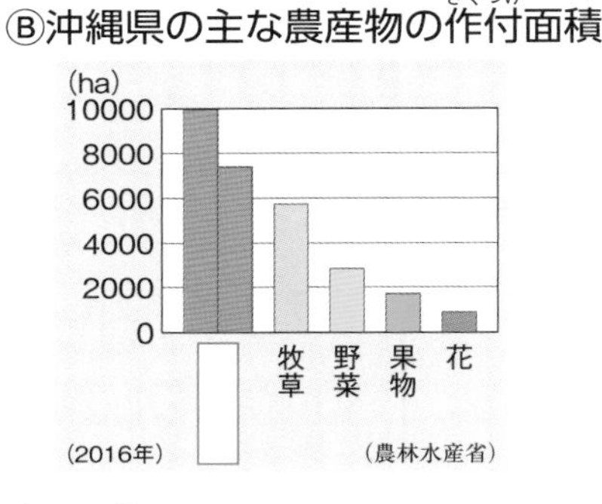

(1)　Ⓐについて、次の文の｛　｝にあてはまる言葉に○を書きましょう。
●沖縄県産の小ぎくは、①｛　6月　11月　｝から②｛　5月　10月　｝にかけて、他の地域産より多く出荷されている。

チャレンジ! (2)　(1)のように小ぎくを出荷する理由を文が続くように書きましょう。
他の地域の小ぎくより、値段が（　　　　　　）から。

(3)　Ⓑについて、沖縄県の特産品にあたる果物を２つ書きましょう。
（　　）（　　）

(4)　Ⓑ・Ⓒの□に共通してあてはまる、砂糖の原料となる農産物を何といいますか。（　　）

Ⓒ沖縄県の□の生産

61

※数字は、全国の生産量を100としたうちの沖縄県産の生産量
(2020年)　(農林水産省)

記述 (5)　(4)について、Ⓒの**グラフ**から読み取れることをかんたんに書きましょう。
（　　　　　　）

(6)　沖縄県の周辺の海がまぐろやかじきがとれるよい漁場なのは、何の通り道にあたるからですか。（　　）

まとめのテスト

◆3　自然条件と人々のくらし②

時間20分

得点　/100点

教科書　38～45ページ　答え　4ページ

1 野辺山原の自然条件と歩み　次の問いに答えましょう。

1つ10〔50点〕

(1) 野辺山原の自然条件としてあてはまるものを、次から2つ選びましょう。(　　)(　　)

㋐ 山に囲まれた地形である。　㋑ 海に面した地形である。

㋒ 朝や夜は気温が大きく下がる。　㋓ いつも暑い気候である。

よく出る

(2) 次の文は、野辺山原の歩みについて説明したものです。①～③にあてはまる言葉をあとからそれぞれ選びましょう。　①(　　)　②(　　)　③(　　)

> 昔の野辺山原は(　①　)土地だったが、今から70年以上前、多くの人が協力して(　②　)を進めた。(　③　)に強いだいこんやそばなどを育てていたが、連作障害もあり、人々は土地を改良し、高地の気候をさらに生かした高原野菜の生産に力を入れてきた。

㋐ あれた　㋑ 豊かな　㋒ 田の整備　㋓ 開拓　㋔ 暑さ　㋕ 寒さ

2 野辺山原の産業　次の問いに答えましょう。

1つ10〔50点〕

(1) Ⓐを見て、野辺山原のレタスの収穫・出荷時期を次から選びましょう。(　　)

㋐ 5月から7月　㋑ 6月から8月

㋒ 7月から10月　㋓ 12月から2月

Ⓐ野辺山原のレタスづくりカレンダー

月(平均気温)	4月(5.8℃)	5月(11.0℃)	6月(14.8℃)	7月(18.9℃)	8月(19.5℃)	9月(15.5℃)	10月(9.3℃)
レタス	種まき						
							植え付け・肥料やり
			収穫・出荷				

(2) Ⓐ、Ⓑから読み取れることとしてあやまっているものを、次から選びましょう。(　　)

㋐ レタスを収穫・出荷する月の平均気温は、20℃をこえていない。

㋑ 長野県産のレタスの出荷量が他の地域を上回っているのは、6月から9月である。

㋒ 暑さに弱いレタスは、全体の出荷量が夏の時期にとても少なくなる。

Ⓑ東京都の市場に出荷された、レタスの量

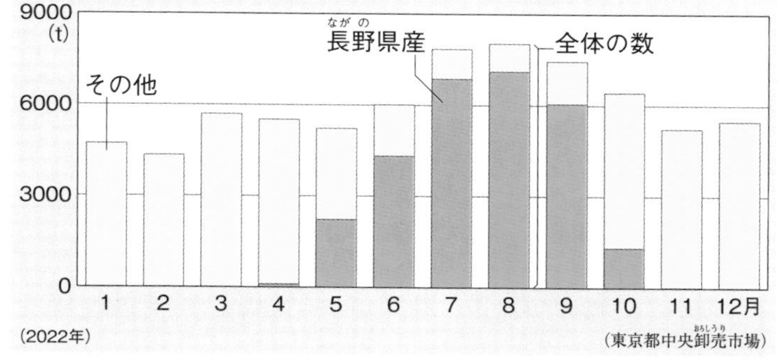

(2022年)　(東京都中央卸売市場)

記述 (3) 野辺山原では、野菜を新鮮なままとどけるために、どのようなくふうをしていますか。**トラック**の言葉を使ってかんたんに書きましょう。

(　　　　　　　　　　　　　　)

(4) 野辺山原でさかんな酪農で飼育されている家畜を、次から選びましょう。(　　)

㋐ ぶた　㋑ 牛　㋒ にわとり

記述 (5) 野辺山原に7月から8月にかけて観光客が多くおとずれる理由を、**気候**の言葉を使ってかんたんに書きましょう。

(　　　　　　　　　　　　　　)

勉強した日 月 日

◆3 自然条件と人々のくらし③

学習の目標
北海道の気候とさかんな産業、人々のくらしを確認しましょう。

基本のワーク

教科書 46〜51ページ　答え 4ページ

「あたたかい地域のくらし」(14〜15ページ) のどちらかを選んで学習しましょう。

1 寒い気候と北海道の観光

北海道の気候の特色

知床の流氷

- 冬は寒さがきびしい。最高気温が0℃にもならない ①(　　　　)日が続くこともある。
- オホーツク海沿岸には②(　　　　)が流れ着く。

北海道の観光

- すずしい夏に③(　　　　)客が多い。冬にも観光客を増やすため、**「雪まつり」**などの行事や取り組みが行われている。
- ④(　　　　)に登録されている知床や、⑤(　　　　)条約に登録されている湿地がある。
  - ◆「自然を大切にしよう」とする**エコツアー**が行われている。
- 昔から⑥(　　　　)の人たちが住み、自然とともに生きる独自の文化を築いてきた。

2 寒い気候と北海道の農業・漁業

農業

- 夏でもすずしい気候を生かし、乳牛を育てて牛乳を生産する⑦(　　　　)がさかん。
  - ◆米・野菜づくりに向かない火山灰でできた土地が広がる北海道東部の**根釧台地**では特にさかん。
- じゃがいもや**小麦**、砂糖の原料となる⑧(　　　　)の生産もさかん。

最近は米の生産量も多いよ。

漁業

- 流氷や海流で栄養分が豊富。さけ、たらなどさまざまな水産物がとれる。
- ⑨(　　　　)海ぞいは、ほたてを育ててとる漁業がさかん。

3 寒さや雪と、北海道の人々のくらし

よみトク！資料

北海道の家のつくり

- ⑩(　　　　)のまどや玄関、かべやゆかの⑪(　　　　)で寒さに備える。
- 雪に備え、かたむきが⑫(　　　　)な屋根。

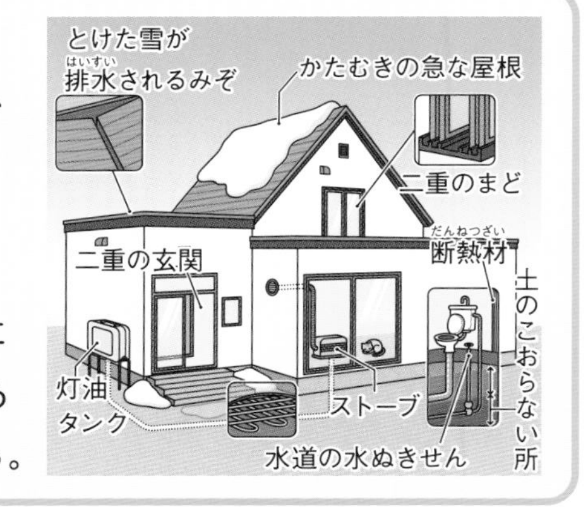

街でのくふう

- 道路の⑬(　　　　)作業を行う。すべらないように坂道や建物の前にロードヒーティングを設置し、道路をあたためて⑭(　　　　)をとかしているところがある。

- ⑮(　　　　)**連邦**ととなり合うため、多くの人が行き来している。
- ロシアとの間での北方領土の問題は解決していないが、ロシアとのよい関係が望まれている。

しゃかいか工場
海の上をただよっている流氷の下の海の中には、いろいろな種類の生物がたくさんすんでいるんだ。クリオネもその一つで、「流氷の天使」とよばれることもあるよ。

練習のワーク

教科書 46〜51ページ　答え 4ページ

できた数 ／14問中

1 右の地図を見て、次の問いに答えましょう。

(1) 北海道で世界自然遺産に登録されているのはどこですか。 (　　　)

(2) 次の文の{　　}にあてはまる言葉に○を書きましょう。

地図中の釧路湿原やサロベツ原野などは、タンチョウといった①{ 水鳥　陸鳥 }などのすみかとして大切な②{ 山地　湿地 }を守るためのラムサール条約の登録地となっている。

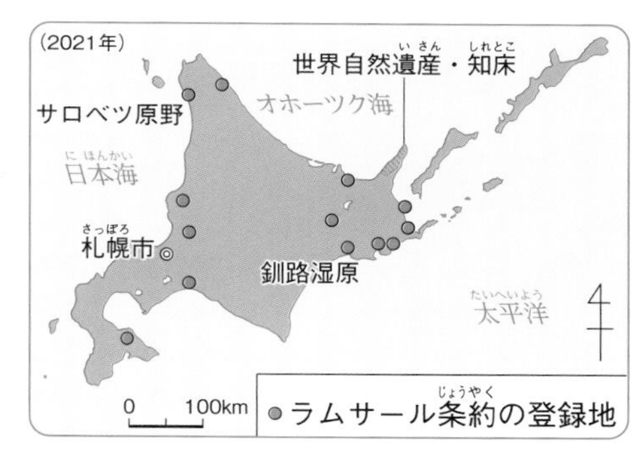

(3) 次の内容にあてはまるものを、あとからそれぞれ選びましょう。

① 「自然を大切にしよう」という考えを広めるツアー。

② 札幌市で毎年行われるまつり。　①(　　) ②(　　)

㋐ エコツアー　㋑ 雪まつり

2 北海道の農業・漁業について、次の問いに答えましょう。

(1) 農業について、次の問いに答えましょう。

① 北海道で生産がさかんな農産物としてあてはまるものを、　　から3つ選びましょう。

(　　　)(　　　)(　　　)

じゃがいも　りんご　パイナップル　小麦　てんさい

② 右の**写真**と関係する農産物を、次から選びましょう。(　　)

㋐ 米　㋑ 牛乳　㋒ 茶　㋓ さとうきび

③ 北海道東部で酪農がさかんなところを、次から選びましょう。(　　)

㋐ 根釧台地　㋑ 奥羽山脈　㋒ 関東平野　㋓ 筑紫平野

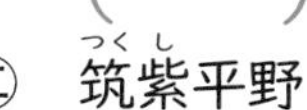

(2) 右の人が話している、オホーツク海ぞいで、日本で最も多く生産されている貝類は何ですか。 (　　　)

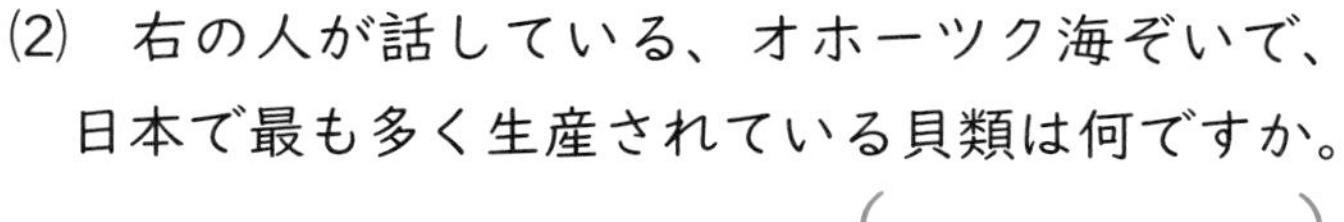

1年間育てた稚貝を海に放流し、3年後に大きくなった貝を水あげします。

3 次の問いに答えましょう。

(1) 北海道の家に見られる寒さに備えたくふうにあてはまるものを、次から2つ選びましょう。

(　　)(　　)

㋐ 広い戸で風通しをよくしている。　㋑ かべに断熱材を入れている。

㋒ まどや玄関を二重にしている。　㋓ 大きな木で家を囲んでいる。

(2) 道路をあたため雪をとかして事故を防ぐ設備を何といいますか。(　　　)

北海道は、冬の寒さはきびしく、観光や農業・漁業がさかん。

勉強した日　月　日

◆3 自然条件と人々のくらし④

学習の目標
低地の生活や、特色を生かした産業の様子を確かめましょう。

基本のワーク

教科書 52〜57ページ　答え 4ページ

「高地のくらし」(16〜17ページ)のどちらかを選んで学習しましょう。

1 低地の自然条件と、佐原北部の農業

よみトク！ 地図

佐原北部の地形

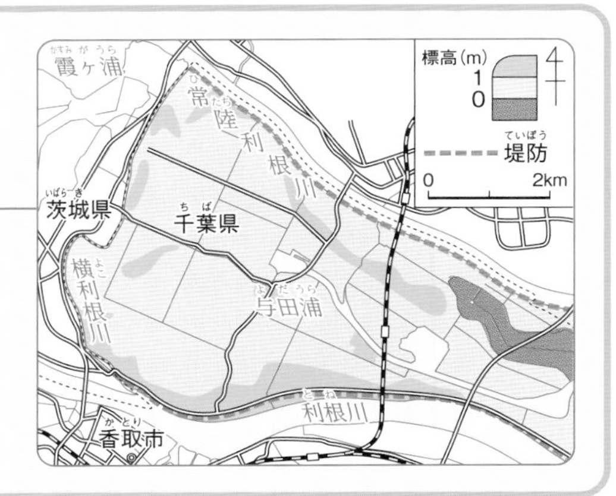

●千葉県香取市の佐原地区北部は、周りを①(　　　　)川、横利根川、常陸利根川に囲まれている。
◆低く平らな土地が広がる。
●川の水面より低い土地に、住宅地や田畑が広がっている。➡川のはんらんを防ぐ②(　　　　)がつくられてきた。

佐原北部の農業

●川が運ぶ栄養分豊かな③(　　　　)と豊富な水により、昔から**米づくり**が行われ、県内で最も米がとれる地域。一方で、地中の水分が多く野菜などの生産には不向き。
●早い時期から苗を育てて植え、８月から収穫する④(　　　　)が**特産品**である。

2 水害と、佐原北部の人々のくらし

佐原北部の治水の歩み

●かつては、⑤(　　　　)や大雨のたびに川がはんらんし⑥(　　　　)に見まわれた。
●1964年ごろから、土地の⑦(　　　　)や**治水**が進められ、田の水位を調節するための**水門**や、水をポンプでくみ上げ川へ流す⑧(　　　　)が整備された。
◆現在は大きな水害に見まわれることは少なくなった。
●この地域を流れる「⑨(　　　　)」という水路は、昔は飲み水や洗濯などの⑩(　　　　)用水としても使われていた。

治水
水害を防止したり、川の水をくらしに生かしたりすることを目的に、堤防や用水路などの工事を行うこと。

3 低地の自然条件と、佐原北部の観光

佐原北部の観光

●街の中には、昔、船でものを運んだ⑪(　　　　)が残る。
●現在は水辺の周辺の水生植物園の花しょうぶの観賞や、水路を「**さっぱ舟**」とよばれる小舟で⑫(　　　　)をするなどの⑬(　　　　)を楽しむ人々も多い。
●佐原北部のように、川や湖などのほとりにある、水の豊かな低地を「⑭(　　　　)」という。

舟下り

岐阜県海津市の木曽川、長良川、揖斐川の下流の地域にも、川より低い土地に人が住んでいて、そこは堤防に囲まれ「輪中」とよばれているよ。ここでも治水工事が行われてきたんだ。

練習のワーク

教科書 52〜57ページ　答え 5ページ

1 次の問いに答えましょう。

(1) 次の文の{　}にあてはまる言葉に○を書きましょう。

> 佐原(さわら)北部の土地は、地中の①{ 栄養分　水分 }が多く、植物の②{ 根　くき }がくさりやすいため、③{ 野菜　米 }の生産には向いていなかった。一方で、水を大量に使う④{ 野菜　米 }づくりの助けになっている。

(2) 佐原北部で次の農作業を行うのはいつですか。右の**図**を見て、あとからそれぞれ選びましょう。

① 種まき　(　　)
② 稲(いね)かり　(　　)

㋐ 3月から4月　㋑ 4月から5月
㋒ 8月から9月　㋓ 9月から10月

佐原北部の米づくりカレンダー

月	1	2	3	4	5	6	7	8	9	10	11	12
佐原北部	種まき・苗(なえ)づくり				田植え					稲かり・出荷(しゅっか)		
他の地域(ちいき)		種まき・苗づくり				田植え					稲かり・出荷	

2 佐原北部の土地利用を示(しめ)した右の地図を見て、次の問いに答えましょう。

(1) 横利根川(よことねがわ)が結んでいる川を、次から2つ選びましょう。　(　　)(　　)

㋐ 利根川(とねがわ)　㋑ 霞ヶ浦(かすみがうら)　㋒ 常陸利根川(ひたちとねがわ)

(2) 舟下(ふなくだ)りで観光客が乗る小舟(こぶね)は何とよばれますか。次から選びましょう。　(　　)

㋐ えんま　㋑ さっぱ舟(ぶね)　㋒ 水生植物園

(3) 与田浦(よだうら)周辺の土地は何に最も多く利用されていますか。　(　　)

(4) 水害を防(ふせ)ぐために堤防(ていぼう)や用水路などの工事を行うことを何といいますか。　(　　)

(5) 次の**資料(しりょう)**にあてはまる説明を、あとの㋐〜㋒からそれぞれ選びましょう。

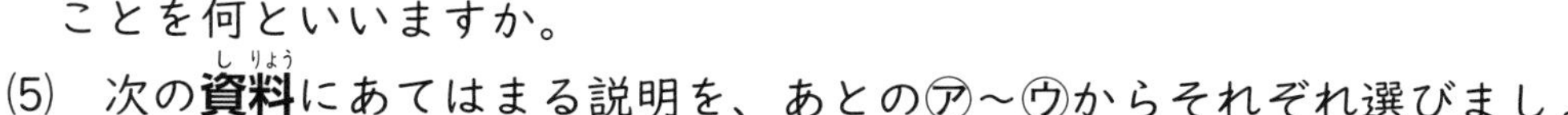

①(　　)　②(　　)　③(　　)

㋐ 水面の高さがちがう川の間でも船が行き来できるようにするための施設(しせつ)。
㋑ 川がはんらんしたときに、避難(ひなん)するために建てていた小屋。
㋒ 水位が高いときや大雨のときに水田から出た水をくみ上げ、川に流す施設。

ポイント 低地の佐原北部は、水害を乗りこえ、米づくりがさかん。

勉強した日　月　日

まとめのテスト

◆3　自然条件と人々のくらし③

時間20分

得点　/100点

教科書 46〜51ページ　答え 5ページ

1 北海道の人々と産業　次の問いに答えましょう。

1つ7〔70点〕

よく出る

(1) **地図**のⒶの海を何といいますか。　(　　　　　)海

(2) (1)の海の沿岸に冬に流れ着く、海水がこおってできた氷のかたまりを何といいますか。　(　　　　　)

(3) 北海道に古くから住み、独自の文化を築いてきた人たちを何といいますか。　(　　　　　)

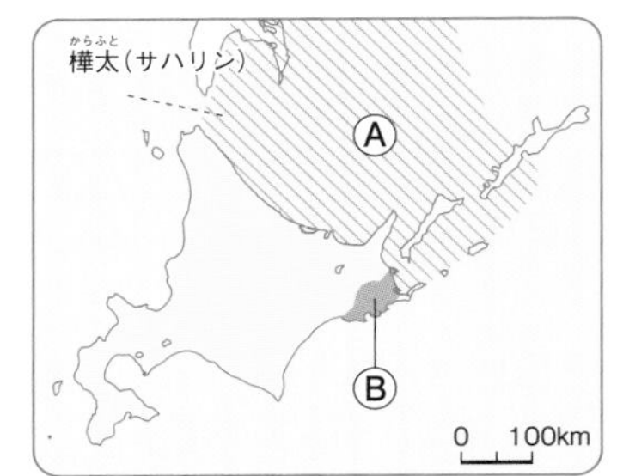

(4) 北海道の観光について、右の**グラフ**からわかることを、次から２つ選びましょう。　(　　)(　　)

北海道に来た観光客の数

(万人) 0〜800、1〜12月　(2019年)　(北海道庁)

㋐ 北海道に来た観光客の数が最も多い月は７月である。
㋑ ９月に北海道に来た観光客の数は11月の約２倍である。
㋒ ５月にスキーをしに北海道をおとずれる人もいる。
㋓ 冬の時期より夏の時期のほうが北海道の観光客の数が多い。

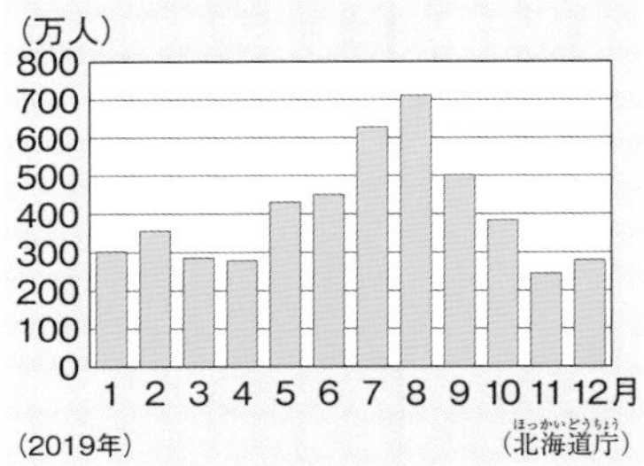

(5) 次の文の{　　}にあてはまる言葉に○を書きましょう。

●北海道では、①{ 暑い　寒い }気候のもとで育てやすい作物の生産がさかんで、砂糖の原料となる②{ てんさい　さとうきび }が多く生産されている。

●品種の改良や水田の土の入れかえで、現在では米の生産量が③{ 多い　少ない }。

(6) 北海道の酪農について、次の問いに答えましょう。

① 酪農がさかんなことに関連していると考えられる、北海道の農産物を右の**グラフ**から選びましょう。　(　　　　　)

北海道の主な農産物の作付面積

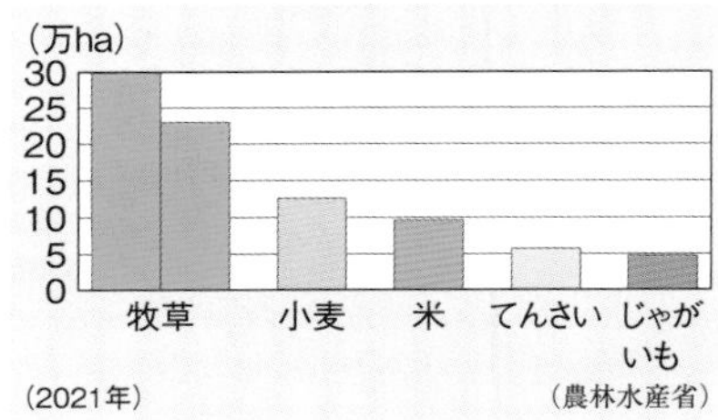

記述 ② **地図**のⒷの根釧台地で特に酪農がさかんな理由を、**火山灰**の言葉を使って、かんたんに書きましょう。
(　　　　　　　　　　　　　　　　)

2 北海道の人々のくらし　右の図を見て、次の問いに答えましょう。

1つ10〔30点〕

(1) 次の文の□にあてはまる言葉をそれぞれ書きましょう。

①(　　　　　)　②(　　　　　)

> 北海道では、冬の寒さに備えてまどを ① にしたり、かべなどに ② を入れたりする家や、雪に備えて雪をとかすしくみのある道路が多く見られる。

北海道の家のくふう

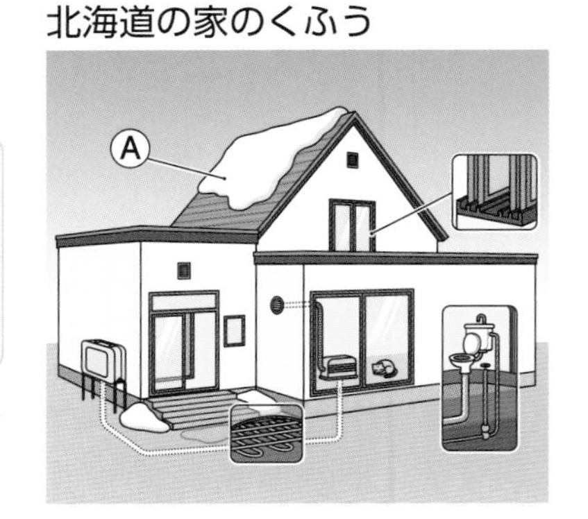

(2) 北海道で**図**のⒶのような屋根の家が多く見られる理由について、(　　)にあてはまる言葉を書きましょう。

角度を急にして雪が(　　　　　　　　)している。

勉強した日　月　日

まとめのテスト

◆3　自然条件と人々のくらし④

得点　/100点

教科書　52～57ページ　答え　5ページ

1 佐原北部の自然条件 次の問いに答えましょう。　1つ6〔30点〕

思考

(1) 佐原北部の地形を示した右の地図からわかることを、次から2つ選びましょう。（　　）（　　）

㋐ 標高が0ｍ～1ｍの所が最も広い。

㋑ 水面よりも低い土地はない。

㋒ 利根川など3つの川に囲まれている。

㋓ 田が最も多く広がっている。

(2) 川や湖などのほとりにあり、水の豊かな低地のことを何といいますか。（　　）

(3) 次にあてはまる言葉を、あとからそれぞれ選びましょう。

① 水面の高さがちがう川の間を船が行き来できるようにする設備。

② 地図の地域で街の中をめぐっていた水路。　①（　　）②（　　）

㋐ さっぱ舟　㋑ えんま　㋒ 閘門　㋓ 水塚

2 佐原北部の産業 次の問いに答えましょう。　1つ10〔70点〕

Ⓐ千葉県の市町村別の米の生産量

（万t）
※県全体の生産量…26万t
3
2
1
0
香取市　旭市　匝瑳市　山武市　成田市
（2022年）　（農林水産省）

Ⓑ佐原北部の□の歩み

年	できごと
1900年	利根川ぞいで大規模な堤防の工事が始まる。
	1910年～1950年の間、川がたびたびはんらんする。
1964年	常陸利根川と利根川で川はばを広げて川底をさらう工事が計画される。
1968年	ぬまや水路のうめ立てが終わる。
1978年	すべての地域で工事が終わる。

(1) Ⓐのグラフ中で、最も米の生産量が多い都市を書きましょう。（　　）市

(2) 佐原北部で生産される、収穫の時期を早めた米について、次の問いに答えましょう。

よく出る

① このような米を何といいますか。（　　）

記述

② 田植えや収穫の時期を早めた理由を、台風の言葉を使ってかんたんに書きましょう。

（　　）

(3) Ⓑの年表について、次の問いに答えましょう。

① □にあてはまる、年表内のような川のはんらんを防ぎ、川をくらしに生かすための工事を行うことを何といいますか。（　　）

② うめ立て前の水路は何に使われていましたか。次から2つ選びましょう。

㋐ 漁　㋑ 飲み水　㋒ 生活用水　㋓ 除雪　（　　）（　　）

③ すべての地域で工事が終わったのは、川底をさらう工事が計画されてから何年後ですか。

（　　）年後

勉強した日　　月　　日

1　米づくりのさかんな地域①

学習の目標
米づくりがさかんなのは、どのような地域かを確かめましょう。

教科書 60〜71ページ　答え 5ページ

1 全国からとどく食料

食料の産地

●りんごは①（　　　　　　）気候の地域、みかんはあたたかい気候の地域で多く生産されている。

●野菜や②（　　　　　　）をたくさん食べている。

国民一人当たりの主な食料の消費量（1年間）

米	50kg	野菜	86kg
果物	32kg	肉類	34kg

（2021年　農林水産省）

2 米はどこから？

よみトク！地図

米づくりのさかんな地域

●「コシヒカリ」などのさまざまな米の③（　　　　　　）が店で売られている。

●稲を水田で育てて、④（　　　　　　）をつくる農業は、日本全国で行われている。

●特に、**新潟県**や**北海道**、⑤（　　　　　　）地方で米づくりがさかんである。

米づくりに向いた自然条件

●多くの稲を育てるには、**平らで**⑥（　　　　　　）**い**土地と**大量の**⑦（　　　　　　）が必要。

◆新潟県や北海道、東北地方があてはまる。

●夏の時期に、日照時間が⑧（　　　　　　）、昼と夜の気温の⑨（　　　　　　）が大きいと、おいしい米が育つ。

都道府県別の米の生産量

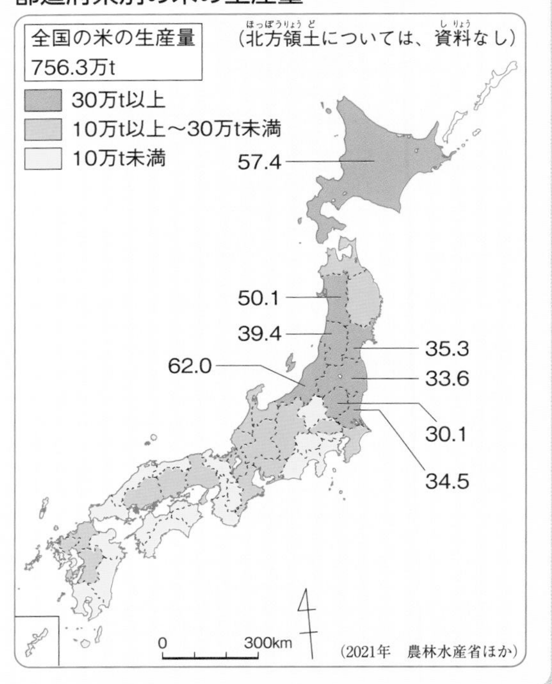

（2021年　農林水産省ほか）

3 米の産地は、どんなところ？

米の産地、新潟県南魚沼市の位置

●新潟県は⑩（　　　　　　）海側にあり、冬に⑪（　　　　　　）の日が多く、2m近く積もることもある。

南魚沼市の気候と米づくり

●夏はむし暑く盆地のような地形によって、昼と夜の気温差が⑫（　　　　　　）なるため、あまくておいしい米ができる。

●冬の雪は、春になるととけ出して、豊かな水と⑬（　　　　　　）を土にもたらす。

南魚沼市の位置

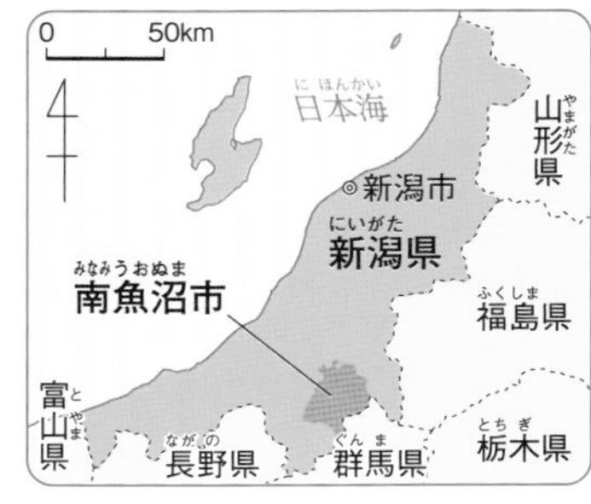

南魚沼市周辺（魚沼市）の気温と降水量

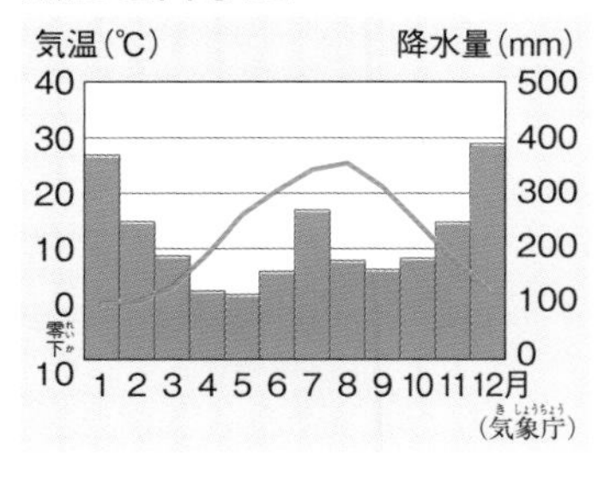

（気象庁）

しゃかいか工場

米づくりは今から2300年ほど前に、中国や朝鮮半島から北九州に伝わったよ。日本のお米の品種の数は900品種以上もあるんだ。

練習のワーク

教科書　60～71ページ　答え　5ページ

1 右の地図を見て、次の問いに答えましょう。

(1) 米の生産量が特に多い都道府県を、多い順に3つ書きましょう。
(　　　　)
(　　　　)
(　　　　)

(2) 米の生産量が特に多い地方を、次から選びましょう。
(　　　)

㋐ 東北地方　㋑ 関東地方
㋒ 近畿地方　㋓ 四国地方

(3) 次の①～④の県で最も多く生産されている米の品種を、**地図**からそれぞれ書きましょう。

① 秋田県　(　　　　)
② 宮城県　(　　　　)
③ 新潟県　(　　　　)
④ 山形県　(　　　　)

都道府県別の米の生産量

全国の米の生産量
756.3万t

（北方領土については、資料なし）

30万t以上
10万t以上～30万t未満
10万t未満
[　]の中は、最も多く生産されている米の品種

[ななつぼし] 57.4
[あきたこまち] 50.1
[はえぬき] 39.4
[コシヒカリ] 62.0
35.3 [ひとめぼれ]
33.6 [コシヒカリ]
30.1 [コシヒカリ]
34.5 [コシヒカリ]

0　300km

（2021年　農林水産省ほか）

2 次の問いに答えましょう。

(1) 南魚沼市の説明として正しいものを、次から2つ選びましょう。(　　)(　　)

㋐ 南魚沼市は秋田県にある。
㋑ 南魚沼市は日本海側にある。
㋒ 米づくりがしやすい山地が広がっている。
㋓ 冬に雪の日が多い。

(2) 右の**グラフ**を見て、次の問いに答えましょう。

① 南魚沼市周辺の**グラフ**は、Ⓐ、Ⓑのうちどちらですか。
(　　)

② ①の理由として、次の文の□にあてはまる言葉を書きましょう。
(　　　　)

夏の平均最高気温と平均最低気温の差が□から。

(3) 南魚沼市でおいしい米が育つ理由について、次の文の{　}にあてはまる言葉に○を書きましょう。

●南魚沼市では、春には、①{ 雪　流氷 }がとけ、豊かな水と②{ 肥料　栄養分 }がもたらされる。
●稲が実る夏に③{ 日照　作業 }時間が長く、昼と夜の気温差が大きい。

暑い時期の南魚沼市周辺（魚沼市）と東京都心の気温

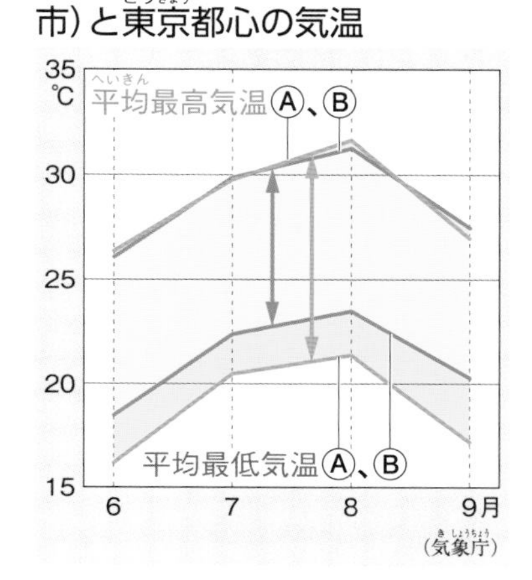

米づくりは、特に新潟県、北海道、東北地方でさかん。

勉強した日 月 日

1 米づくりのさかんな地域②

学習の目標
米づくりの作業や、質の高い米をつくるくふうを確かめましょう。

基本のワーク

教科書 72～75ページ　答え 6ページ

1 一年間の米づくり

米づくりの作業

●米づくりには①（　　　　）年を通じて、さまざまな作業がある。

②（　　　　）
◆水を張った水田の土をかき混ぜて、平らにする。

③（　　　　）
◆機械を使うと、30分ほどで10a（アール）かり取れる。

3月	4月	5月	6月	7月	8月	9月	10月	11月

- 種まき・苗づくり（4月～5月）
- 田おこし・しろかき（5月）
- 肥料をまく（5月）
- 田植え（5月～6月）
- 除草（7月）
- 水の管理（6月～9月）
- 様子を見て肥料を加える・農薬をまく（7月～8月）
- 稲かり（9月～10月）
- 乾燥・もみすり・出荷（9月～11月）
- 機械や道具の整備・かたづけ（11月）

④（　　　　）
◆育てた苗を水田に植え付ける。

⑤（　　　　）
◆稲の間に生えてきた雑草を土の中にしずめる。

2 質の高い米をめざして

水の管理

●水田に入れる水の調節。➡⑥（　　　　）ののびをおさえる。
　◆雑草を取りのぞく**除草剤**の使用を⑦（　　　　）ことができる。
●水田に水を張ると、低温から稲を⑧（　　　　）ことができる。

化学肥料にたよらない米づくり

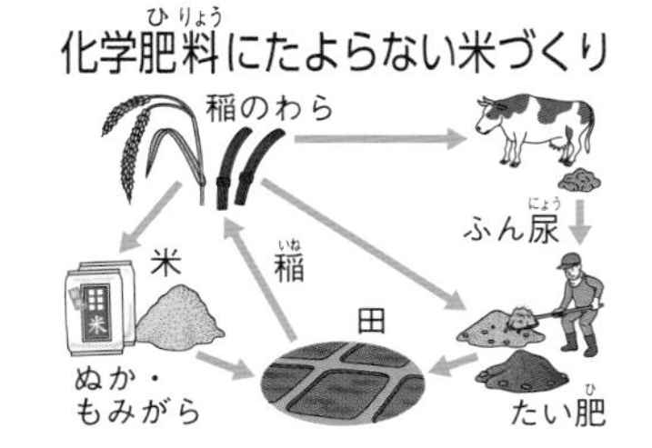

SDGs 環境を考えた米づくり

使うものと目的	悪いえいきょう	たよらないくふう
●⑨（　　　　） ◆雑草や害虫の発生をおさえる。	人の⑩（　　　　）に悪いえいきょうをおよぼすおそれ。	雑草や害虫を食べる⑪（　　　　）を水田に泳がせる。玄米黒酢をまく。
●⑫（　　　　） ◆効率よく稲に栄養分をとらせる。	土が⑬（　　　　）なる。成長しすぎてたおれる心配がある。	⑭（　　　　）や米ぬか、もみがらを使う。

しゃかいか工場
苗づくりは、夏の気温が高い時期に穂ができるようにするため、気温の低い時期に行うんだ。苗のできばえによって収穫される米の量が変わってくるので、大切な作業なんだよ。

練習のワーク

できた数　　／14問中

教科書　72～75ページ　　答え　6ページ

1 次の図は、米づくりカレンダーを示しています。あとの問いに答えましょう。

1月	2月	3月	4月	5月	6月	7月	8月	9月	10月	11月	12月
		あ種まき	い田おこし　苗づくり	うしろかき　え田植え	お除草	水の管理 →	→	か稲かり	きもみすり　乾燥	かたづけ　道具の整備	

(1) 次の**写真**の農作業の名前を上のあ～きからそれぞれ選びましょう。また、その作業の内容を、あとからそれぞれ選びましょう。　①（名前　　、作業　　）②（名前　　、作業　　）③（名前　　、作業　　）④（名前　　、作業　　）

①

②

③

④

ア　育てた苗を水田に植え付ける。　　イ　コンバインでかり取る。
ウ　雑草を土の中にしずめる。　　エ　土をほり返して耕す。

(2) ――線部について、次の文の①～③にあてはまる言葉を□からそれぞれ選びましょう。
①（　　　）②（　　　）③（　　　）

●水田に張る水の量を（①）すると、雑草がのびにくくなって（②）の使用を減らせる。また（③）から稲を守ることができる。

調節　除草剤　低温　消毒

2 次の問いに答えましょう。

(1) ①農薬と②化学肥料について、あてはまる文を次から２つずつ選びましょう。
①（　　）（　　）②（　　）（　　）

ア　雑草や害虫の発生を防ぐ。
イ　効率よく稲に栄養分をとらせることができる。
ウ　使いすぎると、土が固くなる。
エ　使いすぎると、人の健康に悪いえいきょうをおよぼすおそれがある。

(2) 右の**図**を見て、次の文の□にあてはまる言葉をそれぞれ書きましょう。
①（　　　）②（　　　）③（　　　）

右は、かもを ① に放す農法の様子である。かもは雑草や害虫を食べてくれるほか、稲の ② をふんでじょうぶにする。そのふんは ③ になるので、化学肥料を減らせる。

ポイント　米づくりは春の苗づくりから秋の稲かりまで作業がある。

勉強した日 月 日

学習の目標
米の流通経路や、米づくりの変化について確かめましょう。

1 米づくりのさかんな地域③

基本のワーク

教科書 76〜81ページ　答え 6ページ

1 おいしい米をとどける

よみトク！資料　米がとどくまで

●とれた米は、農業協同組合（①（　　　　））のカントリーエレベーターで保管されている。
◆注文に応じて米屋や②（　　　　）マーケットなどに出荷。
●消費者が農家やＪＡへ注文をして、米を直接とどけてもらう③（　　　　）も増えている。

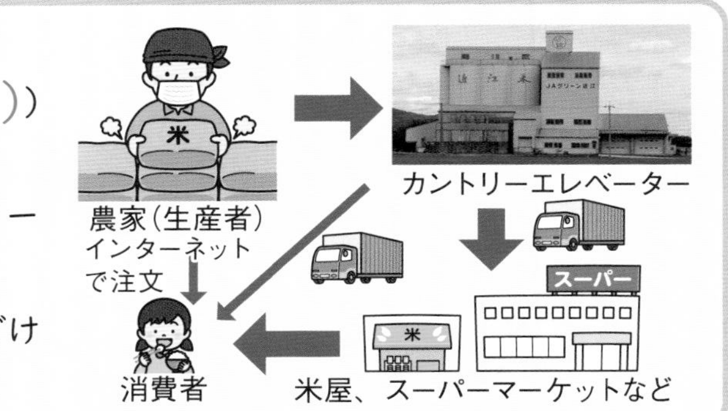

米の値段にふくまれる費用
●農家の収入や機械代など米の④（　　　　）にかかった費用。
●トラックでの⑤（　　　　）費など流通にかかる費用。
●ちらしの作成代など⑥（　　　　）にかかる費用。
●店で売られるときは、その店の利益を考えた値段がつけられる。

流通
生産されたものを、消費者にとどけるはたらきのこと。

2 米づくりの変化

米の品種の変化
●品種をかけ合わせて、よりよい品質の新しい品種をつくることを⑦（　　　　）という。
➡これにより、病気や冷害に強い米、より多くの実がなる米などが広まってきた。

農業機械の広まり
●昔の米づくりは、すべて⑧（　　　　）作業で行っていた。
●**農業機械**により、**作業時間**は⑨（　　　　）なった。
◆農業機械は⑩（　　　　）が高く、修理代や燃料代などにも多くの費用がかかる。
◆使い方をまちがえると、大きなけがをする危険もある。
●農業機械には、田おこしやしろかきをするときに使う⑪（　　　　）や田植え機、稲かりと同時にもみを稲から外す⑫（　　　　）などがある。

コンバイン

耕地の変化
●農作業をしやすくするため、約60年前から水田の形を広く整える耕地整理が行われた。
●川の水を引く⑬（　　　　）の設置などが進み、**用水路**と水を出す⑭（　　　　）が整備された。
◆大型の農業機械が使えるようになった。
◆必要な量の⑮（　　　　）を水田に入れられるようになった。

用水路や排水路のしくみ
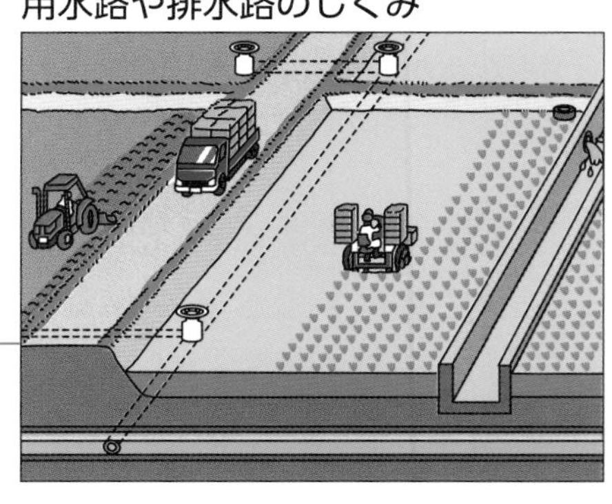

全国各地の米の産地では、特に名前をつけた米の品種をそれぞれの地域の特産品として売り出しているよ。このような米を銘柄米（ブランド米）というんだ。

練習のワーク

教科書　76～81ページ　答え　6ページ

1 次の問いに答えましょう。

(1) とれた米の多くは、農業協同組合（ＪＡ（ジェイエー））の何というしせつに運ばれて保管（ほかん）されますか。（　　　　）

(2) 生産されたものを、消費者（しょうひしゃ）にとどけるはたらきを何といいますか。（　　　　）

2 右のグラフや図を見て、次の問いに答えましょう。

(1) 右の**グラフ**を見て、次の文の｛　　｝にあてはまる言葉や数字に○を書きましょう。

●1960年と2020年を比（くら）べると、10a（アール）当たりの米の生産量は約①｛ 15　150 ｝kgほど②｛ 増（ふ）えて　減（へ）って ｝いる。

●一方で、農作業にかかる作業時間は、1960年からの60年の間に、約③｛ 2分の1　7分の1 ｝になっている。

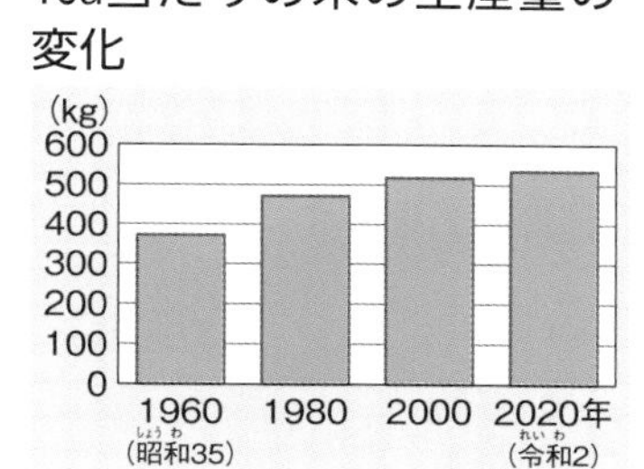

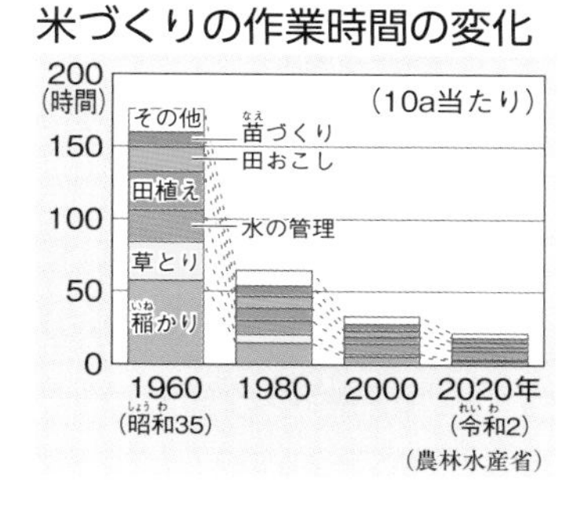

(2) 右の**図**のように品種をかけ合わせて新しい品種をつくることを何といいますか。（　　　　）

(3) 次の品種を、**図**からそれぞれ選びましょう。

① 「コシヒカリ」と「奥羽（おうう）292号」をかけ合わせてできた品種。（　　　　）

② 「あきほ」と「ひとめぼれ」などをかけ合わせてできた品種。（　　　　）

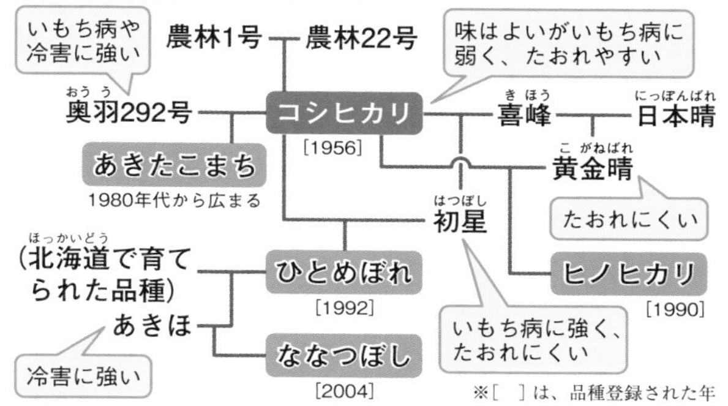

3 右のグラフを見て、次の問いに答えましょう。

(1) 2000年に、農家100戸当たりの台数が最も多い農業機械を**グラフ**から選びましょう。（　　　　）

(2) 次の文を、農業機械が広まった①よい点と②そうでない点にそれぞれ分けましょう。①（　　　　）②（　　　　）

㋐ 値段（ねだん）が高く、修理（しゅうり）代もかかる。　㋑ 作業が楽になる。

㋒ 大けがの危険（きけん）がある。　㋓ 農作業にかかる人手が減る。

(3) 次の文の□にあてはまる言葉をそれぞれ書きましょう。

①（　　　　）②（　　　　）③（　　　　）

主な農業機械の広まり

150
(台)
(農家100戸当たりの台数)
トラクター
(耕（こう）うん機)
100
田植え機
50
コンバイン
0
1965
(昭和40)
70　75　80　85　90　95　2000年
(平成12)
(1965～2000年、農林水産省)

小さく入り組んだ水田が多かった南魚沼（みなみうおぬま）市では、水田の形を広く整える ① が行われ、大型（おおがた）の ② が使えるようになり、水を必要なだけ ③ に入れられるようになった。

ポイント　全国各地で**品種改良**や**耕地整理（こうちせいり）**が進められてきた。

勉強した日　　月　　日

1　米づくりのさかんな地域④

学習の目標
農家のなやみや、これからの米づくりについて確かめましょう。

基本のワーク

教科書　82～87ページ　　答え　6ページ

1 米づくりがかかえる課題

よみトク！資料

米の生産量と国の取り組み

●日本の米の生産量と、消費量はともに①（　　　　）ている。

●米が②（　　　　）ないように、国は1960年代後半から稲の作付面積を③（　　　　）し、④（　　　　）など他の作物をつくることなどをすすめる**生産調整**を行ってきた。

➡現在でも、家畜の⑤（　　　　）用の米の生産に切りかえるなどして、水田での耕作を続けている農家がある。

米の作付面積の変化

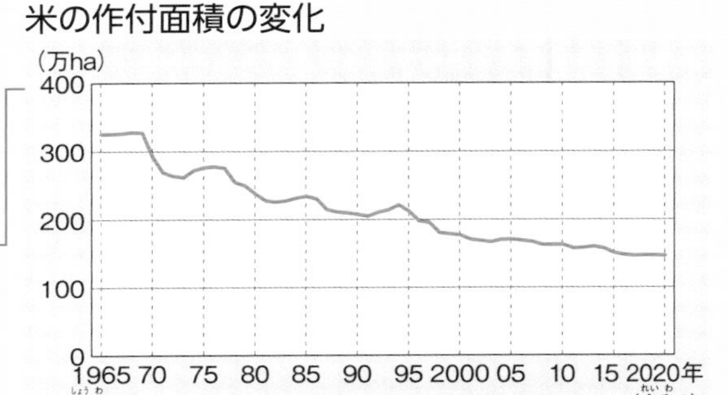

◆近年は産地ごとに米の生産量を自由に決められるようになった。
◆国が一定の値段で米を買い上げるのをやめ、農家や産地が米を自由に⑥（　　　　）ことができるようになった。

➡産地ごとの競争が強まる。

農家のなやみ

●米の生産量がのびなやむなかで、農業で働くわかい人たちが⑦（　　　　）ている。

➡⑧（　　　　）がいない高齢の農家から作業をうけおっている農家もある。

つながるSDGs
水田には、雨水をたくわえて水害をおさえたり、土が流出するのを防いだりするはたらきがある。ほかにも、夏の暑さをやわらげてくれる。

2 これからの米づくり／まとめる

米の消費量を増やす試み

●米の⑨（　　　　）を使った食品や、米をとがなくてもたくことができる**無洗米**を開発。

●農家はインターネットで米の⑩（　　　　）や宣伝をしたり、米を⑪（　　　　）した食品を売り出したりして、**米の消費量を増やす試み**をしている。

米づくりの費用や作業の負担を減らす試み

●同じ地域の農家が、農業機械を⑫（　　　　）で買って利用したり、協力して作業したりしている。

●⑬（　　　　）を借り集めて大規模に生産している。

●種もみの⑭（　　　　）など新しい技術を取り入れる。

種もみのじかまき

米を食べてもらう量を増やそうと努力しているんだね。

しゃかいか工場
日本人が米を食べる量が減ってきたのはどうしてか、わかるかな？　昔は少なかったパン食などが広まって、米以外のものを食べることが増えたからだね。

練習のワーク

教科書 82～87ページ　答え 6ページ

1 次の問いに答えましょう。

(1) グラフ中のⒶ、Ⓑのうち、米の生産量を示しているのはどちらですか。（　　）

(2) 1960年代と比べて今の米の生産量は、増えていますか、減っていますか。（　　）

(3) 1960年代後半から2018年まで国が行った、米を余らせないように生産量をおさえる取り組みを何といいますか。（　　）

(4) 日本の米づくりや水田の役割について、次の文の{　}にあてはまる言葉に○を書きましょう。

●1995年から米は①{ 一定の値段で　自由に }売られるようにしくみが改められた。このため、産地どうしの競争が②{ はげしく　ゆるやかに }なってきている。

●水田には③{ 寒さ　水害 }をおさえるはたらきがある。

米の生産量と消費量の変化

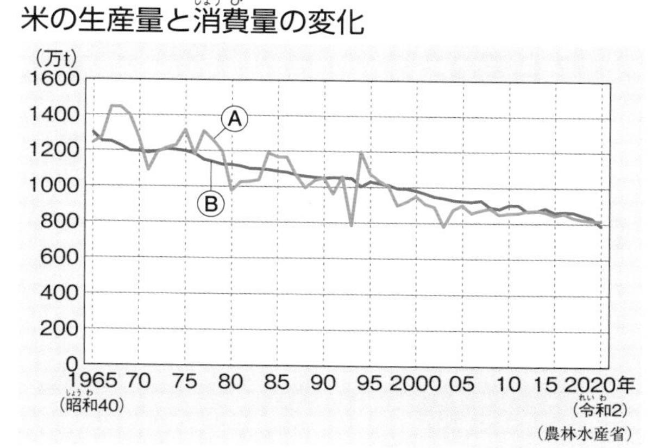

2 右のグラフを見て、次の問いに答えましょう。

(1) 1970年と2020年の農業で働く人のおよその数を、次からそれぞれ選びましょう。

①1970年（　　）　②2020年（　　）

㋐ 140万人　㋑ 700万人　㋒ 1000万人

(2) 次の①、②にあてはまる年令を、あとからそれぞれ選びましょう。①（　　）②（　　）

① 1970年に農業で働く人が最も多い年代

② 2020年に農業で働く人が最も多い年代

㋐ 29才以下　㋑ 30～59才　㋒ 60才以上

農業で働く人の数の変化

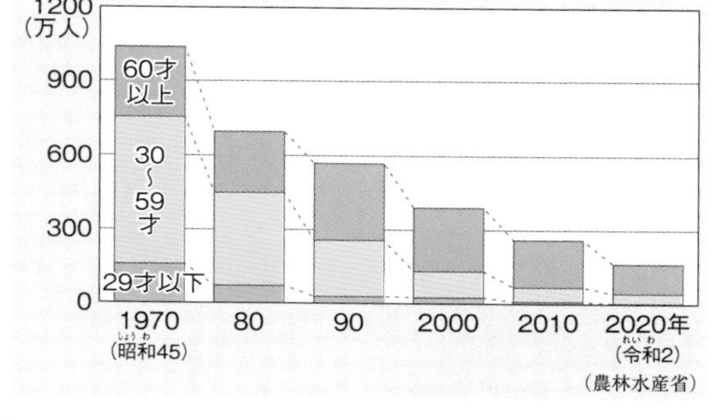

3 次の文は、農家による米の消費量を増やす試みの一部です。文の□にあてはまる言葉を、□からそれぞれ選びましょう。

①（　　）②（　　）③（　　）④（　　）⑤（　　）

農家は、①で米のはん売や宣伝をして、米をたくさん食べてもらうための試みをしている。また、米をとがずにたける②を開発して、売り出している。

そのほか、③を育てたり植えたりする作業を省くことができる種もみのじかまきなどの新しい④を取り入れて、生産にかかる⑤を下げる努力も進められている。

無洗米　苗　技術　インターネット　米の粉　費用　種

米の生産量、消費量ともに減ってきている。

勉強した日 月 日

まとめのテスト

1 米づくりのさかんな地域

得点

/100点

教科書 60〜87ページ　答え 7ページ

1 米づくりのさかんな地域 **次の問いに答えましょう。** 1つ4〔24点〕

(1) 日本で、米の生産量が特に多い都道府県を、**地図**から2つ選びましょう。（　　）（　　）

(2) 次の文は、米づくりに向いた自然条件についてまとめています。□にあてはまる言葉を、それぞれ書きましょう。

①（　　　）②（　　　）
③（　　　）④（　　　）

●平らで広い ① があること。
●豊富な ② があること。
●夏に ③ が長く、昼と夜の ④ の差が大きいこと。

2 米づくりの作業 **次の①〜④は、米づくりで行われる作業です。これらについて、あとの問いに答えましょう。** 1つ3〔24点〕

① 田植え　② しろかき　③ 除草　④ 稲かり

よく出る

(1) ①〜④の作業を、行われる順にならべましょう。

（　　→　　→　　）→④

(2) ①〜③の作業の説明としてあてはまるものを、次からそれぞれ選びましょう。

①（　　）②（　　）③（　　）

㋐ 稲の間に生えてきた雑草を、土の中にしずめていく。
㋑ 水を張った水田の土をかき混ぜて、平らにする。
㋒ 苗をセットした機械で、苗を植え付けていく。

(3) 次の**表**について、あとの問いに答えましょう。

	使う目的	悪いえいきょう
Ⓐ	雑草や害虫の発生をおさえる。	人の健康に悪いえいきょうをおよぼす心配がある。
Ⓑ	効率よく稲に栄養分をとらせる。	・使いすぎると、土が□。 ・稲が成長しすぎて、たおれる心配がある。

① Ⓐ・Ⓑにあてはまる言葉を、それぞれ書きましょう。

Ⓐ（　　　）Ⓑ（　　　）

② □にあてはまる言葉を、次から選びましょう。（　　）

㋐ やわらかくなる　㋑ 固くなる　㋒ なくなる

③ たい肥や米ぬかを使うことはⒶ・Ⓑのどちらを減らす取り組みですか。（　　）

3 米づくりの変化 次の問いに答えましょう。 1つ4〔24点〕

(1) 次の**資料**を見て、あとの問いに答えましょう。

あ米づくりの作業時間の変化

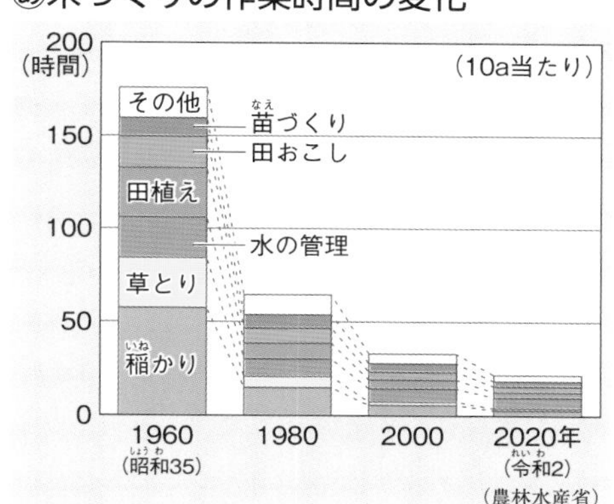

い主な農業機械の広まり

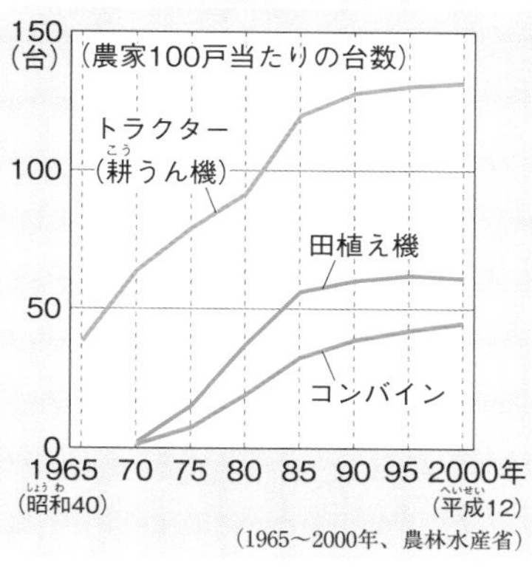

うカントリーエレベーターのしくみ

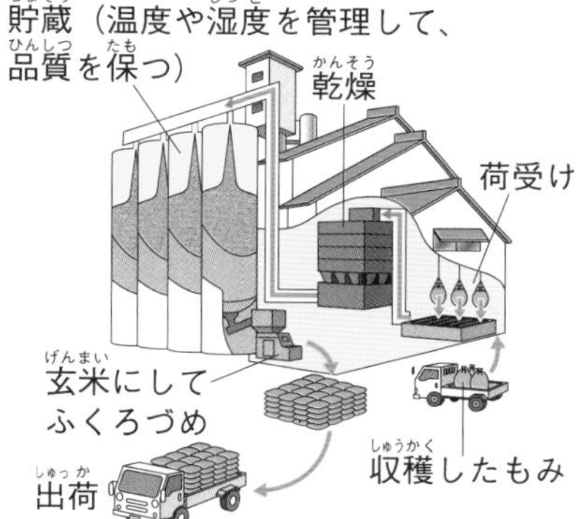

思考 ① **資料**からわかることを、次からそれぞれ選びましょう。

あ(　　　) い(　　　) う(　　　)

ア 稲かりにかかる時間の変化　　イ 新しい品種ができるまで

ウ トラクターの農家100戸当たりの台数　　エ 収穫したもみを出荷するまでの流れ

記述 ② あについて、稲かりなどの時間が変わってきた理由を、いに注目して、かんたんに書きましょう。

(　　　　　　　　　　　　　　　　　　　　)

(2) 右の**図**を見て、次の問いに答えましょう。

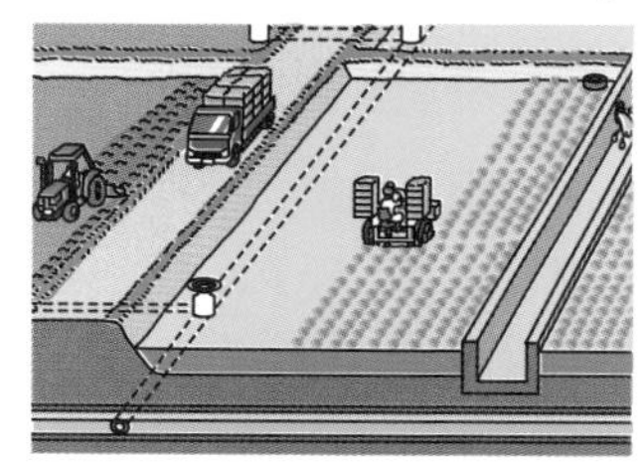

① **図**は、耕地整理をする前と、した後のどちらだと考えられますか。

耕地整理を(　　　　)

記述 ② ①のように考えた理由を、田の形を見てかんたんに書きましょう。

(　　　　　　　　　　　　　　　　　　　　)

4 これからの米づくり 次の文を読んで、あとの問いに答えましょう。 1つ4〔28点〕

米の[①]量が[②]量を上回り、米が余るようになったため、国は[③]を行っていたが、現在は、自由に米をつくることができるようになった。また、昔と比べ、農業で働く人の数の[④]などの課題がある。米を多く食べてもらうための試みや、米づくりのみりょくを伝える取り組みも進められている。

(1) [　]にあてはまる言葉をそれぞれ書きましょう。

①(　　　　) ②(　　　　) ③(　　　　) ④(　　　　)

(2) ――線部について、次の課題に対する取り組みとしてあてはまるものを、あとからそれぞれ選びましょう。

①(　　　) ②(　　　) ③(　　　)

① 消費者に安心して米を買ってもらう。

② 米を消費する量を増やす。

③ 生産の費用をおさえ、米の値段を下げる。

ア 同じ地域の農家と農業機械を共同で利用する。

イ 米の粉でつくったパンを売り出す。

ウ 玄米黒酢をまいている様子をインターネットに公開する。

勉強した日 月 日

◆2 水産業のさかんな地域①

基本のワーク

学習の目標
主な漁場や漁港、漁の様子について確かめましょう。

教科書 88〜91ページ　答え 7ページ

46 〜 49ページの学習とおきかえて学習できます。

1 さまざまな水産物を求めて

日本の水産業

●日本の周りの海には、海流や地形のえいきょうで多くの種類の魚介類が集まってくる。海岸ぞいでは、①(　　　　)を育ててとる**養殖業**も行われている。

よみトク！地図　日本の主な漁港の水あげ量と、養殖のさかんなところ

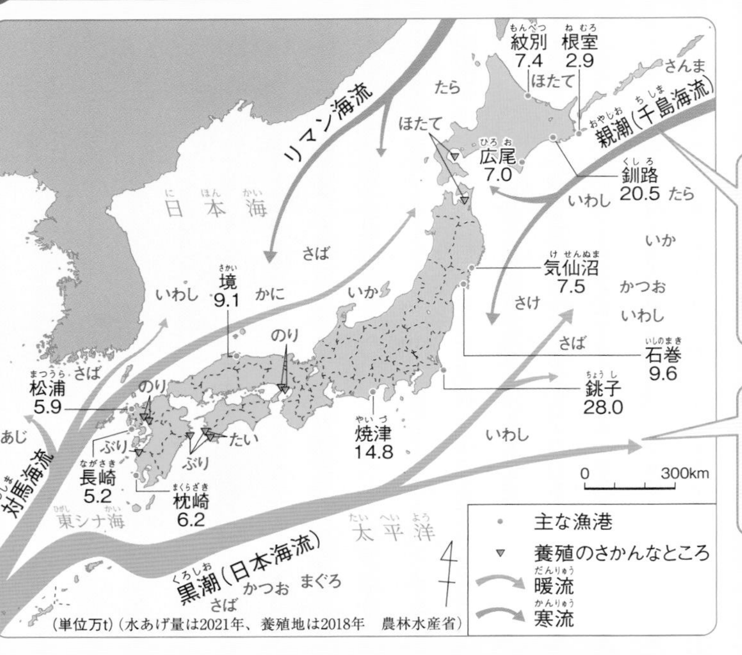

●全国各地に2800近くの漁港があり、漁業で働く人たちがいる。

②(　　　　)(千島海流)。寒流で、栄養分が③(　　　　)。魚介類のえさとなる④(　　　　)をたくさん育む。

黒潮(日本海流)。
⑤(　　　　)流で、流れが速い。太平洋側から多くの魚がくる。

太平洋側に水あげ量の多い漁港が多いね。

●陸地の周りの水深⑥(　　　　)mぐらいまでの海では、太陽の⑦(　　　　)がとどきやすく、プランクトンや⑧(　　　　)などがよく育つ。

2 北海道・根室のさんま漁のくふう

●北海道根室市…⑨(　　　　)の水あげ量が多い。

●夏から⑩(　　　　)にさんまの群れが近海に来る。

さんま漁の様子

さんまのとり方

●光に集まるさんまの習性を利用するため、漁船にはたくさんの⑪(　　　　)がある。

◆**集魚灯**をつけたり消したりして、⑫(　　　　)の中にさんまの群れを追いこみ、一気に引き上げる。

●超音波を利用する⑬(　　　　)や探照灯(サーチライト)を使って群れをさがす。

●とったさんまは、新鮮さを保つため、⑭(　　　　)を入れた冷たい海水につける。

食生活が変化してきて、日本人の魚ばなれが進んでいるともいわれているよ。それでも、日本人が魚を食べる量は、世界の国々の中ではとても多いほうなんだ。

練習のワーク

教科書 88～91ページ　答え 7ページ

1 右の地図を見て、次の問いに答えましょう。

(1) ➡は、日本の周りの海を流れている海流を示しています。これを見て、次の問いに答えましょう。

① Ⓐ～Ⓓにあてはまる海流名を、それぞれ書きましょう。

Ⓐ（　　　　　）
Ⓑ（　　　　　）
Ⓒ（　　　　　）
Ⓓ（　　　　　）

② Ⓐ～Ⓓのうち、暖流と寒流を、それぞれ2つずつ選びましょう。

暖流（　　　）（　　　）
寒流（　　　）（　　　）

(2) Ⓧの海を、何といいますか。

（　　　　　）海

日本の主な漁港の水あげ量

（2021年　農林水産省）
紋別 7.4　2.9 根室　7.0 広尾　20.5 釧路　7.5 気仙沼　9.6 石巻　銚子 28.0　境 9.1　松浦 5.9　長崎 5.2　6.2 枕崎　焼津 14.8
日本海　太平洋　Ⓐ　Ⓑ　Ⓒ　Ⓓ　Ⓧ
0　300km
・主な漁港
●水あげ量（単位：万t）

(3) 水あげ量が最も多い漁港を、**地図**から選びましょう。（　　　　　）

2 次の問いに答えましょう。

(1) 右の**図**を見て、次の問いに答えましょう。

① さんま漁が行われていない時期に多くとれる魚を、2つ書きましょう。

（　　　　　）（　　　　　）

② さんま漁が行われるのは、何月から何月までですか。

（　　　）月から10月まで

(2) さんま漁のくふうについて説明した次の文の①・②にあてはまる言葉を、あとからそれぞれ選びましょう。

①（　　　）
②（　　　）

根室港で水あげされる主な魚

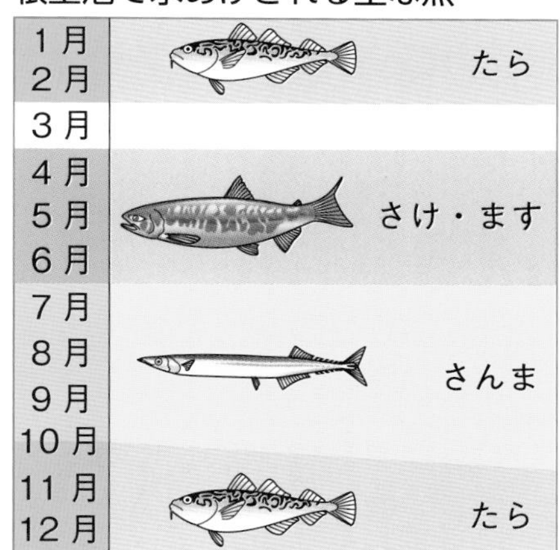

月	主な魚
1月 2月	たら
3月	
4月 5月 6月	さけ・ます
7月 8月 9月 10月	さんま
11月 12月	たら

■さんまの群れがどこにいるかをさがすために、（ ① ）やソナーを使っている。
■とったさんまは、（ ② ）を保つために氷を入れた冷たい海水につけて、港まで運んでいる。

㋐ 探照灯（サーチライト）　㋑ 集魚灯　㋒ 新鮮さ　㋓ 加工

日本の周りの海では、多くの種類の魚がとれる。

勉強した日　月　日

◆2 水産業のさかんな地域②

学習の目標
漁港で働く人々の様子や水産物が消費者にとどくまでを確かめましょう。

基本のワーク

教科書 92〜95ページ　答え 7ページ

1 質の高い魚を、より多く

●根室市のある北海道東部の海では、栄養分豊かな①(　　　)(千島海流）が流れ、さまざまな水産物がとれる。

●②(　　　)のほか、水産加工業など、水産物をあつかう仕事を営む人々が多い。

根室市の人たちがついている仕事

その他	
商業	水産物を仕入れて売りさばく人など
工業	水産物を加工する工場で働く人など
漁業	

市の働いている人の数12722人　（縦軸：0、5000、10000、15000（人））

(2020年　総務省)

水あげされたさんま

●漁港で③(　　　　)されたさんまは、漁船のタンクごとに、値段を決める④(　　　　)にかけられる。

●せりでつけられた**値段**と、**水あげ量**によって、それぞれの漁船の⑤(　　　)が決まる。

◆売り上げから、働く人の給料や、ガソリンなど漁船の⑥(　　　　)代、道具の代金などさまざまな費用を支はらう。

◆せりにかけられたさんまは、漁港の近くにある⑦(　　　　)**工場**へすぐに運ばれる。加工工場では、紫外線で殺菌した海水と氷をいっしょに箱づめして、さんまを出荷する。

水産物の値段は、状態や水あげ量を見て決められるよ。

2 おいしい魚をとどける

よみトク！資料　さんまがとどくまで

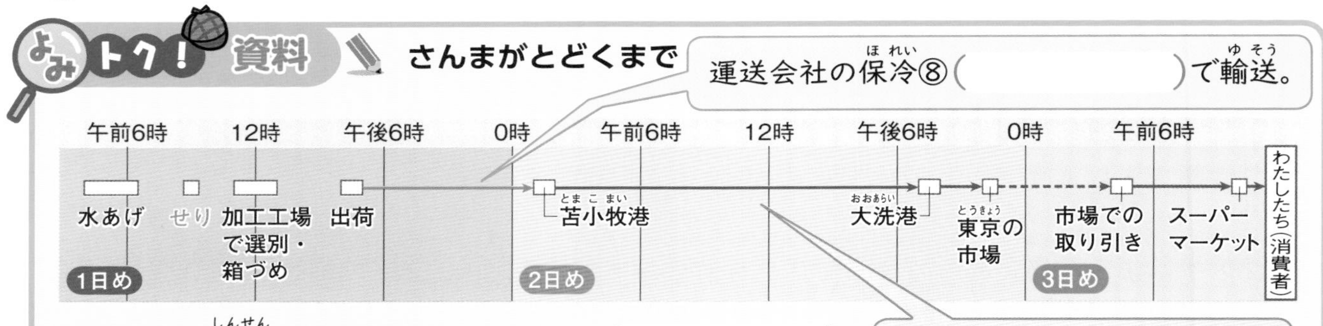

⑨(　　　　)で輸送。

●さんまを新鮮なまま運ぶためには、⑩(　　　　)を一定に保ちながら、決められた時間までに確実に運ぶ必要がある。

◆トラックが走る⑪(　　　　)の混みぐあいや、天候の情報をもとに、どの経路を通るか考える。

◆目的地が⑫(　　　　)場合には、高速道路の料金や燃料代をおさえるために**フェリー**も利用する。

◆急ぐ場合には、⑬(　　　　)を利用する。

●⑭(　　　　)の問題を考え、排出ガスが少ないトラック、安全の面から速度を制限するしくみのついたトラックを使う。

●店のさんまの値段には、生産者の経費などさまざまな⑮(　　　　)がふくまれる。

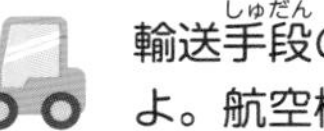

しゃかい工場　輸送手段のうち、フェリーは輸送に時間がかかるけど、費用を安くおさえることができるよ。航空機は早く運べるけど、費用が高くなってしまうんだ。

教科書 92～95ページ　答え 7ページ

1 次の問いに答えましょう。

(1) 水産物に手を加えて食品などを生産する仕事を何といいますか。　(　　　)業

(2) 次の①、②にあてはまる月を、右の**表**を見てそれぞれ書きましょう。

① さんまの値段(ねだん)が高い月　(　　)月

② 水あげされたさんまの量が多い月　(　　)月

せりでつけられたさんまの値段

8月のある日
1kg　1000円 (さんまの水あげが少ない時期)
10月のある日
1kg　200円 (さんまの水あげがさかんな時期)

(3) 次の文の□にあてはまる言葉を、右の□からそれぞれ選びましょう。

①(　　　)　②(　　　)　③(　　　)
④(　　　)　⑤(　　　)　⑥(　　　)

●漁船の売り上げは、①でつけられた値段と、水あげ量で決まり、漁にかかるさまざまな②は、その中から支(し)はらっている。

●さんまはせりのあと、漁港の近くにある加工工場に運ばれる。そこで、魚に③や人の④がなるべくふれないようにして、⑤で殺菌(さっきん)した⑥や氷とともにすばやく箱づめされる。

紫外線(しがいせん)
海水
費用(ひよう)
空気
手
せり

2 右の資料(しりょう)を見て、次の問いに答えましょう。

(1) 千歳(ちとせ)と福岡(ふくおか)の間でさんまを急いで運ぶ場合の交通機関を、次から選びましょう。　(　　)

㋐ トラック

㋑ フェリー

㋒ 航空機(こうくうき)

(2) 魚を輸送(ゆそう)するときのくふうとして正しいものを、次から2つ選びましょう。

(　　)
(　　)

㋐ 急ぐ場合には、フェリーを使って輸送する。

㋑ 温度を低く一定に保(たも)つようにしている。

㋒ 排出(はいしゅつ)ガスの少ないトラックを使うようにしている。

㋓ 航空機を使って、輸送の費用をなるべくおさえるようにしている。

(3) さんまの値段にふくまれる費用のうち、多くをしめるのは生産者の経費(けいひ)、店の経費とあと1つは何ですか。右の**グラフ**から選びましょう。　(　　　)の経費

根室(ねむろ)のさんまを輸送する主な交通機関

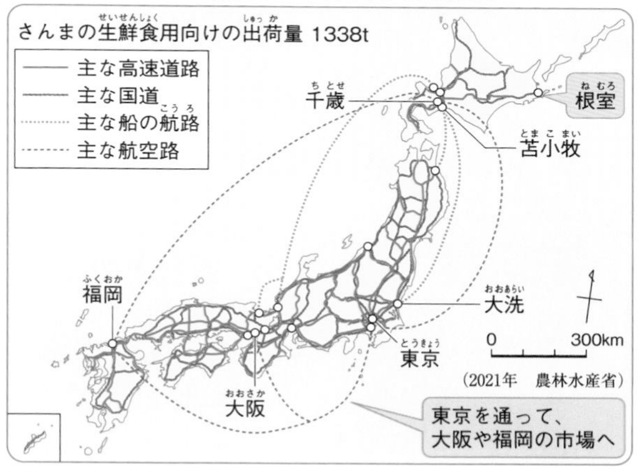

さんまの値段にふくまれている費用

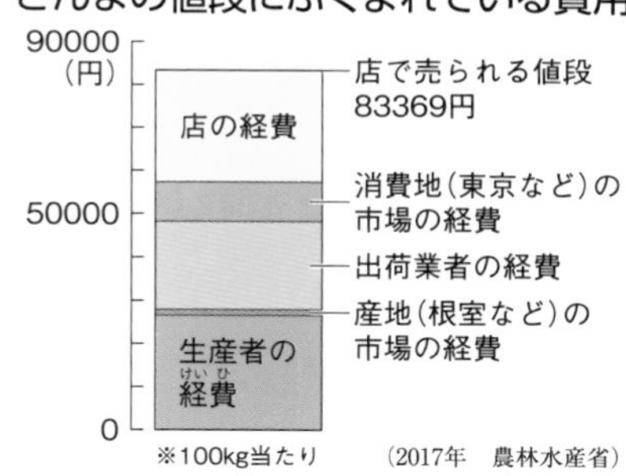

水あげされた魚はせりにかけられ、値段が決められる。

勉強した日　月　日

◆2　水産業のさかんな地域③

基本のワーク

学習の目標
養殖のくふうや日本の水産業の変化と課題について確かめましょう。

教科書 96～99ページ　答え 8ページ

1 鹿児島県・長島のぶり養殖のくふう

●鹿児島県長島町では、ぶりの①(　　　　　)がさかん。２～３年ほどかけてぶりの稚魚を大きく**育てる漁業**。

◆長島町の海は、近くを②(　　　　　)が流れ、冬でも水温があたたかい。➡ぶりにとってすみやすい環境。

◆波がおだやかな入り江に、たくさんの大きな③(　　　　　)を設置し、成長ぐあいによって魚を分けて育てる。

◆年間を通じて④(　　　　　)的にぶりを出荷している。

養殖ぶりの都道府県別の生産量

	生産量（万t）
鹿児島県	4.3
愛媛県	2.0
大分県	2.0
その他	5.1
全国の生産量	13.4万t

(2021年)　(農林水産省)

ぶりの育て方

●ぶりの「もじゃこ」とよばれる稚魚は、東シナ海周辺でとってくる。

●えさの成分や育成の様子を⑤(　　　　　)し、それをいつでも⑥(　　　　　)できるようにした**トレーサビリティ**というしくみを取り入れている。

●えさの食べ残しで⑦(　　　　　)がよごれると、ぶりの間に病気が広がったり、**赤潮**が発生したりする。

◆えさの回数や⑧(　　　　　)を調節している。

赤潮
プランクトンが大量に発生し、海が赤くなる現象。

ぶりの出荷

●水あげされたぶりは、漁港で箱づめされたあと、⑨(　　　　　)で各地へ運ばれる。

●近くの地域に向けては、ぶりをとれたての状態でとどけるため、⑩(　　　　　)をのせたトラックや船を使って生きたまま運ぶ方法もとられている。

2 水産業の変化と課題

よみトク！資料

水産業の変化

●養殖ぶりと比べると、さんまの生産量は変動が大きく、近年は大きく⑪(　　　　　)っている。

●日本全体の漁業⑫(　　　　　)量は、昔と比べて大きく減っている。

●外国からの⑬(　　　　　)にたよる水産物もある。

日本の漁業生産量と、水産物輸入量の変化

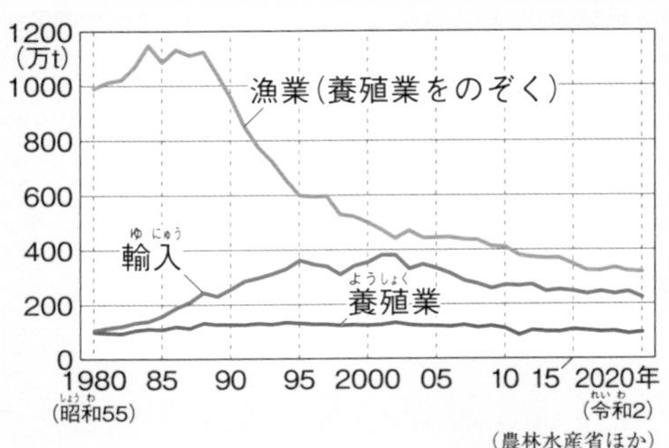

(農林水産省ほか)

自然の海からとる漁業は、海水温などの環境の変化で、魚のとれる場所や量が大きく変わるよ。

水産業の課題

●根室半島のすぐ近くの**北方領土**の島々は、⑭(　　　　　)が不法に占領している。

◆今は自由に漁ができず、定められた期間に⑮(　　　　　)を支はらって漁をしている。

しゃかいか工場
トレーサビリティとは、「追跡」と「可能性・能力」という2つの英語を合わせてつくった言葉だよ。

練習のワーク

教科書 96～99ページ　答え 8ページ

1 鹿児島県長島町の漁業について、次の問いに答えましょう。

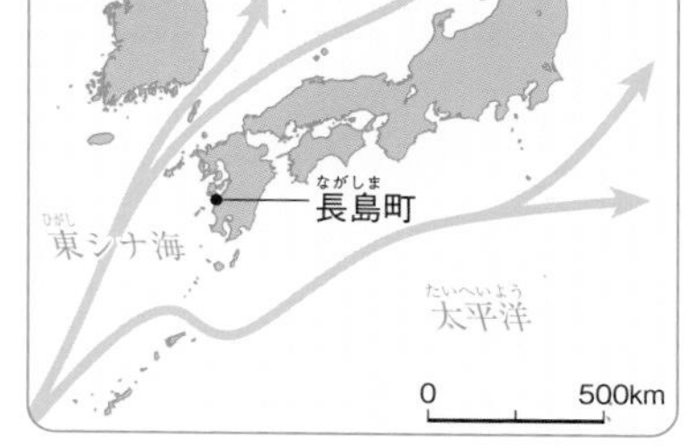

(1) 長島町でさかんに行われている、2～3年かけて、ぶりの稚魚を大きく育てる漁業を何といいますか。（　　　　）

(2) (1)がさかんな理由について、**地図**を見て、次の文の｛　｝にあてはまる言葉に○を書きましょう。

●長島町は近くを①｛ 暖流　寒流 ｝が通り、ぶりにとって冬も水温が②｛ あたたかく　冷たく ｝すみやすい環境だから。

(3) ぶりを育てる漁業について、次の文の□にあてはまる言葉を、それぞれ書きましょう。

①（　　　　）　②（　　　　）

波のおだやかな ① に大きないけすを設置し、 ② のぐあいによって魚を分けて育てる。

(4) 海のよごれなどの原因でプランクトンが大量に発生して海が赤くなる現象を何といいますか。（　　　　）

(5) ぶりのえさの成分や育成の様子を記録して、いつでも確認できるように取り入れられているしくみを何といいますか。（　　　　）

2 次の問いに答えましょう。

(1) とる漁業の生産量の変化にあてはまる**グラフ**をあ・いから選びましょう。（　　）

(2) 次の文の①～④にあてはまる言葉を、あとからそれぞれ選びましょう。

①（　　）　②（　　）　③（　　）　④（　　）

（ ① ）の海から魚をとってくる漁業は、（ ② ）などの環境の変化によって、魚のとれる（ ③ ）や量が大きく変わる。また、遠くの海で（ ④ ）の大型漁船が行っている漁が日本の漁業におよぼすえいきょうも心配されている。

ア 場所　イ 海水温　ウ 外国　エ 自然

(3) 日本全体の漁業生産量は増えていますか、減っていますか。（　　　　）

あさんまの生産量の変化

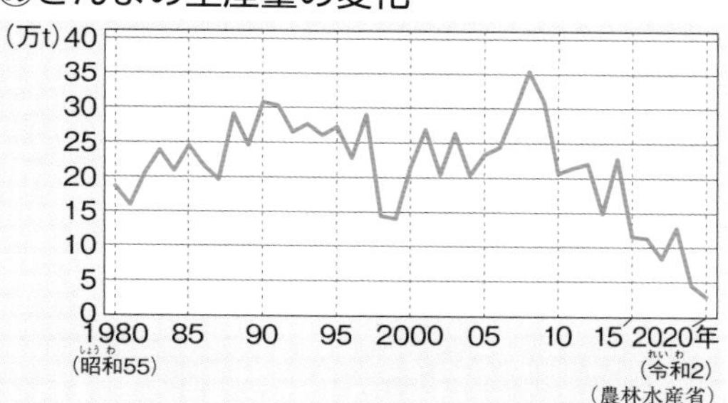

い養殖ぶりの生産量の変化

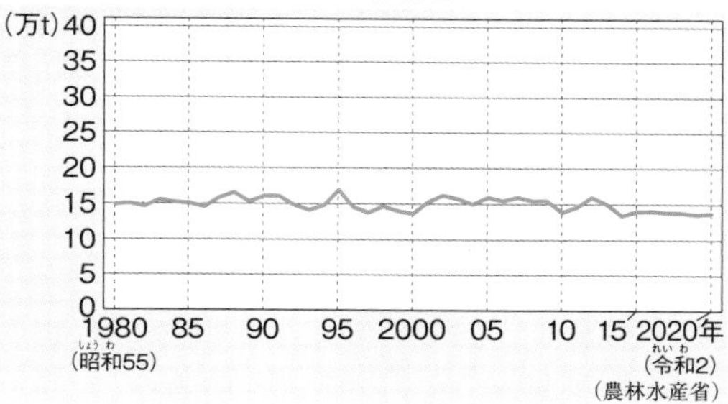

(4) 日本の水産業について、正しいものを次から2つ選びましょう。（　　）（　　）

ア 北方領土の周りで自由に漁ができる。　イ 外国からの輸入にたよる水産物がある。

ウ 水産業の仕事を続ける人は、水産物の量によらず増えた。

エ ロシアへ協力金を支はらって漁をする地域がある。

日本全体の漁業生産量は、昔と比べて大きく減ってきている。

◆2 水産業のさかんな地域④

持続可能な水産業をめざす取り組みについて確かめましょう。

基本のワーク

教科書 100～105ページ　答え 8ページ

1 持続可能な水産業をめざして／まとめる

世界全体の水産物の消費量

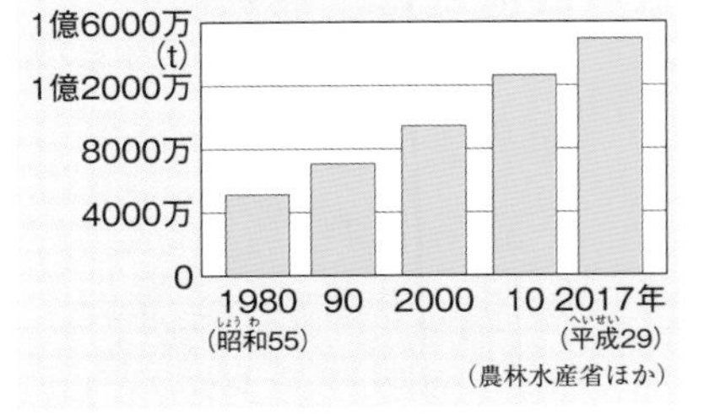

- 世界全体で見ると、水産物の①(　　　　)量は増えてきている。
- 世界の漁業生産量が増え、とりすぎによる②(　　　　)資源の減少が心配されている。
  - ◆水産業を行う国々で話し合い、③(　　　　)の数やとる量、漁の④(　　　　)などを決めて、資源を管理しようとしている。

よみトク！地図　漁場を制限する取り組み

- 1977年ごろから、世界各国が海岸から⑤(　　　　)海里のはん囲の海(領海をふくむ**排他的経済水域**)で、他国の漁船がとる魚の種類や量を⑥(　　　　)するようになった。
  - ◆自国の水産資源を守るため。
- 日本でも、遠い海で行う⑦(　　　　)漁業の生産量が減った。

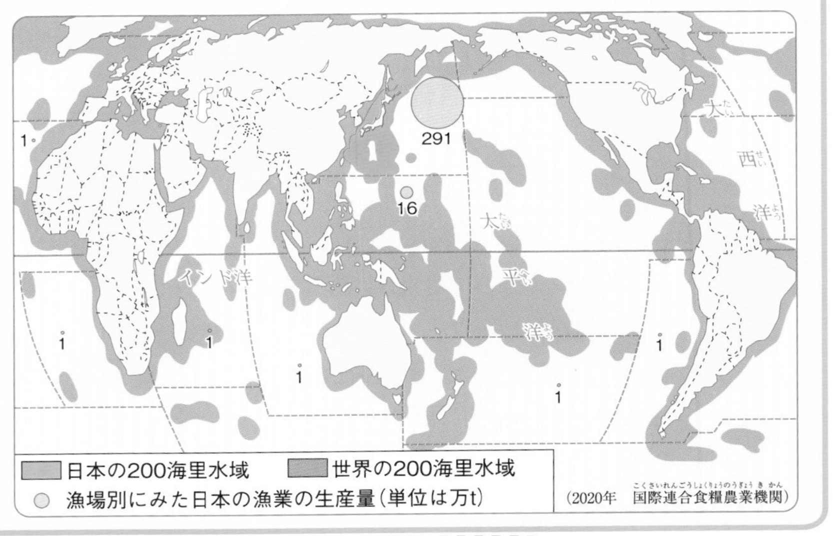

水産資源や海の環境を守る取り組み

- ⑧(　　　　)の目を広げて、小さい魚が引っかからないようにする。
- 海藻を育てて生き物の⑨(　　　　)を増やそうとしている。
- 養殖業だけでなく、魚の⑩(　　　　)から稚魚を育てて海に⑪(　　　　)する**さいばい漁業**も各地の海で行われている。

つながるSDGs

海のエコラベルは、国際機関の審査により海の環境や水産資源を守りながら生産された水産物であることを示している。

2 森は海の恋人

- 上流に豊かな⑫(　　　　)が広がる川が流れこむ海では、よい水産物が育つ。
  - ◆⑬(　　　　)を営む人や川の流域に住む人たちが山に集まり、木を植える取り組みが進む。
  - ◆2011年に発生した大きな地震と津波で大きな被害を受けたが、海の環境が回復してきている。

しゃかいか工場　「海里」とは海上のきょりを表す単位だよ。1海里は1852mで200海里は約370km。ちょうど東京から名古屋の少し先までと同じだよ。

練習のワーク

教科書　100〜105ページ　答え　8ページ

1 次の問いに答えましょう。

(1) 右の**グラフ**からわかることを、次から選びましょう。　(　　　)

㋐ 世界の水産物の消費量は増え続けている。
㋑ 世界の水産物の消費量は減り続けている。
㋒ 日本の水産物の消費量は増え続けている。

世界の水産物の消費量の変化

1億6000万(t)
1億2000万
8000万
4000万
0
1980(昭和55)　90　2000　10　2017年(平成29)
(農林水産省ほか)

(2) 次の文の{　　}にあてはまる言葉に、○を書きましょう。

●1977年ごろから世界各国は、①{ 領海　200海里水域 }のはん囲で、他国の漁船がとる魚の種類や量を制限するようになった。

●日本は、遠い海で行う遠洋漁業の生産量が②{ 減った　増えた }。

2 右の資料を見て、次の問いに答えましょう。

(1) 右の**絵**を見て、次の文の□にあてはまる言葉を書きましょう。　(　　　)

●水産資源を守るために、あみの目を広げて□魚をとらないようにくふうしている。

(2) **地図**の□にあてはまる、稚魚を海に放流して行う漁業を何といいますか。　(　　　)

(3) 次の①〜④の場所で養殖が行われている水産物を、**地図**からそれぞれ選びましょう。

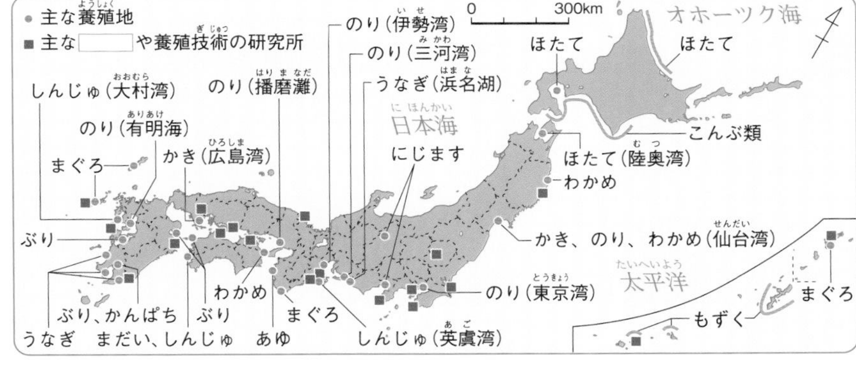

① 英虞湾・大村湾　(　　　)
② 仙台湾・広島湾　(　　　)
③ 浜名湖・鹿児島県　(　　　)
④ 北海道・陸奥湾　(　　　)

3 次の文の{　　}にあてはまる言葉に、○を書きましょう。

●上流に豊かな森林が広がる川が流れこむ海では、よい水産物が育つ。このことから①{ 川　森 }は海の恋人といわれる。地元の漁師や川の流域に住む人たちが山に集まり、②{ 木　花 }を植える取り組みが進んでいる。2011年に発生した大きな地震と津波で大きな被害を受けたが、海の環境が回復してきている。

ポイント　持続可能な水産業をめざし、世界各地で水産資源の管理が進む。

まとめのテスト

勉強した日　月　日

◆2　水産業のさかんな地域

時間20分

得点　/100点

教科書　88〜105ページ　答え　8ページ

1　水産業のさかんな地域　右の地図を見て、次の問いに答えましょう。

1つ4(1)は5〔29点〕

よく出る

(1)　**地図**の⇨のうち、暖流（だんりゅう）をすべて選び、赤色でぬりましょう。

(2)　**地図**中のⒶ〜Ⓓの漁港名を、次からそれぞれ選びましょう。

Ⓐ(　　　)　Ⓑ(　　　)

Ⓒ(　　　)　Ⓓ(　　　)

㋐　焼津（やいづ）　㋑　銚子（ちょうし）

㋒　根室（ねむろ）　㋓　境（さかい）

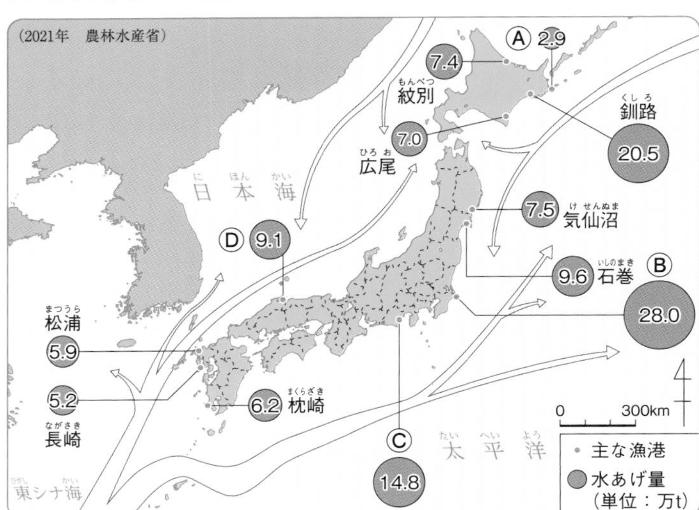

思考

(3)　**地図**について述（の）べた文として正しいものを、次から2つ選びましょう。

(　　　)(　　　)

㋐　東（ひがし）シナ海から流れてくる海流は太平洋（たいへいよう）側と日本海（にほんかい）側の2つに分かれる。

㋑　釧路（くしろ）港は、長崎（ながさき）港の約4倍の水あげ量がある。

㋒　水あげ量が多い漁港は、太平洋側よりも日本海側のほうが多い。

㋓　松浦（まつうら）港は、石巻（いしのまき）港とほぼ同じくらいの水あげ量がある。

2　漁業の様子と水産物の輸送　次の文を読んで、あとの問いに答えましょう。

1つ4(4)は5〔21点〕

　Ⓐさんまの漁は、夜に行われる。朝になると、さんまを積んだ漁船が港に帰ってくる。水あげされたさんまは、□にかけられて値段（ねだん）がつけられたあと、Ⓘ加工工場で箱づめされて、各地に出荷（しゅっか）されていく。

(1)　□にあてはまる言葉を書きましょう。(　　　　)

(2)　Ⓐについて、次の問いに答えましょう。

①　さんまの群れをさがすために使う道具を、次から選びましょう。(　　)

㋐　ソナー　㋑　あみ　㋒　氷

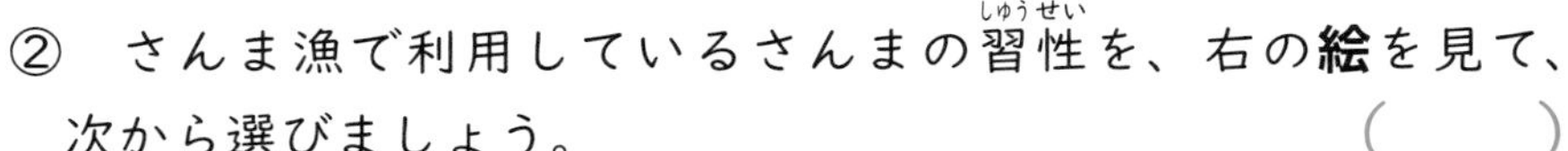

②　さんま漁で利用しているさんまの習性（しゅうせい）を、右の**絵**を見て、次から選びましょう。(　　)

㋐　音に集まる　㋑　光に集まる　㋒　においに集まる

さんま漁の様子

(3)　Ⓘで新鮮（しんせん）さを保（たも）つくふうを次から選びましょう。(　　)

㋐　成長のぐあいによって魚を分ける。　㋑　計画的に魚を育てて出荷する。

㋒　殺菌（さっきん）した海水をいっしょに箱づめする。　㋓　船上でとった魚をすぐに氷水につける。

記述

(4)　養殖（ようしょく）の魚にえさをあたえるときに、えさの回数や量を調節する理由を**病気**、**赤潮**（あかしお）の言葉を使って、かんたんに書きましょう。

(　　　　　　　　　　　　　　　　)

3 日本の水産業の変化と課題　次の資料を見て、あとの問いに答えましょう。

1つ5〔35点〕

(1) あのⒶ、Ⓑにあてはまるものを、次からそれぞれ選びましょう。　Ⓐ(　　　)　Ⓑ(　　　)

㋐ 養殖ぶり　　㋑ さんま

あさんまと養殖ぶりの生産量の変化

（農林水産省）

(2) いについて、次の問いに答えましょう。

① いで日本の漁業の生産量が大きく減った時期を、次から選びましょう。　(　　　)

㋐ 1980年から1985年にかけて

㋑ 1990年から1995年にかけて

㋒ 2005年から2010年にかけて

㋓ 2010年から2015年にかけて

いの日本の漁業生産量と、水産物輸入量の変化

（農林水産省ほか）

② ①の時期の日本の水産物の輸入量はどのように変化しましたか。次の文の(　　)にあてはまる言葉を書きましょう。

●①の時期に水産物の輸入量は(　　　　　　　)ている。

③ このグラフの少し前から、他国の漁業などを制限して自国の水産資源を守るために世界各国が設定したはん囲の海を何といいますか。

(　　　　　　　)

(3) あ・いを見て、次の文の□にあてはまる言葉を書きましょう。

(　　　　　　　)

養殖業に比べると、自然の海から魚をとってくる漁業は、海水温など環境の□によって、魚のとれる場所や量が大きく変わってしまう。

(4) 環境や水産資源を守る取り組みとしてあやまっているものを、次から選びましょう。

(　　　)

㋐ 海藻を育てて生き物のすみかを増やそうとしている。

㋑ あみの目を広げて、小さい魚をとらないようにしている。

㋒ 漁船の数やとる量、漁の期間などは各国が自由に決めている。

4 育てる漁業　次の問いに答えましょう。

1つ5〔15点〕

(1) 養殖業について、①よい点と②悪い点を、次からそれぞれ選びましょう。

①(　　　)　②(　　　)

㋐ 水あげの量によって、売り上げが決まる。

㋑ 計画的に出荷することができる。

㋒ えさの食べ残しが海の環境をこわす。

記述 (2) 「さいばい漁業」とはどんな漁業のことですか。**稚魚**、**放流**の言葉を使ってかんたんに書きましょう。

(　　　　　　　　　　　　　　　　　　　　　)

勉強した日　月　日

◆野菜づくりのさかんな地域 ◆岩手町のキャベツづくり

基本のワーク

学習の目標
野菜づくりをしている人たちのくふうや努力を確かめましょう。

教科書 106～109ページ　答え 9ページ

「2　水産業のさかんな地域」(36 ～ 45ページ)とおきかえて学習できます。

1 野菜づくりのさかんな地域

徳島県藍住町のにんじんづくり

●徳島県藍住町では、①(　　　　　)い気候を生かしたにんじんづくりがさかん。

●秋に種をまき、②(　　　　　)の時期はトンネル型の③(　　　　　)ハウスで育てる。気温が上がると、ビニールにあなをあけ、④(　　　　　)をよくする。他の産地からの⑤(　　　　　)が減る春に出荷。

おいしく安全な野菜を消費者にとどけようとしているんだね。

裏作
田畑が空いている時期を利用して別の作物をつくること。

高知県の海岸ぞいの野菜づくり

●冬でもあたたかく、⑥(　　　　　)**時間**の長い気候を生かし、**なす**、**ピーマン**、**きゅうり**などの⑦(　　　　　)づくりがさかん。

●他の産地の出荷が減る冬から⑧(　　　　　)に出荷できるように、夏に種をまき、ビニールハウスを利用して生産。収穫後は、共同の集出荷場に運ばれて、主にトラックで出荷。

2 岩手町のキャベツづくり

よみトク！資料　キャベツづくりの流れ

●岩手県岩手町では、なだらかなおかに畑が広がる高地で、夏の⑨(　　　　　)気候を生かしたキャベツづくりがさかん。

キャベツづくりカレンダー

1月	2月	3月	4月	5月	6月	7月	8月	9月	10月	11月	12月
		種まき（3月～7月）									
			苗の植え付け（4月～8月）								
						収穫・出荷（7月～10月）					

苗に育つまで25～30日ほど
収穫まで65～80日ほど

●3月ごろから⑩(　　　　　)を育て始め、4月から7月ごろまで、一週間ずつずらして畑ごとに植えていく。

●収穫は6月から10月にかけて行われる。苗を植える時期をずらすことで、収穫の時期もそれぞれずれるので、出荷する期間を⑪(　　　　　)くすることができる。

●昔は、葉が⑫(　　　　　)品種を生産。

●植物につく⑬(　　　　　)の発生や、他県の生産量の増加などにより、一時は生産が落ちこむ。

●40年ほど前から葉がやわらかくあまい品種のキャベツの生産にちょうせん。

◆再びキャベツの生産がさかんになった。

キャベツの収穫の様子

収穫は、きずをつけないように手作業で行うよ。

しゃかいか工場　裏作を行って1年に2種類の作物をつくることを二毛作というよ。1年に同じ畑で同じ作物を2回つくることは二期作といって、昔の高知県では米の二期作がさかんだったんだ。

練習のワーク

教科書 106～109ページ　答え 9ページ

1 次の問いに答えましょう。

(1) 右の**表**のあ～えが行われる時期を、次からそれぞれ選びましょう。

あ(　　)
い(　　)
う(　　)
え(　　)

にんじんづくりカレンダー

1月	2月	3月	4月	5月	6月	7月	8月	9月	10月	11月	12月

あ土づくり
湿度管理・換気
い種まき・草とり
う間引き・水やり
え収穫・出荷

ア　1月から4月　　イ　3月から6月　　ウ　9月から10月　　エ　10月から12月

(2) 冬の寒い時期に、にんじんやなすは右のような施設の中で育てられます。この理由を次から選びましょう。(　　)

ア　さいばい技術を高めるため。　イ　風通しをよくするため。
ウ　他の地域からの出荷が減る季節に出荷するため。

(3) 農家の人々はどのような野菜をつくっていこうとしていますか。(　　)

ア　味がよく安全性が高いもの　イ　値段が安いもの　ウ　農薬の量が多いもの

(4) 高知県の野菜づくりについて、次の問いに答えましょう。

① 生産がさかんな野菜を、□から2つ選びましょう。(　　)(　　)

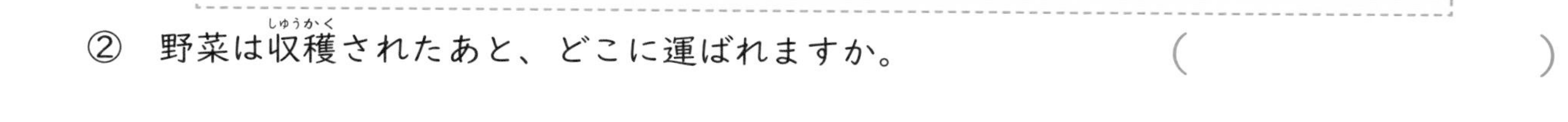

② 野菜は収穫されたあと、どこに運ばれますか。(　　)

2 次の問いに答えましょう。

(1) 次の地域の気温と降水量を示す**グラフ**を右からそれぞれ選びましょう。

①(　　)　②(　　)

① なすを生産する高知県高知市
② キャベツを生産する岩手県岩手町周辺

ア

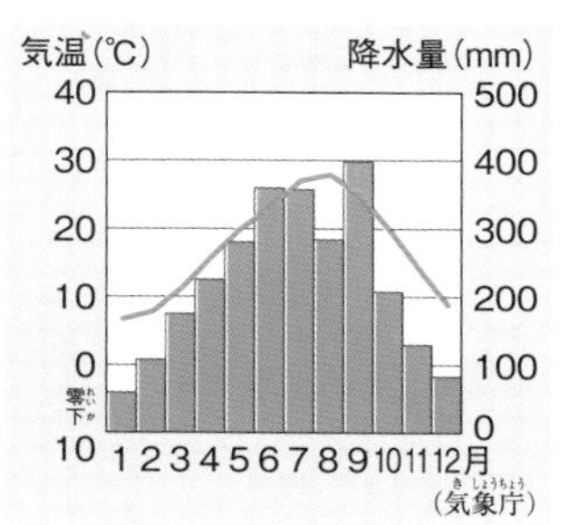

イ

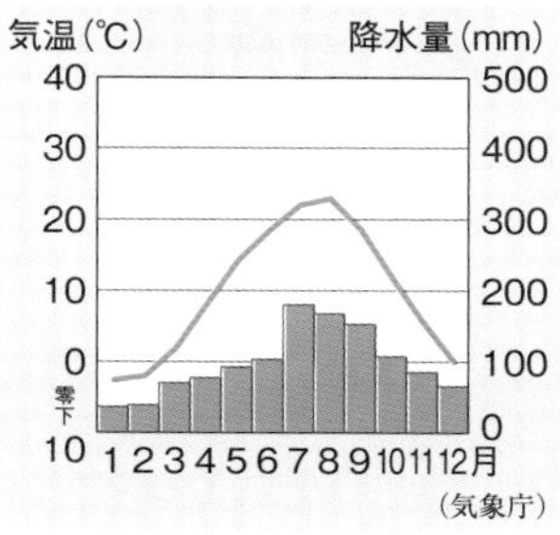

(2) 次の文の{　}にあてはまる言葉に○を書きましょう。

●岩手町のキャベツづくりでは、苗を植え付けるのは①{ 4月から7月　3月から5月 }ごろまで、収穫するのは②{ 10月から12月　6月から10月 }までである。

(3) 岩手町のキャベツの生産について説明した次の文の□にあてはまる言葉を、それぞれ書きましょう。

①(　　)　②(　　)

●現在は、葉が ① 品種のキャベツの生産がさかんである。
●収穫は、 ② がつかないよう手作業で行っている。

ポイント 地域の地形や気候を生かして野菜が生産されている。

◆果物づくりのさかんな地域
◆肉牛飼育のさかんな地域

基本のワーク

学習の目標
果物づくりや肉牛飼育をしている人たちのくふうや努力を確かめましょう。

教科書 110〜111ページ　答え 9ページ

「2　水産業のさかんな地域」(36 〜 45ページ)とおきかえて学習できます。

1 果物づくりのさかんな地域

よみトク！ 地図

山梨県甲州市のぶどうづくり

- 甲州市ではぶどうの生産がさかん。
- なだらかな斜面に広がる①(　　　　)のよい土地と、雨が少なく、昼と夜の②(　　　　)が大きい気候を生かしている。
- 市内を通る③(　　　　)道路を使い、新鮮なぶどうを出荷する。
- ぶどうがりなどの④(　　　　)にも生かしている。

ぶどう畑は、盆地に広がっているよ。

ぶどう農家のくふうや努力

- 花のさく時期に⑤(　　　　)がふり続く。
- 収穫の時期に強い雨や風をともなう⑥(　　　　)が来る。

→ ぶどうがいたむ心配がある。

- 病気に強い品種や、大つぶの実が多くとれる品種の⑦(　　　　)を進めている。
- 甲州市のぶどうは、大人が飲むワインの⑧(　　　　)としても人気がある。

2 肉牛飼育のさかんな地域

阿蘇地方の肉牛飼育

- 熊本県の阿蘇地方では、山のすそ野に広がる⑨(　　　　)を利用した、**あか牛**とよばれる⑩(　　　　)の放牧がさかん。
- 「夏山冬里」というように、冬は牛舎で育てられ、4月ごろからは山に⑪(　　　　)される。
- 生後およそ⑫(　　　　)年間飼育されたあと、県内や九州の各地へ出荷される。

あか牛の飼育・出荷の流れ

子牛の年令	0才	3か月	6か月	9か月	1才	3か月	6か月	9か月	2才

- 誕生（0才）
- 草原に放牧して育てる（冬は牛舎で育てる）
- 市場でせりに出す
- せりで買い取った農家が飼料を調整し、肉をつけていく
- 出荷（2才）

牛肉が店にならぶまで…肉の加工をする人、検査をする人など、多くの人が関わっている。

肉牛飼育のくふうや努力

- 牛を育てて出荷し、店にとどくまでの情報を⑬(　　　　)し公開する**トレーサビリティ**のしくみを取り入れる。
- 牧草地は多くの農家が共同で利用するため、牛の体に飼い主の⑭(　　　　)や番号を記す。
- 輸入する穀物の⑮(　　　　)代がかかるのがなやみ。

あか牛の飼育

肉をとるための牛を肉牛というよ。松阪牛などのいわゆるブランド牛が有名だね。牛乳をとるための牛は乳牛といって、別の種類の牛なんだ。

練習のワーク

教科書 110～111ページ　答え 9ページ

1 次の図は、山梨県甲州市で行われているぶどうづくりのカレンダーです。これを見て、あとの問いに答えましょう。

品種	1月	2月	3月	4月	5月	6月	7月	8月	9月	10月	11月	12月
㋐デラウェア（ハウス）			ハウスかけ		収穫・出荷		つぶの間引きなど		肥料かけ	余分な枝を切る		
㋑巨峰												
㋒甲州												

⑴　**図**中の㋐～㋒のぶどうの収穫時期を、次からそれぞれ選びましょう。

㋐（　　）㋑（　　）㋒（　　）

㋐　６月から７月　　㋑　９月　　㋒　９月から11月

⑵　次の文の□にあてはまる言葉を、それぞれ書きましょう。

①（　　　　）②（　　　　）

> 甲州市では、数種類のぶどうを育てて収穫の時期が［①］ようにしている。また、ぶどうは害虫に弱いが、最低限の農薬を使って［②］して食べられる生産をめざしている。

⑶　次の文は甲州市の地形と気候の特色について説明しています。｛　｝にあてはまる言葉に○を書きましょう。

●なだらかな斜面に広がる、水はけの①｛ よい　悪い ｝土地を利用している。

●雨が②｛ 多く　少なく ｝、昼と夜の気温差が③｛ 小さい　大きい ｝気候を生かしている。

2 熊本県阿蘇地方の肉牛飼育について、次の問いに答えましょう。

⑴　阿蘇地方のあか牛の飼育について正しいものを、次から選びましょう。（　　）

㋐　昼と夜の気温差が大きい気候を生かしている。

㋑　冬は牛舎で育てられ、４月ごろから山に放牧される。

㋒　朝と夕方に乳をしぼり、牛乳を出荷している。

⑵　次の文の□にあてはまる言葉を書きましょう。

（　　　　　）

●牧草地を□で利用するため、放牧する牛の体に飼い主の名前や番号を記している。

⑶　右の**グラフ**を見て考えられることを、次から選びましょう。

（　　）

㋐　肉牛の飼育にはトレーサビリティのしくみが取り入れられている。

㋑　肉牛の飼育には輸入飼料が多く使われている。

㋒　肉牛１頭につき１～２haの牧草地が必要である。

国内で使われる飼料の量

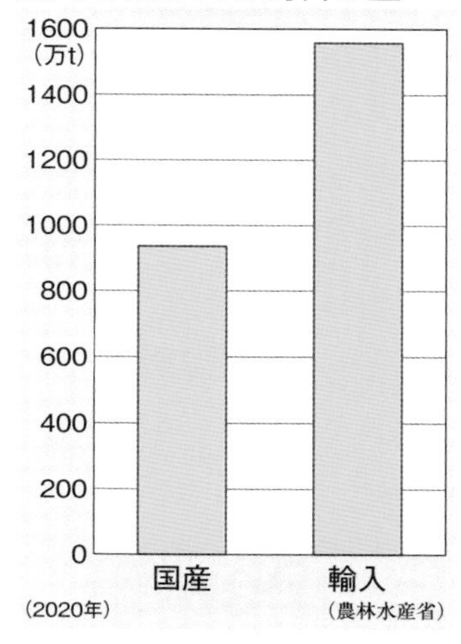

ポイント　生産者は、出荷までにさまざまなくふうをしている。

勉強した日 月 日

3 これからの食料生産

基本のワーク

学習の目標
食料の輸入増加とそのえいきょうについて確かめましょう。

教科書 112〜119ページ　答え 10ページ

1 外国からもとどく食料／食料の輸入がもたらすもの

よみトク！資料

輸入される食料

●野菜や果物など生産量が①(　　　　)いる食料がある。

●冷凍技術の進歩や②(　　　　)が発達。

◆遠い外国からでも③(　　　　)なまま食料を運べるようになって、**輸入**が増加。

●国内の④(　　　　)も変化してきた。

主な食料の生産量の変化

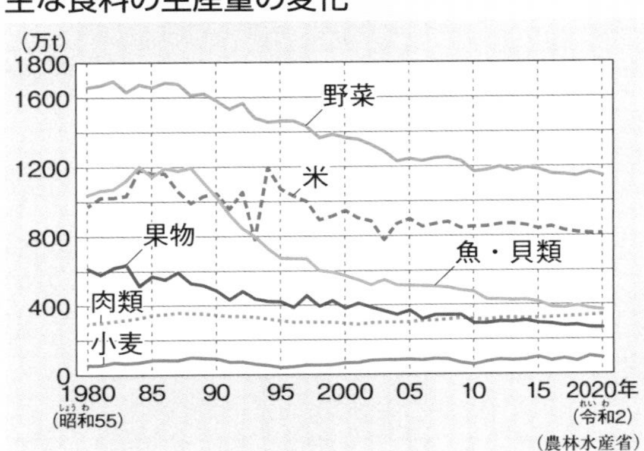

日本の食生活も変化してきているよ。

食料自給率
国内で消費された食料のうち、どれだけ国内で生産されたかを表す割合。

食料の輸入のえいきょう

●長所…日本では多くとれない食料や、⑤(　　　　)値段の食料を大量に確保できる。

●短所…輸入相手国で事故や地震などの⑥(　　　　)があると、食生活が不安定になる。

◆外国産の安い食料や新しい食料が増え、生産者にとって⑦(　　　　)がはげしくなる。

◆外国から食料を船や自動車で運ぶ場合、燃料が多く使われ、**フードマイレージ**が高くなる。

2 食料を安定して生産し、とどけるために／まとめる

●食料生産に関わるさまざまな人たちが、それぞれの地域で食料の生産や⑧(　　　　)を増やすための取り組みを進めている。

◆国内の質の⑨(　　　　)食料を、多くの人にとどけるしくみをつくることが重要。

◆⑩(　　　　)にたよらず食料を安定して確保できる、新しい技術の研究・開発が求められる。

●味がよく安心して食べられる日本の食料の⑪(　　　　)が増加している。

●室内で光や温度を調節して、野菜を計画的に生産している⑫(　　　　)。安全性が高いが、電気代など費用がかかる。

●⑬(　　　　)でとれた食料を地元で消費する「**地産地消**」の取り組みも大切である。

◆地元でとれた農産物や、その加工品などを売る⑭(　　　　)。

●**ブランド**ぶた肉など、価値を高めた農産物をつくり、多くの人に選ばれるようにする。

つながるSDGs
まだ食べられる食料を大量にすてていることが問題になっている。食料をむだにせずに食べる責任がある。

野菜工場

フードマイレージは、(食料の重さ)×(輸送きょり)で求められ、この数値が小さければ、輸送に使われた燃料が少なくて、地球にやさしいということになるんだ。

練習のワーク

教科書 112〜119ページ　答え 10ページ

1 右のグラフを見て、次の問いに答えましょう。

(1) 次の食料の輸入量のおよその割合を、あとからそれぞれ選びましょう。

① 小麦（　　　）　② たら（　　　）

㋐ 2分の1　㋑ 3分の2　㋒ 5分の4

(2) 国内で消費された食料のうち、国内で生産された食料がしめる割合のことを何といいますか。

（　　　　　）

(3) 正しい文を次から選びましょう。（　　　）

㋐ 日本の食事の材料のほとんどは国産である。

㋑ しょうゆなど日本でよく使う食料でも、原料は輸入にたよっているものがある。

㋒ 輸入される量よりも国産のほうが多く使われる食料はまったくない。

さまざまな食料の輸入の割合

輸入量　国内生産量

ねぎ 9.2%　たら（すり身）67.8%　大豆 93.0%　そば 65.1%　えび 94.1%　小麦 82.4%

天ぷらそば

（2021年）（農林水産省ほか）

2 次の問いに答えましょう。

(1) 右の**グラフ**を見て、次の問いに答えましょう。

① 2020年の自給率が最も高い食料と、最も低い食料を**グラフ**中からそれぞれ選びましょう。

高い（　　　　　）　低い（　　　　　）

② 2020年の果物の自給率は約何％ですか。

約（　　　　　）％

③ 次の文の｛　　｝にあてはまる言葉に○を書きましょう。

● 日本では、1980年の㋐｛ 野菜　肉類 ｝の自給率は90％以上あった。しかし、2020年には約㋑｛ 80%　70% ｝になっている。

● 多くの食料は1980年よりも2020年の自給率が㋒｛ 上がって　下がって ｝いる。このことから日本は、食料を多く㋓｛ 輸入　輸出 ｝していると考えられる。

(2) 「食料の重さ×輸送きょり」で求める、食料を産地から消費地に運ぶときに使うエネルギーの量を何といいますか。（　　　　　）

日本の主な食料の自給率の変化

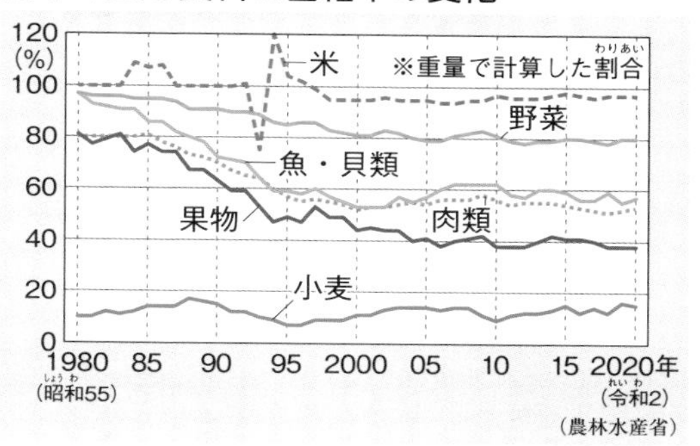

3 次のカードは食料の生産や消費に関する取り組みをまとめたものです。あてはまる目的を、あとからそれぞれ選びましょう。

①（　　　）②（　　　）③（　　　）

① 農家と契約を結び、生産からはん売まですべて管理しているスーパーマーケットがあった。

② 地域の直売所では、地元でとれた農産物や、それらを材料に加工した食品を売っていた。

③ 乳牛飼育では、作業を自動化したり楽にしたりする技術が開発されている。

㋐ 地産地消を進める　㋑ 質がよく安い食料をとどける　㋒ 働く人の不足をおぎなう

ポイント 日本では食料の輸入が増えて、食料自給率が下がっている。

勉強した日　　月　　日

まとめのテスト

3　これからの食料生産

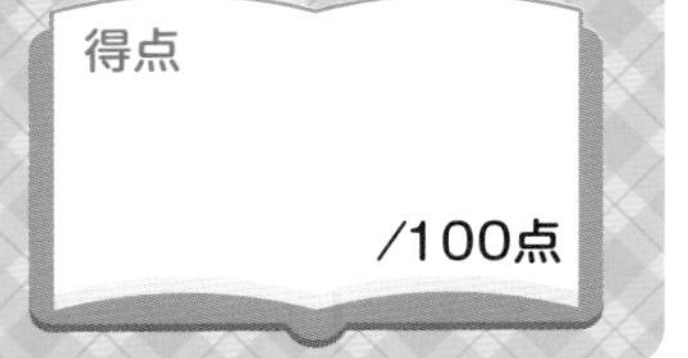

教科書　112～119ページ　　答え　10ページ

1　日本の食料の輸入　次の問いに答えましょう。　1つ4〔28点〕

(1)　右の**地図**を見て、次の問いに答えましょう。

日本が食料を輸入している主な相手先

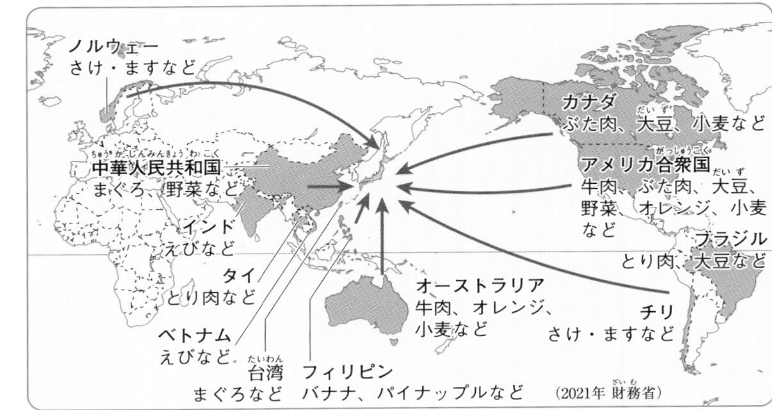

①　オーストラリアから輸入している食料を、3つ書きましょう。
(　　　　)
(　　　　)
(　　　　)

②　とり肉を輸入している国を次から2つ選びましょう。　(　　)(　　)

㋐　タイ　　㋑　チリ
㋒　ブラジル　　㋓　中華人民共和国

③　日本が、バナナやパイナップルを輸入しているアジアの国はどこですか。(　　　　)

(2)　近年、食料の輸入が増えてきている理由を、次から選びましょう。　(　　)

㋐　国産のものをもっと食べようとする取り組みがあるから。
㋑　冷凍技術の進歩により、新鮮さを保ったまま食料を運ぶことができるようになったから。
㋒　スーパーマーケットが形は悪くても味や安全性に問題がない野菜を売っているから。

2　食料生産の変化　次のグラフを見て、あとの問いに答えましょう。　1つ3〔9点〕

㋐主な食料の生産量の変化

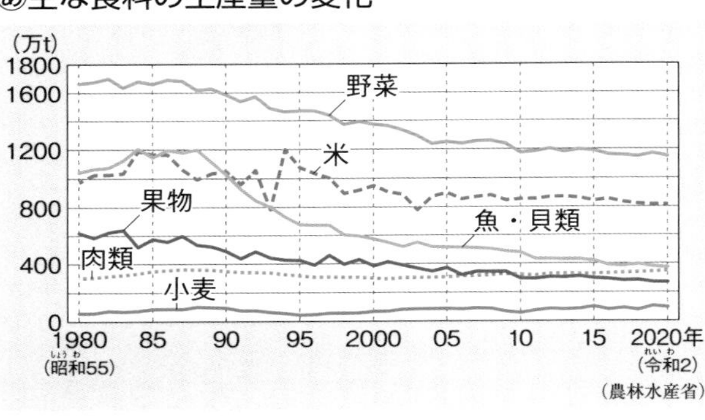

㋑食料自給率の変化

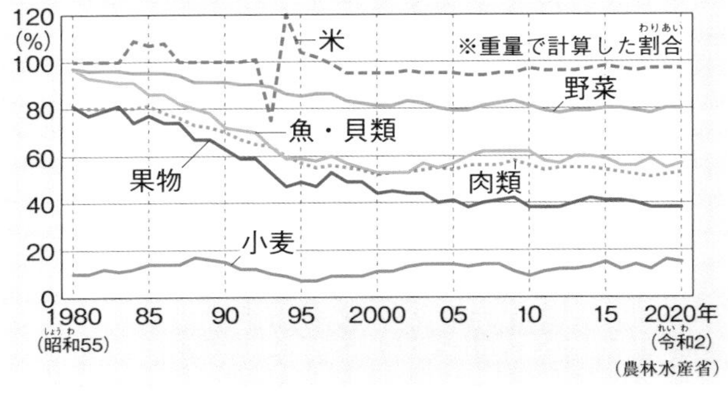

(1)　——線部について、次の文の［　　］にあてはまる言葉を書きましょう。　(　　　　)

●食料自給率とは、国内で［　　］された食料にしめる、国内で生産された食料の割合。

思考　(2)　**グラフ**㋐・㋑を見て、正しいものを、次から2つ選びましょう。　(　　)(　　)

㋐　野菜の生産量は減っており、食料自給率も減っている。
㋑　魚・貝類の生産量は増えているが、食料自給率は減っている。
㋒　肉類の生産量は横ばいだが、食料自給率は減っている。
㋓　小麦の生産量は横ばいだが、食料自給率は大きく増えている。

3 食料の輸入によるえいきょう 資料を見て、あとの問いに答えましょう。 1つ4〔28点〕

右のグラフを見ると、国産と外国産の食料の値段では ① のほうが安いものが多くなっている。

食料を輸入すると国内の消費者・生産者にえいきょうする。また、輸送で燃料が多く使われることで、フードマイレージが高くなるなど、世界の ② のことも考えて食料を確保することが大切である。

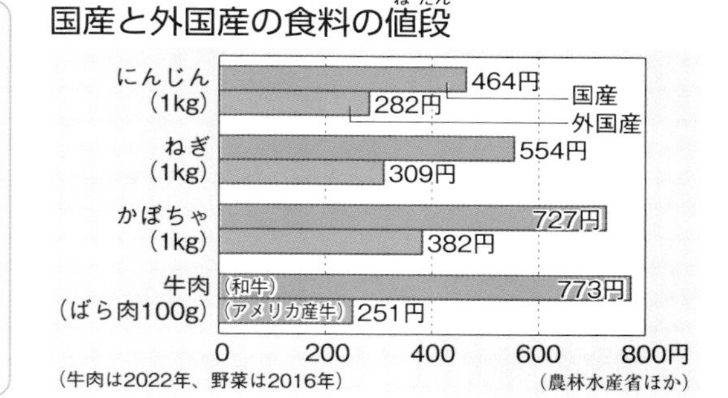

(1) □にあてはまる言葉をそれぞれ書きましょう。①(　　　　　) ②(　　　　　)

(2) ——線部について、右の**表**にまとめました。Ⓐ・Ⓑにあてはまる立場の人を、次からそれぞれ選びましょう。

Ⓐ(　　　) Ⓑ(　　　)

立場	えいきょう
Ⓐ	さまざまな食料が手に入る
Ⓑ	競争がはげしくなる

㋐ 生産者　　㋑ 消費者

記述 (3) (2)のほかに考えられる、食料を限られた国からの輸入にたよりすぎることで起こる心配を、**相手国**の言葉を使ってかんたんに書きましょう。

(　　　　　　　　　　　　　　　　　　　　　　　　　　　　)

(4) 右の**資料**と関係の深い文を、次からそれぞれ選びましょう。 あ(　　　) い(　　　)

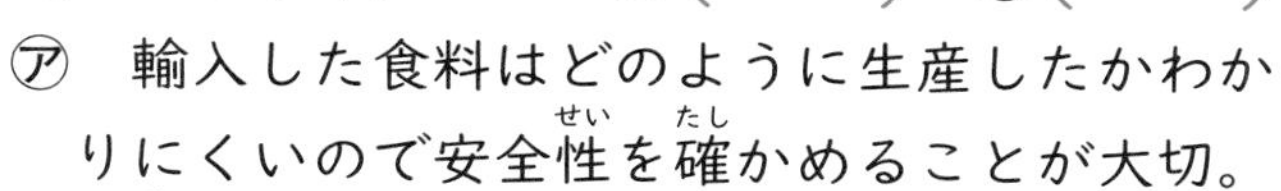

㋐ 輸入した食料はどのように生産したかわかりにくいので安全性を確かめることが大切。

㋑ 税金（関税）が引き下げられると、輸入する食料品の値段は安くなる。

㋒ 日本へ輸出する食料をつくるために、自然をこわしてしまうことがある。

4 食料生産を発展させていく取り組み 次の問いに答えましょう。 1つ5〔35点〕

(1) 直売所の説明として正しいものを、次から2つ選びましょう。 (　　　)(　　　)

㋐ 日本各地でとれる農産物や水産物がそろっている。

㋑ その地域でとれた新鮮な野菜を買うことができる。

㋒ ほしい農産物が1年中、いつでも手に入る。

㋓ 農産物だけでなく、それらを材料にした加工品なども売っている。

記述 (2) 地元の農家と契約を結んで、生産からはん売までをすべて管理するスーパーマーケットの会社があります。その長所をかんたんに書きましょう。

(　　　　　　　　　　　　　　　　　　　　　　　　　　　　)

(3) 次の文は、食料生産を発展させていくための取り組みを示しています。生産に関わる人の立場にあてはまるものには㋐を、消費者の立場にあてはまるものには㋑をそれぞれ書きましょう。

①(　　　) ②(　　　) ③(　　　) ④(　　　)

① 野菜工場で安全性が高い野菜をつくっている。

② 形が悪くても安全性に問題がない野菜を買う。

③ 乳牛の健康状態をアプリで管理し手間を減らす。

④ 国産の食料品を選んで買う。

勉強した日　月　日

◆1 自動車の生産にはげむ人々①

学習の目標
日本の自動車やその生産の移り変わりについて確かめましょう。

基本のワーク

教科書 122〜127ページ　答え 10ページ

64 〜 65ページの学習とおきかえて学習できます。

1 工業製品とわたしたちのくらし

●**工業**…①(　　　　　)で人々のくらしに役に立つものをつくる産業。金属工業、機械工業、化学工業などがある。

●わたしたちは、さまざまな**資源**を②(　　　　)・組み立てしてつくり出された③(　　　　)**製品**を使ってくらしている。

●工業製品の④(　　　　　)で、くらしが変わってきた。

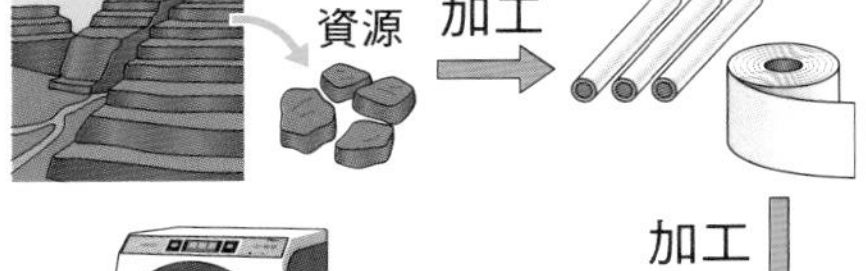

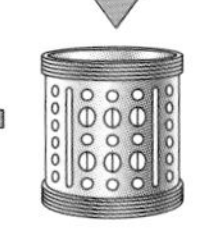

2 変わってきた自動車

自動車の生産台数の変化

●世界で自動車の生産が始まったころは、1か所にすえられた自動車の車体に作業員がかわるがわる⑤(　　　　　)を取り付けていた。

◆1年間で⑥(　　　　　)台が生産されただけだった。

●自動車の⑦(　　　　　)方法は進歩し、今では日本国内で年間1000万台近くの自動車が生産されている。

日本の自動車の生産台数の変化

年	生産台数（万台）
1935（昭和10）	1.5
1975	694.2
2021年（令和3）	784.7

（日本自動車工業会ほか）

よみトク！資料　国産の自動車の性能の変化

時速100km以上で走れた。排出⑧(　　　　　)をきれいにする機能を導入。

自動で開く⑨(　　　　　)、自動ブレーキなど便利で安全な⑩(　　　　　)がつく。

1930年代

1970年代

2020年ごろ

3 学習問題について予想して、学習計画を立てよう

●⑪(　　　　　)県苅田町にある大きな**工場**では、大量の自動車が生産されている。

●自動車工場の⑫(　　　　　)図を参考に生産の様子を予想する。

●見学の予習や復習のほか、見学に行けないときに自動車会社の⑬(　　　　)サイトを役立てる。

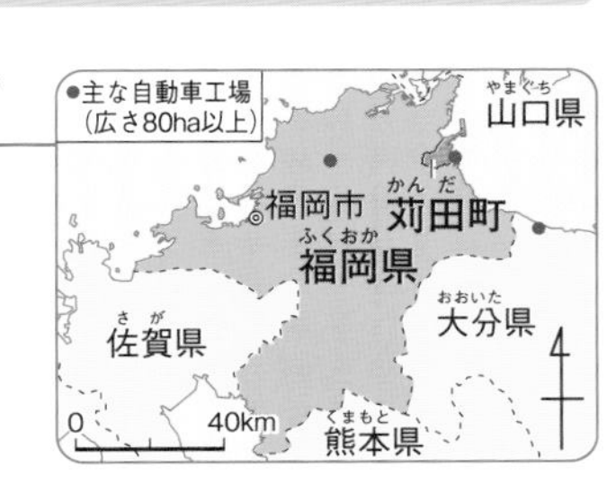

インターネットで自動車会社のウェブサイトを見ると、子ども向けのバーチャル工場見学のコーナーなどがあるよ。さがしてみよう！

練習のワーク

教科書 122～127ページ　答え 10ページ

1 次の問いに答えましょう。

(1) 次の資料は、炊飯器の昔と今を比べたものです。文中の①～③にあてはまる言葉を、それぞれあとから選びましょう。　①(　　)　②(　　)　③(　　)

昔のかまど	1950年代の炊飯器	2020年ごろの炊飯器
まきで火をおこしたり、火の見張りをしたりする(①)や時間がかかった。	電気を使って加熱する。(②)を入れるだけで米がたけるようになった。	たき上がる時間を細かく設定できる(③)など、さまざまな機能がついている。

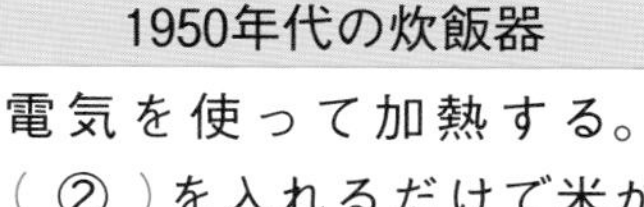

㋐ タイマー　㋑ スイッチ　㋒ 手間

(2) あのグラフの中で、日本で最も多く生産されている工業製品は何ですか。

(　　　　)

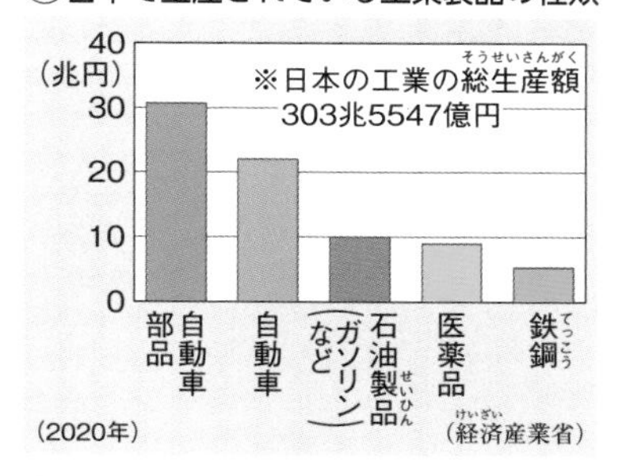

(3) 次の文の{　}にあてはまる言葉に、○を書きましょう。

自動車の生産が①{ 世界　日本 }で始まったころには、
②{ 1年　1分 }間で数十台が生産されていた。

(4) いのグラフを見て、2021年の日本の自動車の生産台数を、次から選びましょう。　(　　)

㋐ 約８万台　㋑ 約80万台　㋒ 約800万台

(5) いのグラフの中で、日本以外で自動車生産台数が多い国を、次の[　]から３つ選びましょう。

(　　　　)(　　　　)(　　　　)

インド　フランス　中国　ロシア連邦　ドイツ

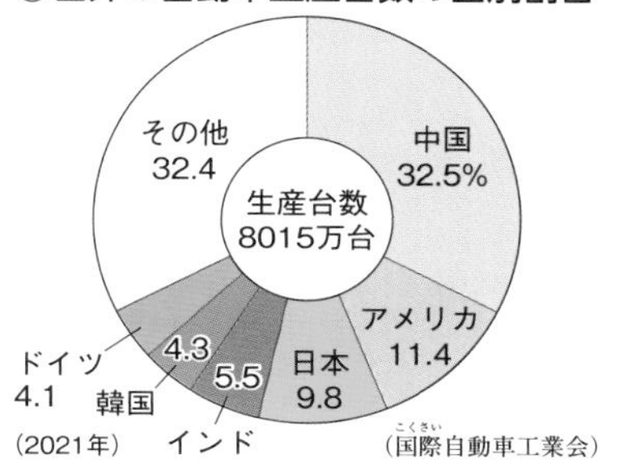

2 右の図を見てわかることを、次から2つ選びましょう。

(　　)(　　)

㋐ 働いている人はあまりいない。

㋑ 自動車を運ぶのに船が使われている。

㋒ 広い工場で手分けしてつくっている。

㋓ 工場は2000年代につくられた。

自動車工場の配置図

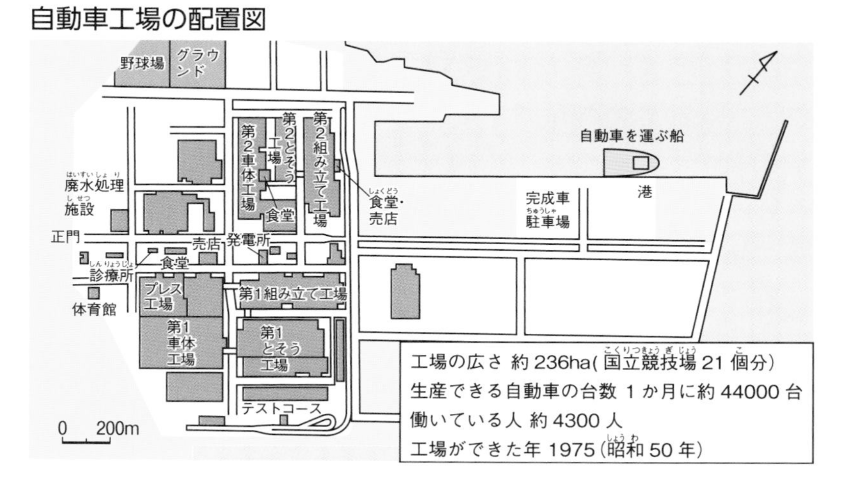

ポイント　工業製品の改良で、くらしは便利になってきた。

勉強した日　月　日

◆1　自動車の生産にはげむ人々②

基本のワーク

学習の目標
自動車生産の流れや作業のくふうについて確かめましょう。

教科書 128～131ページ　答え 11ページ

1 大量に、むだなく、一つずつ

- 自動車工場では、①(　　　　　)にそって多くの人やロボットが分担して作業を行っている。
- 1台ごとにお客さんの注文に合わせて車体の色や取り付ける部品を変えるので、まちがいがないように、②(　　　　　)を使って管理している。

ライン
決められた順番どおりに、人やロボットが製品をつくり上げていく流れのこと。

よみトク！資料　自動車ができるまで

ロボットが作業をしても、最後に人の目で確認するよ。

③(　　　　)工場	車体工場
鉄板を打ちぬいたり曲げたりして、車体のドアやボンネットなどの部品をつくる。	部品を熱でとかしてつなぎ合わせる④(　　　　)を行い、形を仕上げる。主に⑤(　　　　)が行う。

⑥(　　　　)工場	⑦(　　　　)工場	検査
車体をあらって色のぬり付けを3回くり返し、きれいにぬり上げる。	ドアやエンジン、シート(座席)などを次々に取り付けていく。	ブレーキや、部品のゆるみなどをきびしく⑧(　　　　)する。

2 組み立て工場のくふう

作業をしやすくするくふう

- 問題が起こったときは手もとの**ボタン**で知らせる。
  - ◆ボタンをおすと上にある⑨(　　　　)がつき、問題がラインのどこで発生したか、すぐにわかる。
- 部品をラインまで自動で運び入れる⑩(　　　　)がある。
- 大きな部品の取り付けは、ロボットに支えてもらう。
- 作業のしかたは、⑪(　　　　)い作業の手順を示した動画を、タブレット型のコンピューターで見て確認する。

働きやすくするくふう

- 受けもつ作業を入れかえたり、2時間おきに⑫(　　　　)をとったりしている。➡ミスやけがを防ぐ。
- ⑬(　　　　)の中には、冷暖房や空気をきれいにする機械が備えられるなど、働きやすい環境が整えられている。
  ➡ミスを防ぎ、⑭(　　　　)のよい生産につながる。

工場の1日のスケジュール

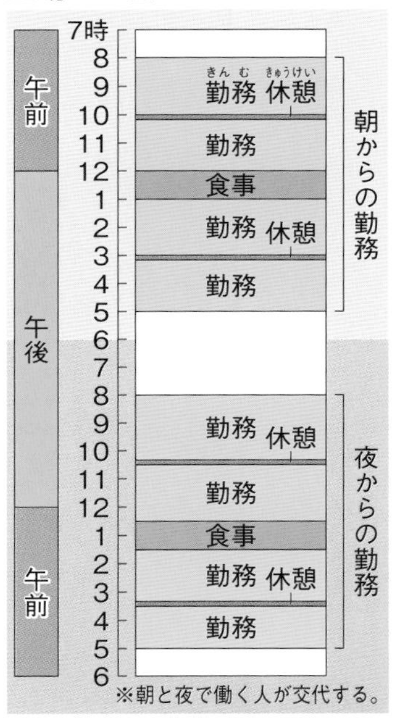

※朝と夜で働く人が交代する。

しゃかい工場
自動車の車体に使われる鉄板は、グルグルまきの状態で製鉄会社からプレス工場に運ばれてくるよ。1つの長さは、長いもので2kmにもなるんだよ。

練習のワーク

できた数　／14問中

教科書 128〜131ページ　答え 11ページ

1 次の図は、自動車工場での作業の様子を示したものです。これを見て、あとの問いに答えましょう。

Ⓐ(　　　　　)の様子

Ⓑ(　　　　　)の様子

Ⓒ(　　　　　)の様子

Ⓓ(　　　　　)の様子

Ⓔ(　　　　　)の様子

とそう工場
車体工場
プレス工場
検査
組み立て工場

(1)　Ⓐ〜Ⓔにあてはまる言葉を、上の□からそれぞれ選びましょう。

(2)　次の①〜④の作業は、Ⓐ〜Ⓔのうち、どこで行われますか。それぞれ選びましょう。

①(　　)　②(　　)　③(　　)　④(　　)

①　シートなどを車体に取り付ける。　②　1枚の鉄板からドアなどの部品をつくる。

③　車体に色をぬる。　④　車体の部品を熱でとかしてつなぎ合わせる。

(3)　Ⓐ〜Ⓔを、行われる順にならべましょう。(　　→　　→　　→　　→　　)

2 次の問いに答えましょう。

(1)　組み立て工場のくふうについて、次の文の□にあてはまる言葉を、それぞれ書きましょう。

①(　　　　　)　②(　　　　　)

> 問題が起こったときは、手もとの［①］で知らせる。1か所でも問題が起こると、ライン全体が止まるのですぐに対策をする。また、部品をまちがえないように、どの部品を取ればいいか、［②］がついて教えてくれる。

(2)　右の**絵**は、自動車工場で作業の動画を見ている様子です。この作業を行う理由を次から選びましょう。(　　)

㋐　休憩をとるため。　㋑　部品を置くため。

㋒　正しい作業の手順を確かめるため。　㋓　異常を知らせるため。

(3)　□にあてはまる言葉をあとから選びましょう。(　　)

●自動車工場は、冷暖房や空気をきれいにする機械があり、□環境が整えられている。

㋐　ミスしやすい　㋑　けがをしやすい　㋒　慣れた　㋓　働きやすい

ポイント　**働きやすい環境を整え、効率のよい生産をしている。**

勉強した日　月　日

◆1　自動車の生産にはげむ人々③

学習の目標
関連工場との結びつきや、自動車の輸送について確かめましょう。

基本のワーク

教科書 132～135ページ　答え 11ページ

1 部品はどこから？

シート工場

- 自動車のシートは、自動車工場近くの①(　　　　)**工場**が生産する。
- 自動車工場と同じく②(　　　　)とロボットが作業を分担して、ライン上で次々に製品を組み立てる**流れ作業**を行っている。
- シートを計画的につくり決められた時間までに運ばないと、自動車工場の③(　　　　)が止まる。

自動車工場で組み立てる順になるように積みこんで出荷するんだよ。

よみトク！資料

部品をつくる関連工場

- 1台の自動車を生産するためには、2万個から3万個ほどの④(　　　　)が必要。
- 自動車の⑤(　　　　)工場に、必要な部品を、必要な⑥(　　　　)までに、必要な数と種類だけとどける**ジャスト・イン・タイム方式**を取り入れる。

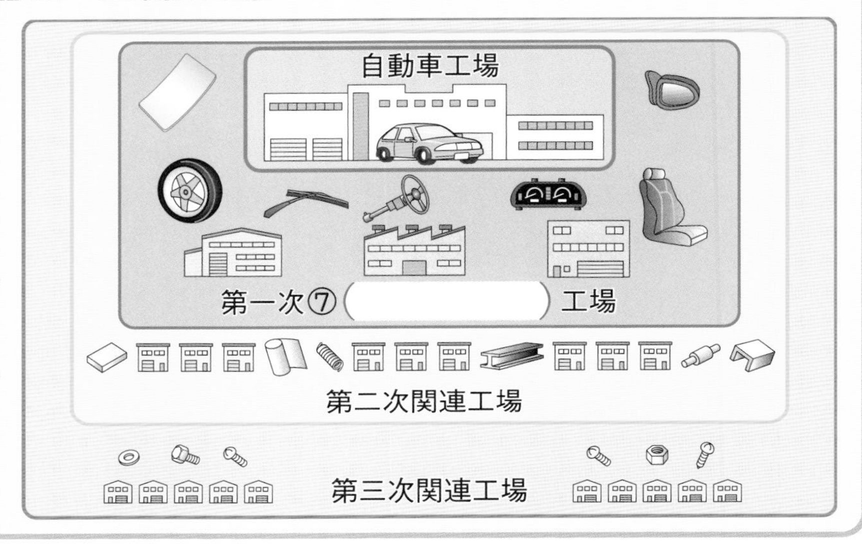

2 完成した自動車をとどける人々

自動車の出荷

- 自動車工場から遠い地域へ運ばれる自動車は、工場のそばの**港**で、専用の⑧(　　　　)に積みこまれる。
- 各地の港に運ばれた自動車は、そこからはん売店まで、専用の⑨(　　　　)で運ばれる。
- 車体には、⑩(　　　　)がつかず、よごれを防ぐためのフィルムがはられている。

自動車を運ぶ船

キャリアカー

自動車工場の立地

- 多くの自動車工場は、海岸ぞいの⑪(　　　　)の近くや、高速道路など広い⑫(　　　　)の近くに立地。➡新車を船やキャリアカーで運びやすい。
- 工場で使う大量の⑬(　　　　)や⑭(　　　　)料も、港や高速道路を利用して運びこんでいる。

しゃかいか工場　ジャスト・イン・タイム方式は、日本の自動車会社で生み出されたものだよ。今では世界じゅうの生産現場のほか、コンビニエンスストアなどにも取り入れられているよ。

教科書 132～135ページ　答え 11ページ

1 次の問いに答えましょう。

(1) 右の図のⒶ～Ⓒにあてはまる内容を、次からそれぞれ選びましょう。

Ⓐ(　　)　Ⓑ(　　)　Ⓒ(　　)

㋐ 溶接・組み立て　㋑ 検査

㋒ ライン

シートが自動車工場のラインにとどくまで

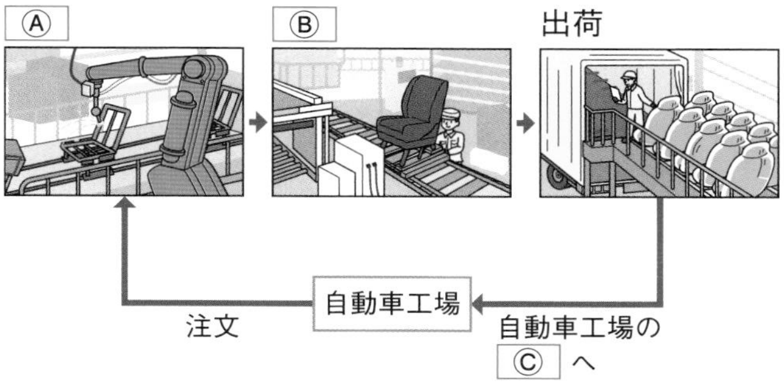

Ⓐ → Ⓑ → 出荷

自動車工場　注文　自動車工場のⒸへ

(2) 次の文の①～③にあてはまる言葉を、あとからそれぞれ選びましょう。

①(　　)　②(　　)　③(　　)

●シートを（ ① ）から出荷するときには、自動車工場のラインで組み立てる（ ② ）と同じになるように、シートの（ ② ）をそろえて（ ③ ）に積みこんでいく。

㋐ 順番　㋑ トラック　㋒ 関連工場

2 右の地図を見て、次の問いに答えましょう。

(1) **地図**の自動車工場から東京まで自動車を運ぶときは、輸送手段は主に何が使われていますか。

(　　　　)

(2) **地図**の自動車工場から、自動車がキャリアカーだけで運ばれるところを、次から3つ選びましょう。

(　　)(　　)(　　)

㋐ 仙台
㋑ 北九州
㋒ 新潟
㋓ 鹿児島
㋔ 名古屋
㋕ 松江

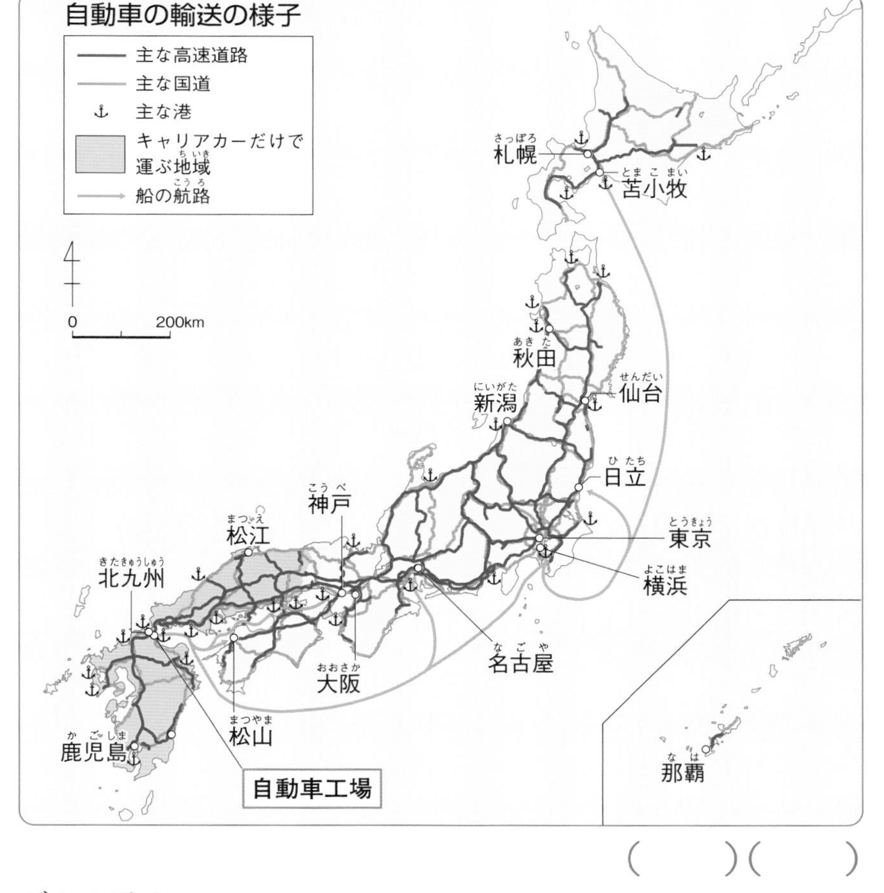

(3) 多くの自動車工場が建っているところを、次から2つ選びましょう。

(　　)(　　)

㋐ 広い道路の近く　㋑ ダムの近く

㋒ 港の近く　㋓ 田や畑の近く

自動車の多くの部品は、関連工場で生産される。

勉強した日 月 日

◆1 自動車の生産にはげむ人々④

学習の目標
新しい自動車の開発やニーズに応える機能について確かめましょう。

基本のワーク

教科書 136〜141ページ　答え 11ページ

1 新たな機能を生み出す人々／自分で調べて考える①

よみトク！資料　新しい自動車の開発の流れ

- ①（　　　　　）
  集めたニーズをもとに、どのような機能を取り入れるかなどを考える。
- デザイン
  企画をもとに②（　　　　　）が車体のスケッチや立体的なイメージ画像をつくる。
- 実際の大きさで確認
  スケッチをもとに粘土③（　　　　　）や大画面画像で確認。
- ④（　　　　　）
  完成した⑤（　　　　　）を伝え、コンピューターで設計図をつくる。
- 試作・実験
  設計図をもとに⑥（　　　　　）車をつくり、性能や安全性などを調べる。

新車として生産・はん売

ニーズに応える機能の例

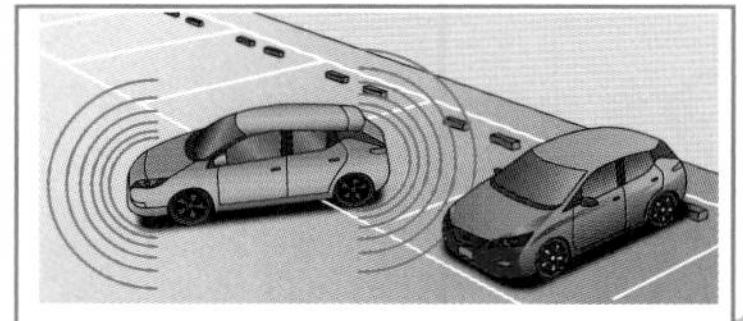

車体につけたセンサーやカメラで駐車する場所を認識し、自動でハンドル操作などをして駐車を助ける。

利用者の願いを実現

- 自動車を生産する会社は、自動車の利用者の⑦（　　　　　）を常に集めている。
- 自動車会社の⑧（　　　　　）部門の人々は新しい機能を考え実現する。

2 自分で調べて考える②／まとめる

新たに開発された自動車や機能

- ガソリンのかわりに電気を使う自動車を開発。
  ➡原油の消費量や、⑨（　　　　　）化の原因にもなる**排出ガス**の量をおさえる。
  ◆**電気自動車**、**燃料電池自動車**、**ハイブリッド車**。
- 車いすやベビーカーを使う人でも乗りおりしやすいように、車内や⑩（　　　　　）を広くする。

自動車づくりに求められていること

- 人々の⑪（　　　　　）で便利なくらしをめざす。
- だれもがともに住みやすい社会にするための「⑫（　　　　　）**デザイン**」や、**環境**を大切に守りながらくらしを発展させる「⑬（　　　　　）**可能な社会**」といった考え方も求められている。

ユニバーサルデザイン
しょうがいの有無、年令や性別などにかかわらず、だれもが使いやすいように、あらかじめ安全で便利なものをつくるという考え方。

つながるSDGs
自動車工場では、使ったあとの水を廃水処理施設できれいにしてから海に流している。また、鉄板から部品を打ちぬくときも、むだがないように設計して行っている。

ハイブリッド車の「ハイブリッド」というのは、英語で「2つのものをかけ合わせる」という意味の言葉だよ。ガソリンと電気、2つの動力をもつ車だよ。

勉強した日　月　日

練習のワーク

できた数　／14問中

教科書 136〜141ページ　答え 11ページ

1 新しい自動車の開発について、次の資料を見て、あとの問いに答えましょう。

あ

利用者のもっとこうしてほしいという声をもとにどのような自動車にするか考える。

い

設計図をもとに試作車をつくり、性能や安全性などを細かく調べる。

う

企画で決まったことやデザインを設計者に伝え、コンピューターで設計図をつくる。

え

企画で決まったことから、デザイナーが車体のスケッチや立体的なイメージをつくる。

(1) ――線部のことを何といいますか。（　　　）

(2) あ〜えにあてはまる言葉を、右の□からそれぞれ選びましょう。

あ（　　　）い（　　　）
う（　　　）え（　　　）

企画　試作・実験　デザイン　設計

(3) あ〜えを新しい自動車の開発の流れの順にならべましょう。

（　　→　　→ 実際の大きさで確認 →　　→　　）

(4) 右の話を読んで、正しいものを選びましょう。（　　）

ア よく運転する人のためだけに自動車の開発をしている。
イ 世の中の情報を広く集めて自動車の開発をしている。
ウ 自動車の開発は自動車会社とその関連工場だけで行う。

自動車を運転しない人の声を集めたり、自動車の生産に関わりのない会社と協力したりして自動車を開発します。

2 次の問いに答えましょう。

(1) 次の文にあてはまる自動車を、あとからそれぞれ選びましょう。

① ガソリンと電気を組み合わせて使う自動車。（　）
② バッテリーに充電しておいた電気で動く自動車。（　）
③ 水素と空気中の酸素から電気をつくって走る自動車。（　）

ア 電気自動車　イ 燃料電池自動車　ウ ハイブリッド車

(2) しょうがいの有無、年令や性別などにかかわらず、だれもが等しく使いやすいように、安全で便利なものをつくろうとする考え方を何といいますか。（　　　）

(3) 次の文の□にあてはまる言葉をそれぞれ書きましょう。

①（　　　）②（　　　）③（　　　）

●自動車工場で使った水は廃水処理施設できれいにしてから、①に流している。鉄板から部品を打ちぬくときも、②な部分が出ないように設計している。また、女性やしょうがいがある人など、だれもが③やすい工場をめざしている。

ポイント　さまざまなニーズに応える自動車づくりをしている。

まとめのテスト

◆1 自動車の生産にはげむ人々

時間 20分

得点 /100点

教科書 122～141ページ　答え 12ページ

1 くらしに役立つ産業 **次の問いに答えましょう。** 1つ4〔8点〕

(1) さまざまな資源に手を加えて、加工したり、組み立てたりして、人々の役に立つものをつくり出す産業を何といいますか。（　　　）

(2) 右の**資料**を見て、わかることを次から選びましょう。（　　　）

1970年代　2020年ごろ

カップラーメン　シチュー　ごはん　ハンバーグ　コロッケ　レンジでロールキャベツ

㋐ 加工食品の調理方法はあまり変わらない。
㋑ 加工食品の種類が増えて便利になっている。
㋒ 加工食品をつくる技術は昔とは変わっていない。

2 自動車生産の流れ **次の資料を見て、あとの問いに答えましょう。** 1つ4〔32点〕

自動車工場で聞いた話をまとめたカード

①
ロボットが溶接の作業をしたあと、人の目で確認して、とそう工場に送る。

②
鉄板を打ちぬいたり曲げたりして車体のドアなどをつくる。きずがないか検査もする。

③
環境にやさしい水性の塗料を使ってとそうしている。水をたくさん使う。

④
15人ほどのチームで作業を分担する。取り付ける部品によって作業内容が変わる。

自動車生産の流れ

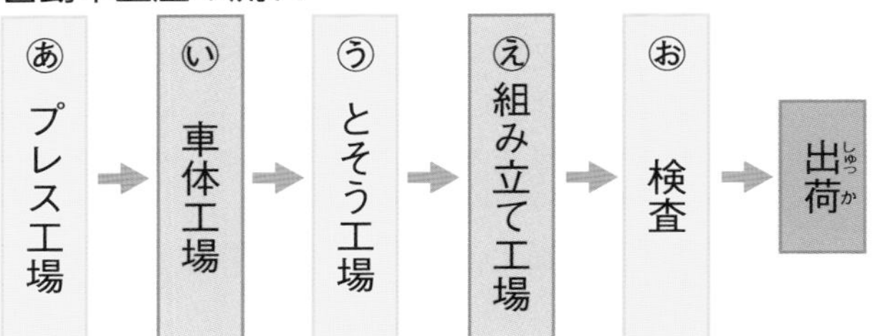

組み立て工場のくふう

タブレット型のコンピューターで作業の手順を確かめる

大きい部品をロボットが支える

工場の1日のスケジュール

午前・午後・午前　7時～6時
朝からの勤務：勤務 休憩／勤務／食事／勤務 休憩／勤務
夜からの勤務：勤務 休憩／勤務／食事／勤務 休憩／勤務

※朝と夜で働く人が交代する。

よく出る

(1) **資料**の工場などで、決められた順番どおりに、分担作業を行い製品をつくり上げる1つの流れを何といいますか。（　　　）

(2) ①～④にあてはまる場所を㋐～㋔からそれぞれ選びましょう。
①（　　）②（　　）③（　　）④（　　）

(3) 自動車工場で行われているくふうとして正しいものを次から2つ選びましょう。（　　）（　　）
㋐ 正確に作業するために人間だけで作業している。
㋑ 同じ人が同じ作業をくり返し行うようにしている。
㋒ 正しい作業の手順を動画で確認することができる。
㋓ 食事のほかに2時間おきに休憩を入れている。

記述

(4) (3)のくふうを行う理由を、**ミス**、**効率**の言葉を使って、かんたんに書きましょう。
（　　　　　　　　　　　　　　　　　　）

3 自動車工場のつながりと輸送 資料を見て、次の問いに答えましょう。 1つ4〔36点〕

(1) 右の図の□に共通してあてはまる言葉を書きましょう。

(　　　　　)

チャレンジ!

(2) 自動車のシートをつくるとき、図の①～④の工場で行われる作業を次からそれぞれ選びましょう。

①(　　) ②(　　)
③(　　) ④(　　)

①自動車工場
②第一次□
③第二次□
④第三次□

北九州港
九州自動車道
0 4km
北九州市
北九州空港
東九州自動車道
苅田港
福岡県
苅田町
シート工場
自動車工場
国道10号
工場の多い地域

㋐ シートをつくる。
㋑ シートの布や大きな部品をつくる。
㋒ シートを自動車本体に取り付ける。
㋓ 組み立て用のねじなど小さな部品をつくる。

記述

(3) 自動車工場では、ジャスト・イン・タイム方式がとられています。これはどのようなしくみですか。かんたんに書きましょう。

(　　　　　　　　　　　　　　　　　　　　)

(4) 自動車の生産と出荷について正しいものを、次から2つ選びましょう。(　　)(　　)

㋐ 部品をつくる工場が1つ止まっただけで、自動車生産にえいきょうが出ることもある。
㋑ 自動車工場にシートを出荷するときは急いだほうがよいので、順番は決めずに送る。
㋒ 自動車工場は港の近くにあって輸送に便利なので、部品の工場の多くは遠くにある。
㋓ 自動車専用の船を使うと、一度に大量の自動車を遠くへ運ぶことができる。

(5) 右の写真の自動車を運ぶ専用の車を何といいますか。

(　　　　　)

4 願いに応える自動車づくり 次の問いに答えましょう。 1つ3〔24点〕

(1) 次の文が示す自動車の機能にあてはまるものを、あとからそれぞれ選びましょう。

① 車いすのまま乗りおりできるようにリフトがついている。 (　　)
② 車体につけたセンサーやカメラによって、駐車する場所を認識する。 (　　)
③ 運転の一部を自動で行う。 (　　)

㋐ ㋑ ㋒

(2) 次の文の①～⑤にあてはまる言葉を、右の□からそれぞれ選びましょう。

①(　　　　) ②(　　　　) ③(　　　　)
④(　　　　) ⑤(　　　　)

資源に限りのある原油の消費を減らし、地球温暖化の原因になる(①)の量をおさえるために、(②)のかわりに電気を使う自動車が開発されてきた。(③)と空気中の(④)を使って電気をつくる燃料電池自動車や、(⑤)に充電して動かす電気自動車などがある。

酸素
排出ガス
水素
ガソリン
バッテリー
ハイブリッド

勉強した日 月 日

◆製鉄にたずさわる人々
◆石油の加工にたずさわる人々

学習の目標
製鉄所・製油所のしくみや働く人々の様子について確かめましょう。

基本のワーク

教科書 142〜145ページ　答え 12ページ

「1　自動車の生産にはげむ人々」（54〜63ページ）とおきかえて学習できます。

1 製鉄にたずさわる人々

くらしになくてはならない鉄

●日本では**鉄鋼**が大量に生産されており、日本各地に大きな①（　　　　）**所**がある。

鉄鋼
製鉄所でつくられ、自動車や建物などの材料になる。

よみトク！図解

原料を船で輸入。

●製鉄所では、②（　　　　）からつくるコークスと**鉄鉱石**、石灰石を原料にして鉄鋼を③（　　　　）している。

●製鉄の現場は危険なため、コンピューターで管理し自動で動かす。同時に④（　　　　）の目でも監視する。

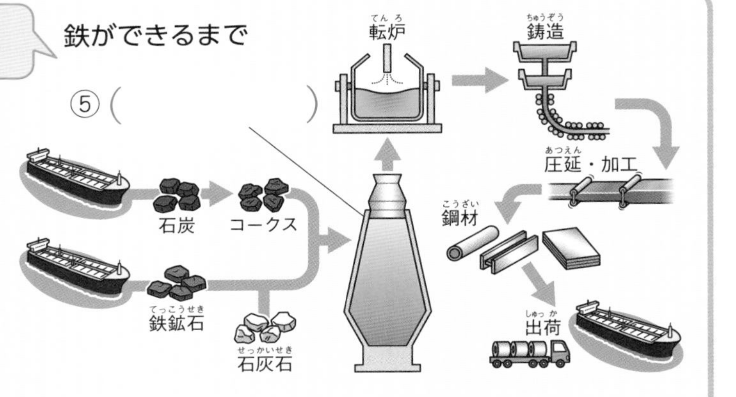

●古くは⑥（　　　　）という設備で、鉄をつくり出していた。

●1901年、現在の福岡県⑦（　　　　）市の八幡に製鉄所がつくられ、生産量も⑧（　　　　）ていった。

●鉄鋼の強度を上げながら軽くする技術の研究が進む。➡自動車の安全性を高め、燃料の消費をおさえて環境を守ることにつながる。

「たたら」では、砂鉄と木炭を原料に、鉄をつくっていたよ。

2 石油の加工にたずさわる人々

さまざまな工業製品の原料を生産

●プラスチックの容器や⑨（　　　　）のふくろは、⑩（　　　　）から生み出される**ナフサ**という原料からできている。

●⑪（　　　　）**所**…石油を加工して、さまざまな工業製品の原料を生産する。

●**石油化学**⑫（　　　　）では、あらゆる石油製品や原料がひと続きに生産される。

◆⑬（　　　　）**ライン**で工場と工場の間をつなぎ、原油や分解した原料を送る。

石油の加工の流れ

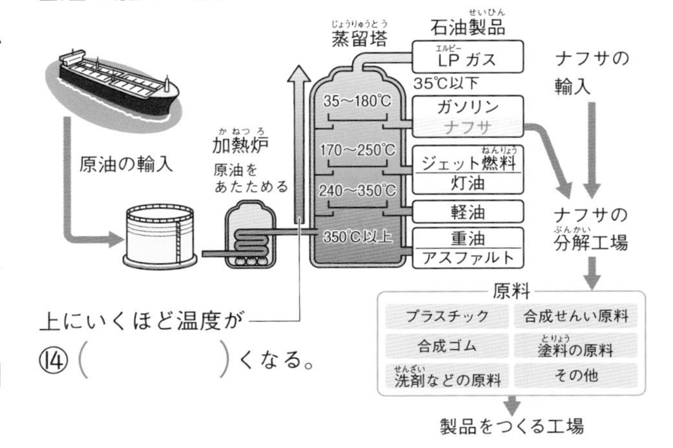

安全のために

●石油製品は燃えやすいので、取りあつかいに注意が必要。コンビナートの中では、地震や火災などの⑮（　　　　）に備え、防災訓練を行ったり、消防車を配備したりしている。

しゃかいか工場
昔は鉄鋼は「産業の米」とよばれ、日本の工業の発展を支えていたんだ。現在は中国の生産量が大きく増えているよ。

練習のワーク

教科書 142～145ページ　答え 12ページ

できた数 ／14問中

1 地図を見て、次の問いに答えましょう。

(1) 次の文の{ }にあてはまる言葉に、○を書きましょう。

●製鉄所は①{ 山 海 }ぞいにつくられている。原料の輸入や鉄鋼の輸出には②{ 船 航空機 }が使われるためである。

(2) 鉄鋼の原料になるものを次の[ ]から2つ選びましょう。

( )( )

石炭　石油　銅　鉄鉱石

(3) 次の文の①～③にあてはまる言葉を、あとからそれぞれ選びましょう。

①( ) ②( ) ③( )

日本各地の製鉄所

製鉄所では、鉄鋼の強度を上げながら軽くする技術も研究している。強度を上げることは(①)を守ることにつながり、軽くすることは燃料の(②)をおさえ、(③)を守ることにつながる。

㋐ 環境　㋑ 安全　㋒ 生産　㋓ 消費

2 次の問いに答えましょう。

(1) 石油からつくられる石油製品で、プラスチックや合成ゴムなどの原料になっているものを何といいますか。
( )

(2) 右の**写真**のようなガソリンなどを運ぶ自動車を何といいますか。 ( )

(3) 石油工場を中心に、石油製品や原料をひと続きに生産するところを何といいますか。 ( )

(4) 石油製品の加工の中で出る物質を使いながら素材を生み出す研究をしている理由を、次から選びましょう。 ( )

㋐ 金属を仕入れる費用をおさえたいから。　㋑ 石油は限りある資源だから。

(5) 次の文中の[ ]にあてはまる言葉を、それぞれ書きましょう。

①( ) ②( ) ③( )

●石油製品は[①]やすいため、石油化学コンビナートの中では地震や火災などに備えて、大規模な[②]訓練を行ったり、大型の[③]を配備したりしている。

鉄鋼や石油から、さまざまな工業製品がつくられている。

勉強した日　月　日

2　日本の工業生産と貿易・運輸①

学習の目標
日本の主な輸出品と輸入品、貿易相手国について確かめましょう。

基本のワーク

教科書 146〜150ページ　答え 12ページ

1 自動車は世界へ

よみトク！ 地図

●日本の自動車は、性能がよい、乗り①（　　　　）がよいといった理由で、外国の人々にも人気。

◆たくさんの自動車が輸出されている。

●海をへだてた外国には、②（　　　　）を使って自動車を輸出。

日本の自動車の主な輸出先　③（　　　　）国

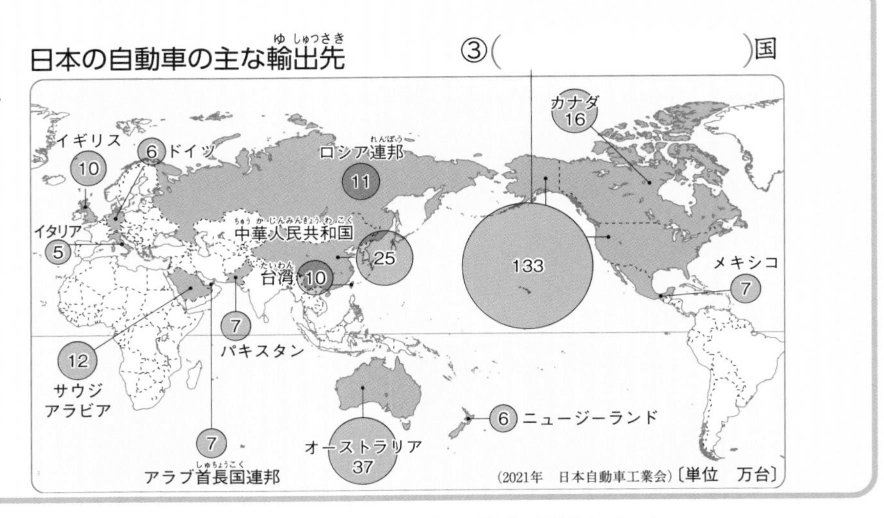

世界から日本への輸入

●原油…自動車のガソリンなどの④（　　　　）や、部品に使われる⑤（　　　　）やゴムなどの原料。

◆⑥（　　　　）は日本国内ではほとんどとれないため、世界各地から⑦（　　　　）で運ばれて、輸入されている。

国内で使う原油にしめる輸入の割合

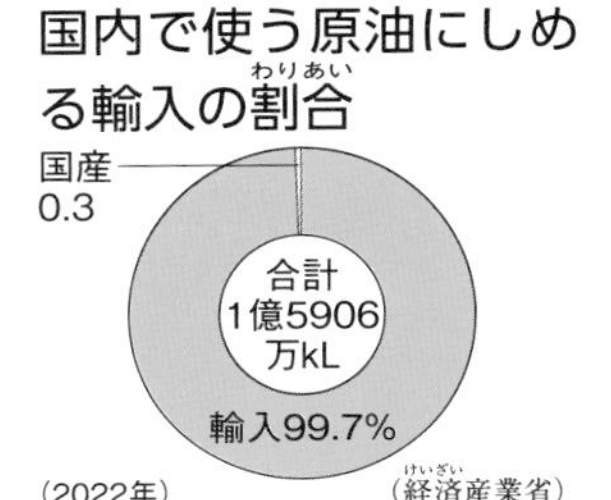

貿易
国と国との間で、品物を売り買いすること。

2 日本の主な輸出品と輸入品

主な輸出品と輸出相手先

●日本は自動車をはじめ、⑧（　　　　）（集積回路）や電気機器など、高い技術で生産された⑨（　　　　）製品を多く輸出している。

●日本から⑩（　　　　）い国への輸出が多い。

◆アジアや⑪（　　　　）に面した国々へ工業製品を輸出している。

日本の主な輸出品の変化

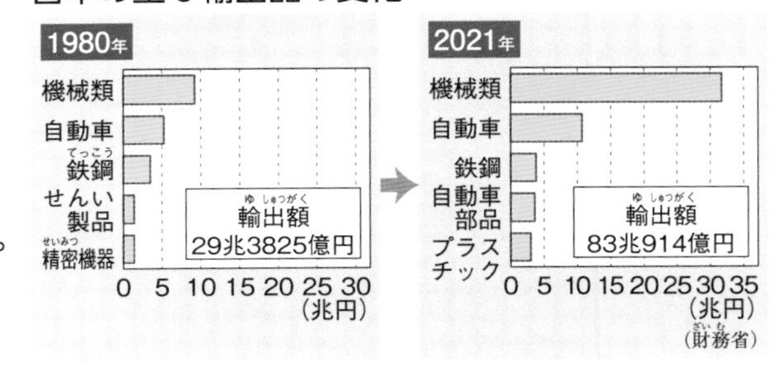

主な輸入品と輸入相手先

●日本は、国内で得ることがむずかしい原油やガスなどの⑫（　　　　）・原料を世界各国から輸入している。原油は⑬（　　　　）やアラブ首長国連邦、カタールなどから輸入している。

●昔と比べ、中国や台湾などアジアの工場で生産した工業製品の輸入が⑭（　　　　）ている。

日本の主な輸入品の変化

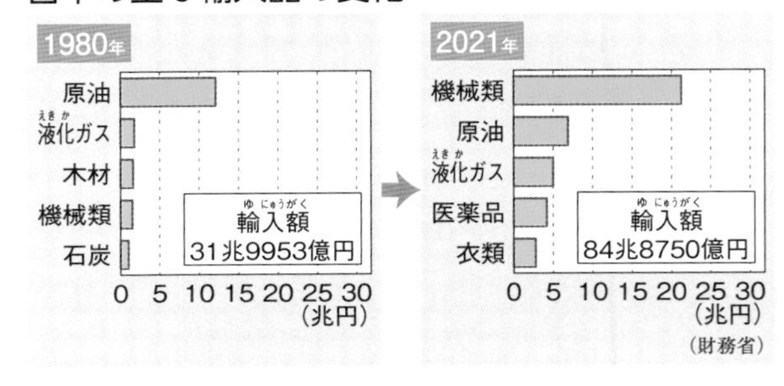

しゃかいか工場
アジアの国々からの工業製品の輸入が増えたのは、これらの国々で工業化が進んだことや、日本の会社が外国に工場をつくり、そこで生産した製品を輸入しているためだよ。

勉強した日　月　日

練習のワーク

教科書 146～150ページ　答え 12ページ

1 次の問いに答えましょう。

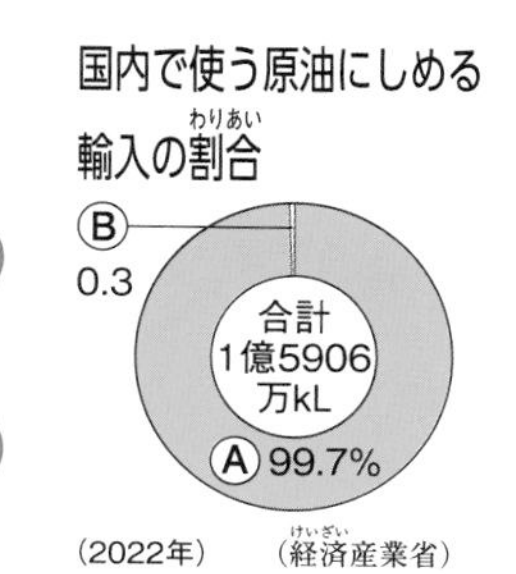

(1) 国と国との間で、品物を売り買いすることを何といいますか。
（　　　　）

(2) 右の**グラフ**のⒶ・Ⓑのうち、輸入を示しているものを選びましょう。
（　　　　）

2 右の地図を見て、次の問いに答えましょう。

日本の主な輸出品の輸出相手先

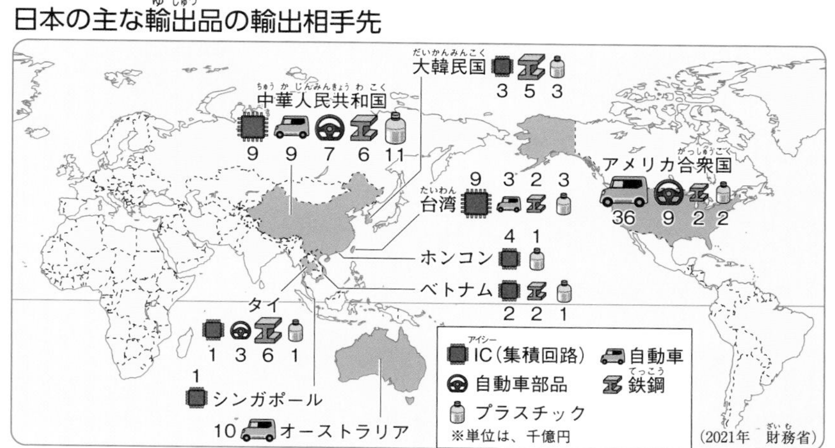

(1) **地図**から、日本が自動車を多く輸出している国を、3つ選びましょう。
（　　　　）
（　　　　）
（　　　　）

(2) 次にあてはまる輸出品を、**地図**からそれぞれ選びましょう。

① 大量の情報を記憶したり、計算して処理したりするための部品。
（　　　　）

② 鉄鉱石と石炭などを原料としてつくられる製品。
（　　　　）

3 右の地図を見て、次の問いに答えましょう。

日本の主な輸入品の輸入相手先

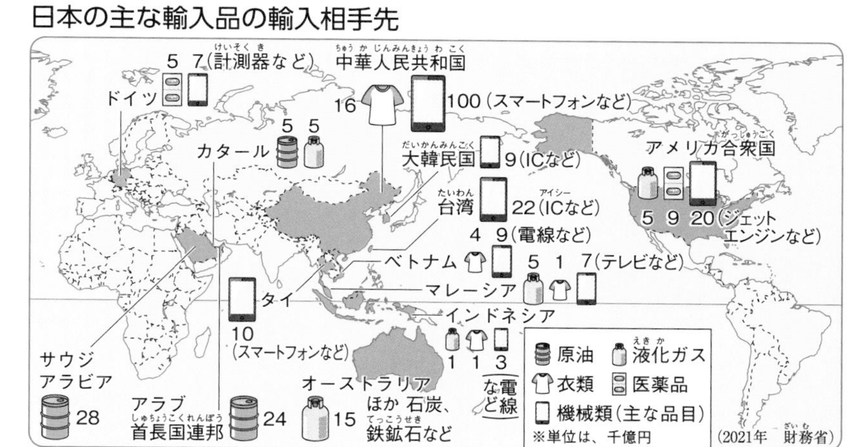

(1) 日本がオーストラリアから輸入しているものを**地図**から1つ選びましょう。
（　　　　）

(2) 原油を輸入している国を、次から選びましょう。
（　　　　）

㋐ ベトナム
㋑ ドイツ
㋒ サウジアラビア

(3) 次の文の①～③にあてはまる言葉を、右の［　］から選びましょう。

①（　　　　）②（　　　　）③（　　　　）

原油　アジア　ヨーロッパ　機械類

- 日本は、（ ① ）や液化ガスなどの燃料や原料を昔から多く輸入しているが、最近は（ ② ）や衣類などの輸入も増えている。
- （ ③ ）の工場で生産した工業製品の輸入が増えている。

ポイント 日本は工業製品を多く輸出し、燃料・原料を多く輸入。

勉強した日　月　日

2 日本の工業生産と貿易・運輸②

学習の目標
工業生産と貿易との関係、また輸送手段について確かめましょう。

基本のワーク

教科書 151～155ページ　答え 13ページ

1 工業生産と貿易との関係

●原油や石炭などの①（　　　　）にめぐまれない日本では、燃料や原料の多くを輸入にたよっている。

●輸入された原料は、国内各地の工場で②（　　　　）される。自動車や鉄鋼などの③（　　　　）製品となり、世界各国に輸出。

●④（　　　　）で生産され、輸入された部品が国内の工場で多く使われている。

➡国内の工業生産を進めるうえで、⑤（　　　　）は欠かすことができない。

主な燃料や原料の輸入の割合

原油 99.7%
鉄鉱石 100%
石炭 99.6%
天然ガス 97.8%

（2021年）（経済産業省ほか）

主な工業製品の輸出の割合

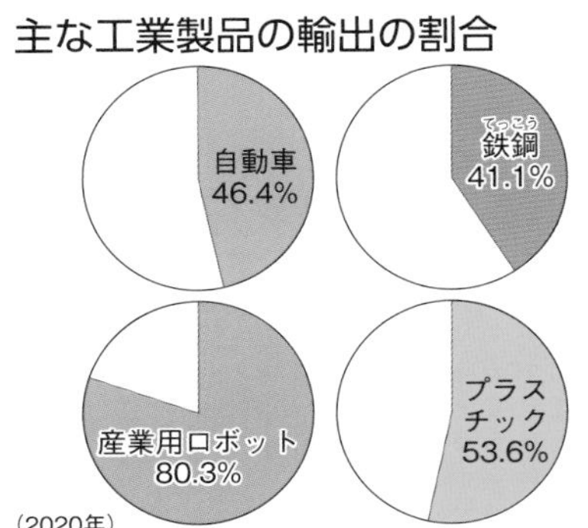

（2020年）
※鉄鋼は加工前の状態で計算した割合（経済産業省ほか）

2 貿易を支える輸送手段／まとめる

貿易を支える交通機関や設備

●日本は、周りを⑥（　　　　）に囲まれた島国。

➡輸出入品は、主に⑦（　　　　）で輸送する。

●大量の品物をさばくために、各地に大きな⑧（　　　　）を整備。品物によっては、航空機も使われる。

◆大量の工業製品は⑨（　　　　）とよばれる容器に入れられて運ばれている。

コンテナターミナル

●国内で工場から港へ輸出品を運んだり、港から工場や倉庫、市場へ輸入品を運んだりするときは、トラックや⑩（　　　　）が利用される。

よみトク！資料　さまざまな輸送手段

●**長所**を生かした⑪（　　　　）手段が使われる。

手段	船	⑫（　　　　）	⑭（　　　　）	鉄道
特ちょう	■一度に大量の荷物を運べる。 ■時間はかかるが、費用を低くおさえることができる。	■小型の荷物を短時間で運ぶ。 ■費用がかかる。 ■値段が⑬（　　）く、軽いものに向く。	■出発地から目的地まで直接運べる。 ■積みこみやすい。 ■道路が混むとおくれることもある。	■線路がないと運べないが、決められた時間どおりに運べる。 ■二酸化炭素の排出量が少ない。
輸送に向くもの	自動車、コンテナ、原油、鉄鉱石など	IC、カメラ、医薬品、食料品など	コンテナやあらゆる製品	コンテナ、石油製品、セメントなど

しゃかいか工場　原料を輸入し、すぐれた技術で加工して製品をつくり、その製品を輸出する貿易を加工貿易というよ。日本の工業はこの加工貿易で発展してきたんだ。

練習のワーク

教科書 151～155ページ　答え 13ページ

1 右のグラフを見て、次の問いに答えましょう。

(1) すべて輸入にたよっているものをグラフから書きましょう。

（　　　　）

(2) 主な工業製品の中で輸出の割合がいちばん多いものをグラフから書きましょう。

（　　　　）

主な燃料や原料の輸入の割合

原油 99.7%　鉄鉱石 100%　石炭 99.6%　天然ガス 97.8%

(2021年)　(経済産業省ほか)

主な工業製品の輸出の割合

自動車 46.4%　鉄鋼 41.1%　産業用ロボット 80.3%　プラスチック 53.6%

(2020年)
※鉄鋼は加工前の状態で計算した割合（経済産業省ほか）

(3) 日本の工業生産と貿易との関係について、次の文の①～③にあてはまる言葉を、右の□からそれぞれ選びましょう。

①（　　　）②（　　　）③（　　　）

●（ ① ）された原料は、国内各地の工場で（ ② ）され、自動車、鉄鋼などの工業製品になり世界各国へ（ ③ ）される。

輸出
輸入
消費
加工

2 次の問いに答えましょう。

(1) 大量の工業製品を輸送するときに使用する、大型の四角い容器を何といいますか。

（　　　　）

(2) 右のグラフの貿易額が多い港・空港を、次から２つ選びましょう。

（　　　）（　　　）

㋐ 成田国際空港　㋑ 大阪港
㋒ 東京港　㋓ 神戸港

港・空港別の貿易額

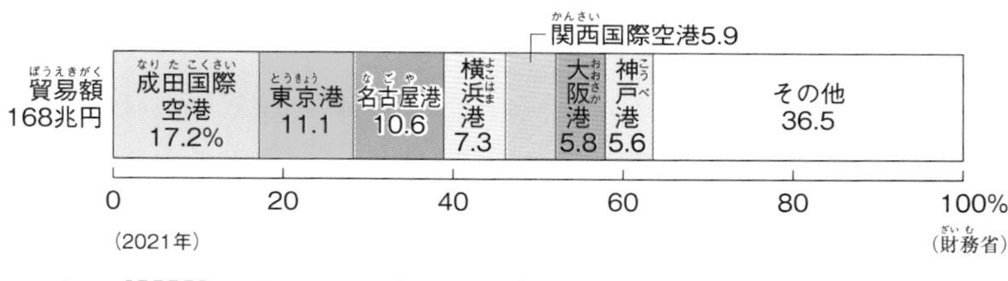

(3) 次の説明にあてはまる輸送手段を、右の□からそれぞれ選びましょう。

① 費用はかかるが、小型の荷物を短時間で運ぶ。（　　　　）
② 二酸化炭素の排出量が少なく、環境にやさしいが、線路が必要である。（　　　　）
③ 道路があれば、直接目的地まで運ぶことができる。（　　　　）
④ 一度に大量に輸送できるが、時間がかかる。（　　　　）

船
トラック
鉄道
航空機

(4) (3)の①～④で運ぶのに向いている場合を、次からそれぞれ選びましょう。

①（　　）②（　　）③（　　）④（　　）

㋐ 工業製品を目的地に直接運びたい。　㋑ 原油・鉄鉱石を安く運びたい。
㋒ ICや医薬品を早く運びたい。　㋓ コンテナを必ず時間どおりに運びたい。

ポイント 運輸では、輸送手段の長所を生かしている。

まとめのテスト

2 日本の工業生産と貿易・運輸

教科書 146～155ページ 答え 13ページ

1 自動車の輸出と原料・燃料の輸入 次の問いに答えましょう。

1つ6〔24点〕

(1) 貿易(ぼうえき)について、次の文の(　　)にあてはまる言葉を書きましょう。

①(　　　　　) ②(　　　　　)

国と国との貿易では、品物を売り出すのが(①)、買い入れるのが(②)である。

(2) 右の**地図**から読み取れることについて、正しい話を選びましょう。(　　)

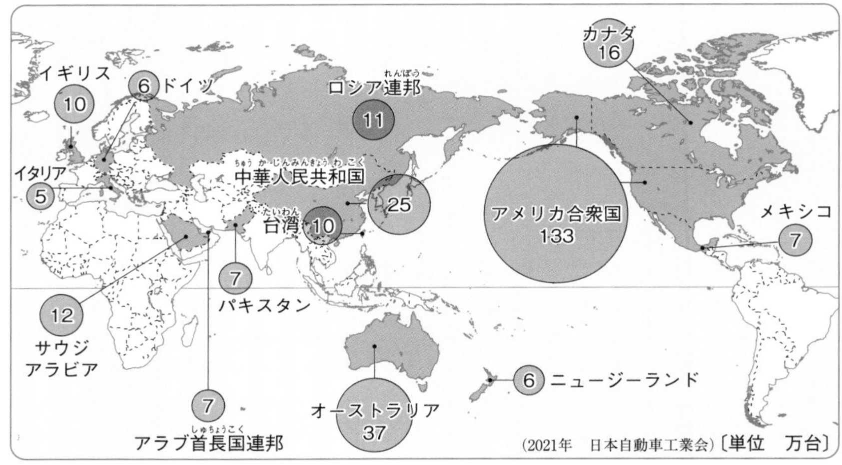

㋐ 

㋑ 

㋒ 

(3) 原油を外国から輸入するときは、右の**写真**の船が使われます。この船を何といいますか。

(　　　　　)

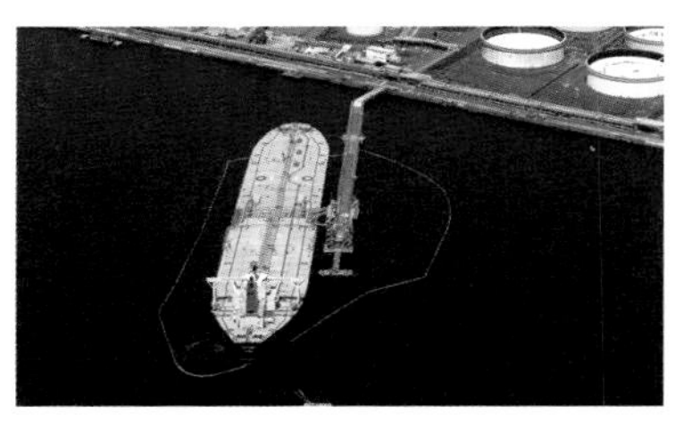

2 主な輸入品と輸出品 次の資料(しりょう)を見て、あとの問いに答えましょう。

1つ4〔16点〕

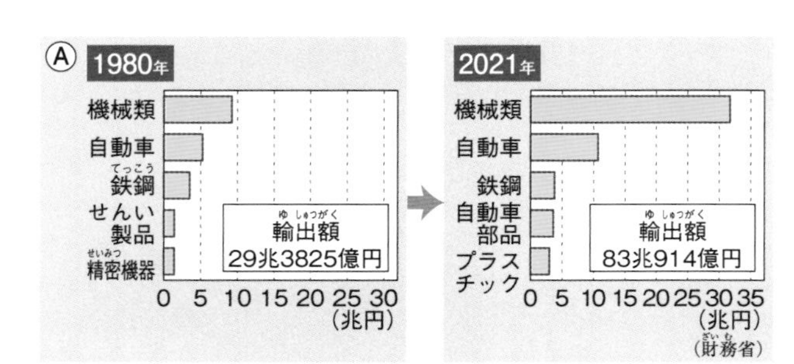

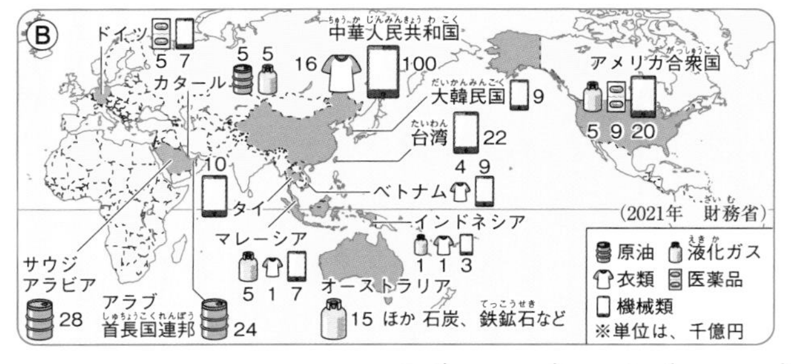

(1) Ⓐ・Ⓑにあてはまる題名を、次からそれぞれ選びましょう。 Ⓐ(　　) Ⓑ(　　)

㋐ 日本の鉄鋼を輸出している国　㋑ 日本の主な輸入品の輸入相手先

㋒ 日本の主な輸出品の変化　㋓ 日本の主な輸入品の変化

(2) Ⓐの自動車の輸出額は、1980年からの約40年で、約何倍になりましたか。

約(　　　　　)倍

(3) Ⓑについて、タイから輸入されているものは何ですか。 (　　　　　)

3 日本の工業生産と貿易 次の問いに答えましょう。

1つ3〔12点〕

(1) 鉄鉱石や天然ガスのような資源を何といいますか。

(　　　　　　　)

輸入から輸出までの流れ

自動車、鉄鋼など

鉄鉱石など

部品など

(2) 右の**図**を説明した次の文の□にあてはまる言葉を書きましょう。

(　　　　　　　)

> 日本は部品や原料を輸入し、国内の工場で□して、工業製品をつくり輸出している。

(3) 日本の貿易について、正しいものを、次から2つ選びましょう。

(　　　)(　　　)

㋐ 原油や天然ガスのほとんどは国内生産でまかなえる。

㋑ 鉄鋼をつくるのに必要な鉄鉱石は、すべて輸入にたよっている。

㋒ 日本でつくられた自動車や産業用ロボットなどは、外国への輸出も多い。

㋓ 日本国内の工場では、外国で生産され、輸入された部品は使われていない。

4 さまざまな輸送手段 次の問いに答えましょう。

よく出る

1つ4〔48点〕

(1) 次の**表**を見て、あとの問いに答えましょう。

輸送手段	長所	短所
㋕船	□荷物を運ぶことができる。	
㋑トラック	□荷物を運ぶことができる。	
㋒鉄道	□荷物を運ぶことができる。	
㋓航空機	□荷物を運ぶことができる。	

① ㋕～㋓の□にあてはまる言葉を、次からそれぞれ選びましょう。

㋕(　　　)　㋑(　　　)　㋒(　　　)　㋓(　　　)

㋐ 出発地から目的地まで直接　　㋑ 決められた時間に

㋒ 遠いきょりを短時間で　　㋓ 一度に大量の

② ㋕～㋓の短所にあてはまるものを、次からそれぞれ選びましょう。

㋕(　　　)　㋑(　　　)　㋒(　　　)　㋓(　　　)

㋐ 道路が混むとおくれる場合がある。　　㋑ ほかの手段よりも時間がかかる。

㋒ 線路がしかれた場所にしか運べない。　　㋓ 費用がかかり大型のものは運べない。

記述

③ 鉄道が環境にやさしい輸送手段である理由を、**排出量**の言葉を使って、かんたんに書きましょう。

(　　　　　　　　　　　　　　　　　　　　　　　　　　　　　　)

(2) 右の**グラフ**を見て、次の問いに答えましょう。

① 成田国際空港にあてはまるものを、**グラフ**中の㋕～㋒から選びましょう。

(　　　)

② 成田国際空港で多く輸出入されると思われる品目を、次から2つ選びましょう。

(　　　)(　　　)

㋐ 医薬品　　㋑ 鉄鋼　　㋒ IC　　㋓ 液化ガス

港・空港別の貿易額

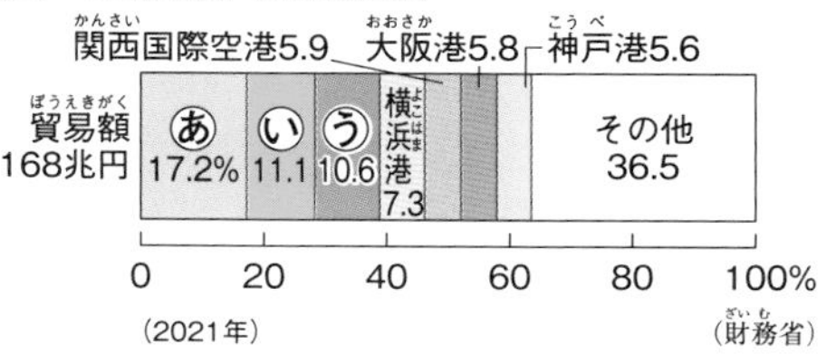

勉強した日 月 日

3 日本の工業生産の今と未来①

学習の目標
工業の種類や工業のさかんな地域について確かめましょう。

基本のワーク

教科書 156〜159ページ 答え 14ページ

1 さまざまな製品をつくり出す工業

工業の種類

- 生産額でみると、機械工業、化学工業、金属工業などの①(　　　　)工業が国内の工業生産の中心となっている。
- くらしの中では、食料品工業やせんい工業などの②(　　　　)工業による製品も多く使われている。

機械工業の生産が特にさかんだよ。

③(　　　　)工業

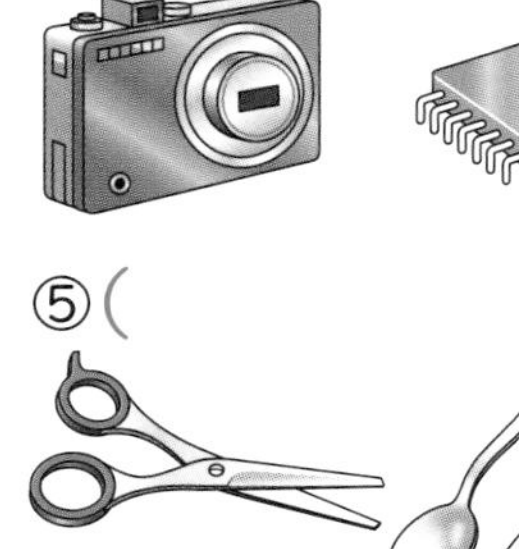

④(　　　　)工業

⑤(　　　　)工業

⑥(　　　　)工業

⑦(　　　　)工業

その他の工業

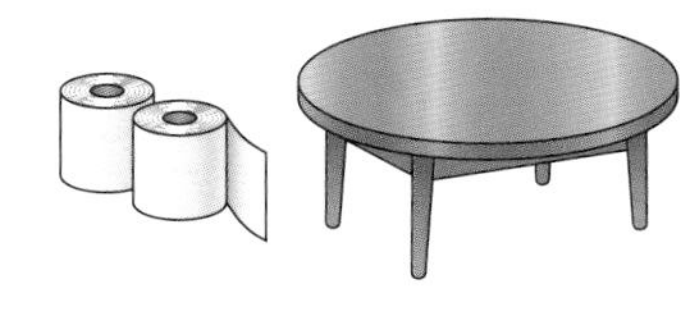

2 工業のさかんな地域

よみトク！地図

主な工業地帯・工業地域

- 工業のさかんな地域は⑧(　　　　)ぞいに広がる。
- 太平洋ベルトは、日本の⑨(　　　　)生産の中心地となってきた。
- 中京工業地帯は、最も生産額が⑩(　　　　)。

ICなど小さな部品の工場は海からはなれた⑪(　　　　)の地域にも広がる。

かつては、京浜・中京・阪神・北九州が四大工業地帯とよばれたよ。

しゃかいか工場
瀬戸内工業地域は、多くの石油化学コンビナートがならんでいるよ。ほかの工業地帯・地域に比べて、化学工業がしめる割合が大きいのが特ちょうだよ。

練習のワーク

教科書 156〜159ページ　答え 14ページ

できた数　／15問中

1 右のグラフを見て、次の問いに㋐〜㋔の記号で答えましょう。

(1) 最も工業生産額が多い工業を、**グラフ**から選びましょう。
（　　）

(2) 1980年から2020年まで、工業生産額の割合が減り続けている工業を、**グラフ**から選びましょう。（　　）

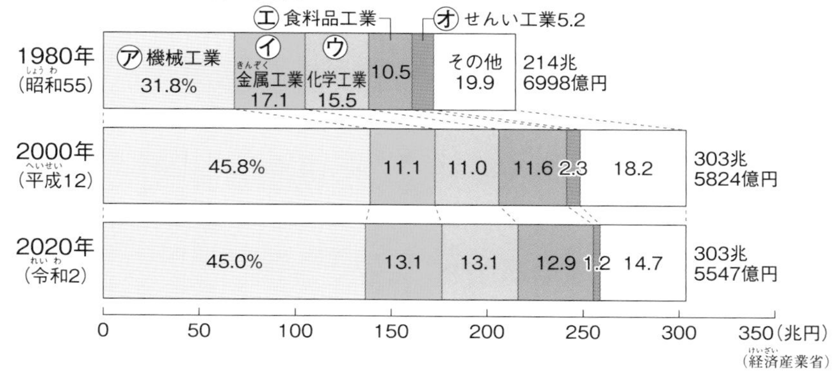

(3) **グラフ**の工業のうち、軽工業にあてはまるものを、2つ選びましょう。（　　）（　　）

(4) 次の工業製品を生産する工業を**グラフ**からそれぞれ選びましょう。

①（　　）②（　　）③（　　）④（　　）⑤（　　）

①　②　③

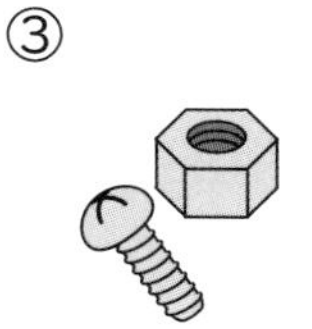

④

⑤

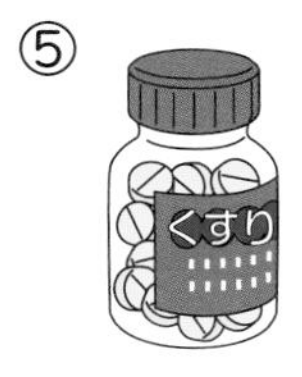

2 右のグラフを見て、次の問いに答えましょう。

(1) Ⓐ〜Ⓓにあてはまる工業地帯を、次からそれぞれ選びましょう。

Ⓐ（　　）Ⓑ（　　）
Ⓒ（　　）Ⓓ（　　）

㋐ 中京工業地帯
㋑ 北九州工業地帯
㋒ 阪神工業地帯
㋓ 京浜工業地帯

(2) 京葉工業地域で生産額が最も多い工業を書きましょう。
（　　）

(3) 関東地方の南部から九州地方の北部にかけて、工業地帯・地域が帯のように広がっている地域を何といいますか。
（　　）

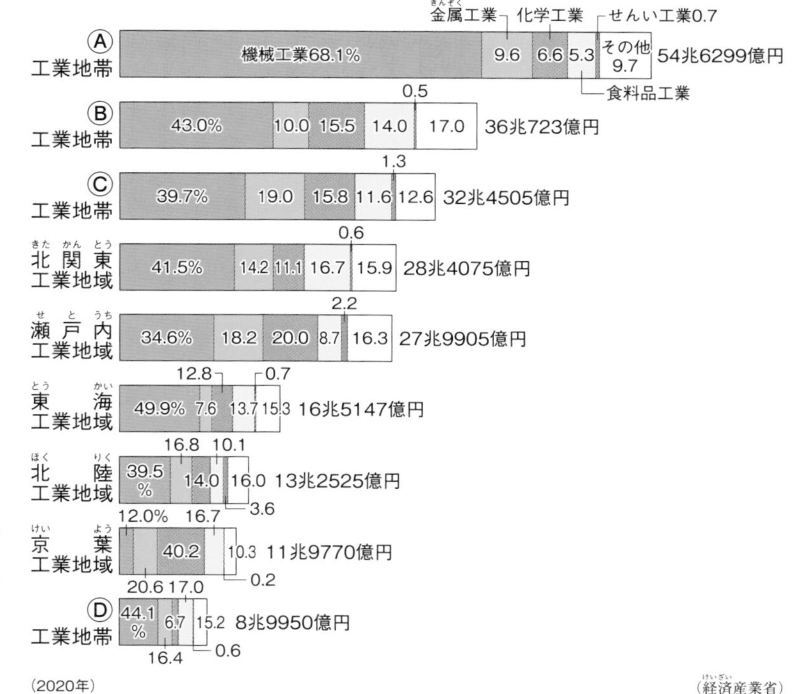

ポイント 工業地帯・地域は海ぞいに帯のように広がっている。

勉強した日 月 日

3 日本の工業生産の今と未来②

学習の目標
中小工場の特色や日本の工業生産の変化について確かめましょう。

基本のワーク

教科書 160～165ページ　答え 14ページ

1 大工場と中小工場のちがい

中小工場の特色

- 日本の国内にある工場のほとんどは①(　　　　　)工場で、働く人の数も多い。
- 生産額の大きさでは②(　　　　　)工場が全体の半分以上をしめている。

中小工場が集まる地域

- 国内には、さまざまな③(　　　　　)をもった中小工場が多く集まる地域がある。
- このような地域では、④(　　　　　)どうしで情報を交かんし、協力して新しい製品の⑤(　　　　　)に取り組むところも増えている。

中小工場、大工場
働く人が1～299人までの工場が中小工場。働く人が300人以上の工場が大工場。

日本の工場数、工場で働く人の数、工業生産額にしめる中小工場と大工場の割合

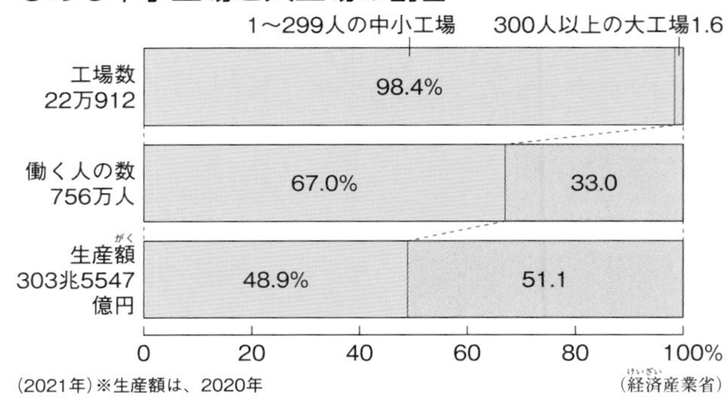

(2021年)※生産額は、2020年　(経済産業省)

2 日本の工業生産の変化／増え続ける海外生産

日本の工業生産の変化

- 電化製品やIC部品などを生産する大工場で、生産量を少なくしたり、生産を⑥(　　　　　)に移したりすることが増えた。➡中小工場の生産にも大きなえいきょう。
  - ◆日本全体の工場の数や、工場で働く人の数も⑦(　　　　　)てきている。
- 特に規模の小さい中小工場では、技術を受けつぐ、年令の⑧(　　　　　)働き手が不足しているところもある。

よみトク！資料

自動車の海外生産

- 日本の自動車会社は、世界各国に工場をつくり、⑨(　　　　　)で自動車を生産することが多くなってきている。
- 日本から⑩(　　　　　)される自動車が増えたことをきっかけに、外国からつりあいのとれた⑪(　　　　　)をするように求められた。
  - ◆⑫(　　　　　)生産が増えてきた。
- 海外の現地で生産することで、生産や⑬(　　　　　)の費用をおさえられる。

日本の自動車の国内生産台数と海外生産台数の変化

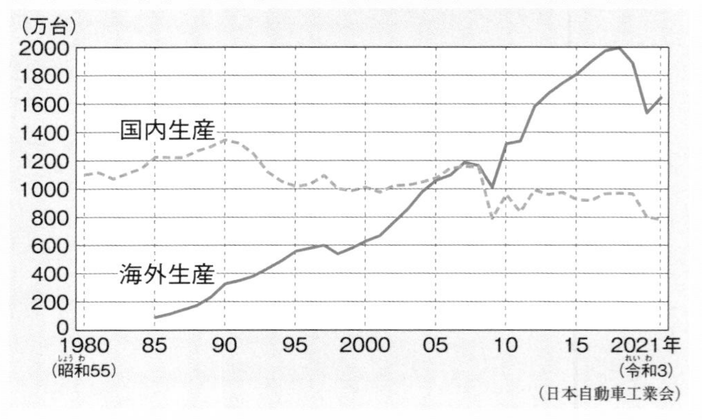

(日本自動車工業会)

つながるSDGs
海外生産がその国の工業の発展を支えることもある。

しゃかいか工場
日本の自動車の輸出が増えすぎたように、輸出と輸入のつりあいが悪くなることがあるよ。ここから起こる国の間の問題を貿易まさつとよんでいるよ。

練習のワーク

できた数　／13問中

教科書　160～165ページ　答え　14ページ

1 次の問いに答えましょう。

(1) 中小工場のほうが大工場よりも生産額の割合が高い工業を、右のグラフから３つ選びましょう。その他の工業はのぞきます。(　　　　)工業　(　　　　)工業　(　　　　)工業

各工業の生産額にしめる中小工場と大工場の割合

	1～299人の中小工場	300人以上の大工場
機械工業	29.6%	70.4
金属工業	61.9%	38.1
化学工業	55.9%	44.1
食料品工業	79.1%	20.9
その他の工業	62.5%	37.5

0　20　40　60　80　100　120　140(兆円)

(2020年)　(経済産業省)

(2) 中小工場について正しい文を、次から２つ選びましょう。(　　)(　　)

㋐ すぐれた技術をもつ中小工場もある。

㋑ 必ず１つの中小工場だけで製品をつくる。

㋒ 日本の国内にある工場のほとんどが中小工場である。

㋓ ほとんどの中小工場ではわかい人が多く働いている。

2 次の問いに答えましょう。

(1) 日本の工業生産について、次の文の｛　　｝にあてはまる言葉に○を書きましょう。

●電化製品やIC部品などを生産する①｛ 大工場　規模の小さい工場 ｝で、国内の生産量を②｛ 多く　少なく ｝したり、生産を海外に移したりするところが増えた。

●日本全体の工場の数、工場で働く人の数はともに③｛ 増えて　減って ｝きている。

(2) 右の資料は日本の自動車の生産台数について、５つのグループに分けています。そのうち、最も生産台数が多いグループにふくまれる国を、次から３つ選びましょう。(　　)(　　)(　　)

㋐ インド

㋑ イギリス

㋒ エジプト

㋓ タイ

㋔ アメリカ合衆国

㋕ ブラジル

㋖ 中華人民共和国

世界に広がる日本の自動車会社の工場と、各地域での生産台数

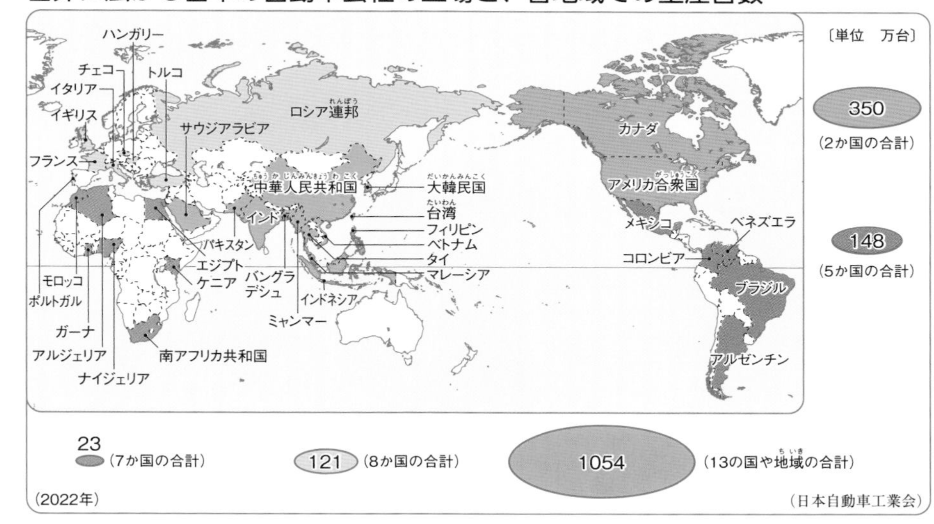

(3) 海外生産について次の文の□にあてはまる言葉を、それぞれ書きましょう。

①(　　　　)　②(　　　　)

材料や部品の ① 、働く人の ② などが日本より安い国で生産すれば、そのぶん費用をおさえることができる。

ポイント 中小工場の数は大工場より多いが、生産額は半分以下。

勉強した日　月　日

3　日本の工業生産の今と未来③

学習の目標
中小工場のものづくりやこれからの工業について確かめましょう。

基本のワーク

教科書 166〜171ページ　答え 14ページ

1 国内で生産を続けていく中小工場　〜東大阪市の「ものづくり」〜

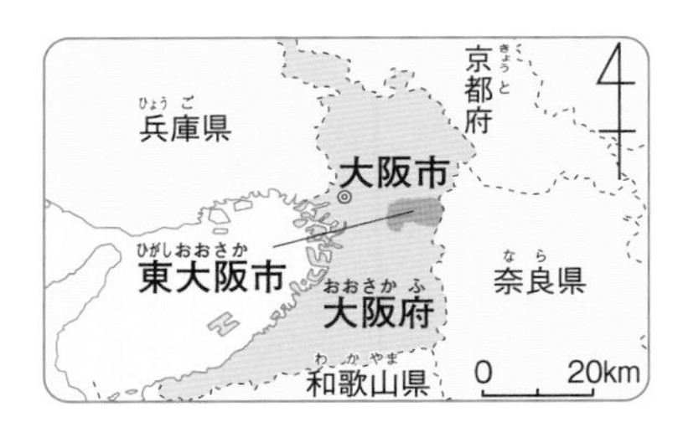

- ①(　　　　)府東大阪市には5000以上の工場が集まる。
  - ほとんどが②(　　　　)工場。
  - 高い③(　　　　)やアイデアを生かし、人々のくらしを豊かにする製品の開発を続ける④(　　　　)が残る。
  - 「ここでしかつくれない」という製品を開発。

さまざまな「ものづくり」

- 独自の製品…さびない⑤(　　　　)。橋やトンネル、外国の石油化学コンビナートなどきびしい環境で役立つ。
- 高い技術を生かした製品…細長い鉄線を複雑に加工し、世界中の海底にある⑥(　　　　)を守る鉄線をつくっている。
- 豊かなアイデアの製品…よごれがつくビニールの部分だけを外せる弁当箱を開発。紙の箱を⑦(　　　　)しやすくした。

光ファイバーを守る鉄線

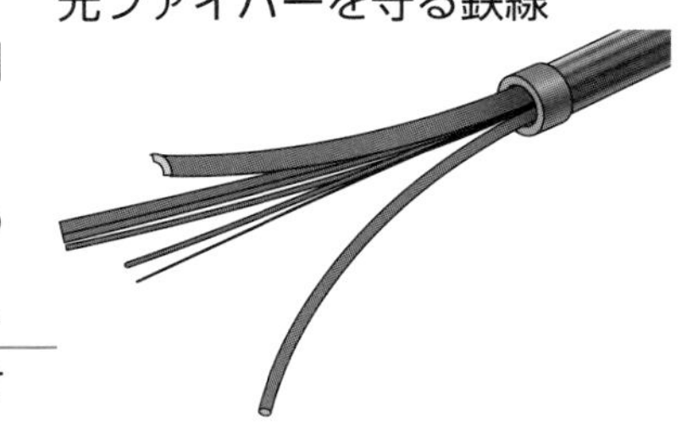

2 これからの工業生産とわたしたちのくらし／まとめる／つなげる

- 日本の工業は、**高い技術**を生かして人々のくらしの役に立つ工業製品を次々に⑧(　　　　)し、生産してきた。
- 工業生産にたずさわる人々は、これからの社会に求められる⑨(　　　　)を見通して、新たな「ものづくり」を進めようとしている。

工業生産でつちかった技術や経験が新しい製品を生んでいるんだね。

よみトク！SDGs　新たな「ものづくり」

- 最先端の技術を産業や介護の⑩(　　　　)開発に生かす。
  - ⑪(　　　　)や**高齢化**が進むなか、働く人の減少をおぎなうことを期待。

- 高い技術でつくる「炭素せんい」。
  - 強くて⑫(　　　　)い素材なので、輸送の燃料の消費を少なくできる。

- 伝統の技術を生かす。
  - 岩手県の**伝統工芸品**⑬(　　　　)を使った電気炊飯器を開発。
  - 南部鉄器は外国でも人気。

- 工業製品の**リサイクル**。
  - 世界でとれる量が少ない金属の⑭(　　　　)を使用ずみの製品から取り出して別の製品に使う。

しゃかい工場
「東大阪から宇宙へ」を合言葉に、東大阪市の町工場が人工衛星「まいど1号」をつくり、2009年に打ち上げられたよ。町工場の技術が宇宙にまで飛んだんだね。

練習のワーク

できた数　／12問中

教科書 166〜171ページ　答え 14ページ

1 東大阪市の「ものづくり」について、次の問いに答えましょう。

(1) 次の**資料**の東大阪市でつくられている製品にあてはまる説明を、あとからそれぞれ選びましょう。
①(　　) ②(　　) ③(　　)

① さびないねじ　② 分別しやすい弁当箱　③ 光ファイバーを守る鉄線

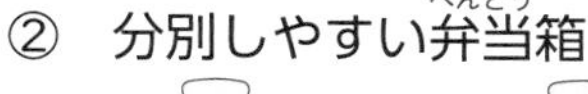

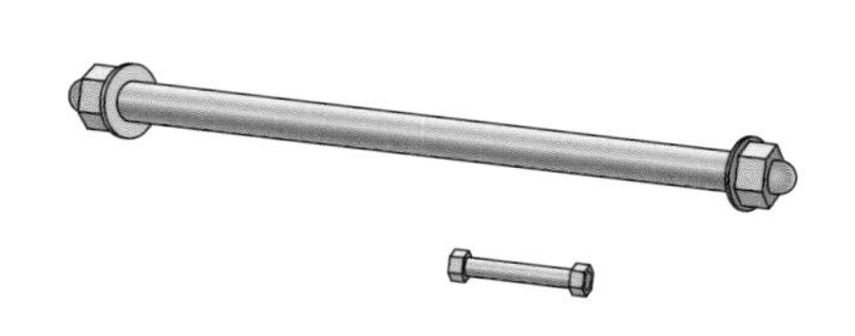

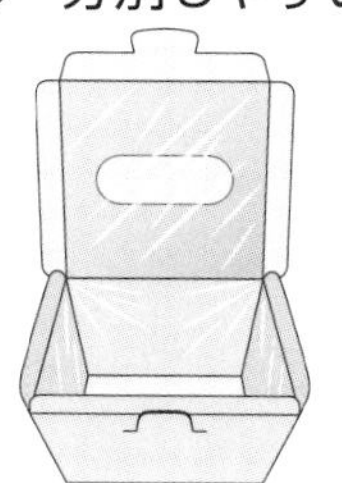

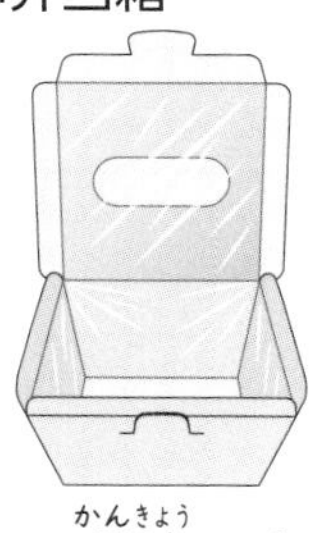

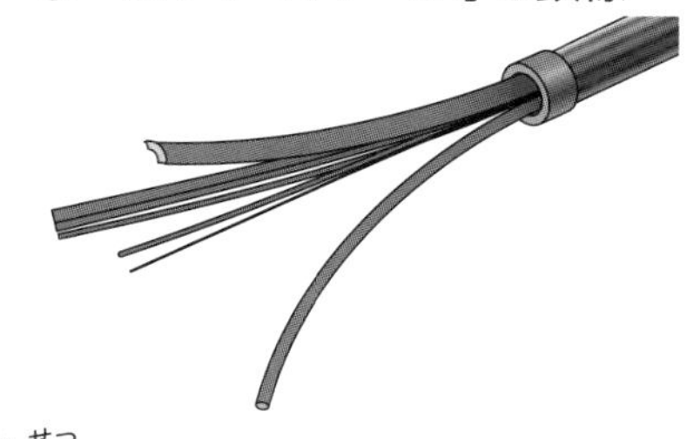

㋐ 国内の海をわたる橋やトンネルなどきびしい環境にある施設の部品に使われている。
㋑ インターネットなどの情報がやりとりされる海底のケーブルに使われている。
㋒ よごれがつくビニール部分だけを外せるようにして紙の箱を再利用しやすくしている。

(2) 右の**写真**のように、東大阪市の工場の人たちが集まって技術や質の高い製品などをしょうかいしているのは何のためですか。次から選びましょう。(　　)

㋐ どの工場の技術がいちばんすぐれているか競争するため。
㋑ 国内や海外に向けて、技術や製品を広く知ってもらうため。
㋒ 海外の工場に新しい製品のつくり方を教えるため。

2 次の問いに答えましょう。

(1) 次の文は、新たな「ものづくり」の例です。それぞれの製品の種類を、□から選びましょう。また、その製品に期待されていることを、あとからそれぞれ選びましょう。

① 人間のかわりに作業を行う機械装置。産業用や介護用のものが開発されている。
種類(　　　　) 記号(　　)

② 自動車や飛行機など大きなものから、つりざおなど小さなものにまで使われる、強くて軽い素材のせんい。
種類(　　　　) 記号(　　)

③ 岩手県で生産されている工芸品。熱をたくわえる性質に注目した会社からの注文を受けて、電気炊飯器の内がまにも使われた。
種類(　　　　) 記号(　　)

㋐ 燃料の消費を減らし、省エネルギーにつながる。
㋑ 少子化や高齢化に対応する。
㋒ 伝統の技術を生かして伝統工芸の新たな可能性を探る。

炭素せんい　南部鉄器
ロボット

(2) 次の文の①・②にあてはまる言葉を、あとからそれぞれ選びましょう。
①(　　) ②(　　)

●工場で働く人々は、自分たちの(①)や経験に自信と(②)をもって、仕事をしている。

㋐ 進歩　㋑ ほこり　㋒ 技術　㋓ 改良

ポイント 社会のニーズを見通した「ものづくり」が進められている。

まとめのテスト

勉強した日　月　日

3　日本の工業生産の今と未来

時間20分

得点　/100点

教科書 156〜171ページ　答え 15ページ

1 工業の種類と工業生産の変化　次の問いに答えましょう。

1つ4〔40点〕

金属工業	化学工業	機械工業
せんい工業	食料品工業	その他の工業

よく出る

(1) 次の製品はどの工業にあてはまりますか。**表**からそれぞれ選びましょう。

㋐ ねじ、はさみ（　　）　㋑ 自動車、デジタルカメラ（　　）

㋒ パン、チーズ（　　）　㋓ Tシャツ、タオル（　　）

㋔ せんざい、薬品（　　）　㋕ トイレットペーパー、家具（　　）

(2) 次の問いに答えましょう。

① 重化学工業にあてはまる工業を(1)の㋐〜㋕から３つ選びましょう。

（　）（　）（　）

② 現在の工業の中心は軽工業と重化学工業のどちらですか。（　　）

2 工業のさかんな地域　右の地図を見て、次の問いに答えましょう。

1つ4〔32点〕

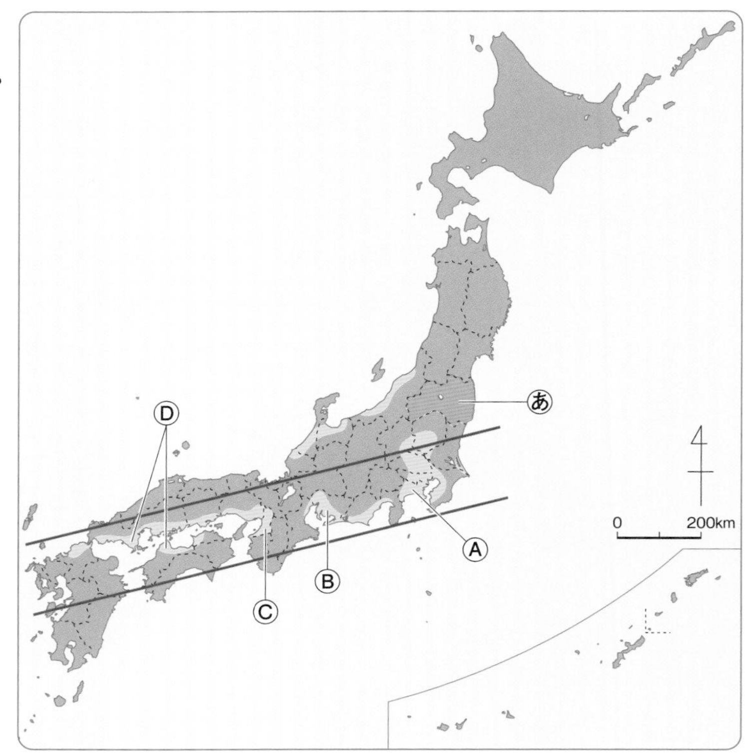

(1) Ⓐ〜Ⓓにあてはまる工業地帯・地域を、次からそれぞれ選びましょう。

Ⓐ（　）　Ⓑ（　）

Ⓒ（　）　Ⓓ（　）

㋐ 京浜工業地帯

㋑ 中京工業地帯

㋒ 阪神工業地帯

㋓ 北関東工業地域

㋔ 北九州工業地帯

㋕ 瀬戸内工業地域

(2) **地図**のⒶ〜Ⓓのうち、工業生産額が最も多い工業地帯・地域を、選びましょう。（　　）

(3) ══の地域で工業がさかんな理由を、次から２つ選びましょう。

（　）（　）

㋐ 原料や製品を船で運ぶのに便利だから。　㋑ 人口が多い地域だから。

㋒ 森林が多く、木材が手に入りやすいから。　㋓ すずしく、すごしやすい気候だから。

(4) **地図**中の㋐の県の内陸部には、IC工場が多く進出しています。IC工場の周りには、高速道路が多くあります。ICの輸送手段を、次から選びましょう。（　　）

㋐ 船　㋑ トラック　㋒ 鉄道

3 大工場と中小工場　次の問いに答えましょう。

1つ4〔12点〕

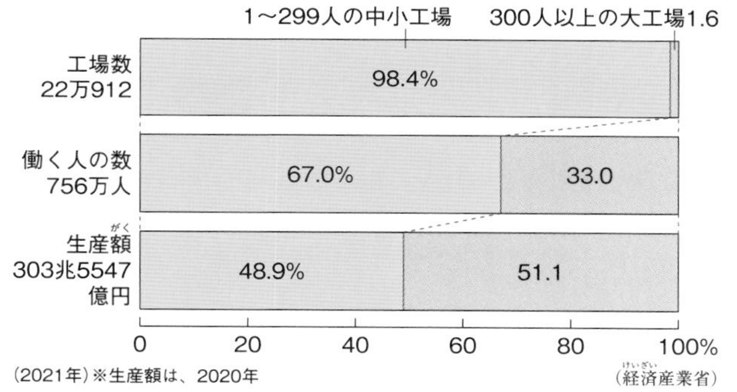

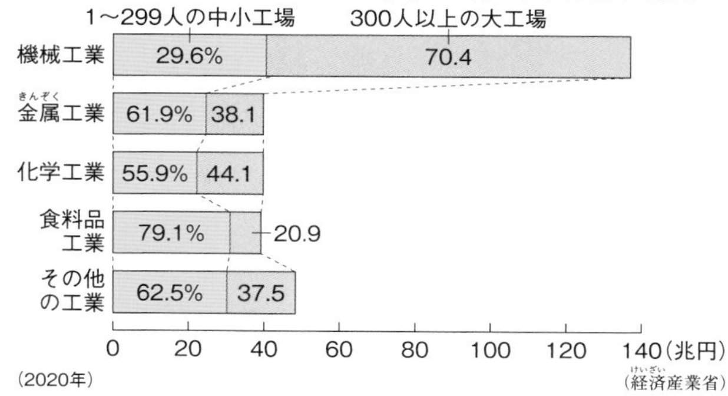

(1) あ、いからわかることを、次から2つ選びましょう。　(　　)(　　)

㋐ 全体の生産額をみると、中小工場と大工場の割合はあまり変わらないが、機械工業の生産額の割合は大工場のほうがかなり高くなっている。

㋑ 多くの人が大工場で働き、工場の数も大工場のほうが多い。

㋒ 食料品工業の生産額の割合では、中小工場のほうが高い。

㋓ 工場数や働く人の数は中小工場が多く、金属工業の生産額の割合は大工場のほうが高い。

(2) 日本の工場について、**あやまっているもの**を次から選びましょう。　(　　)

㋐ 中小工場は大工場の生産を支えている。　㋑ 中小工場どうしで情報を交かんする。

㋒ わかい働き手が増えている。　㋓ 新しい製品を開発している。

4 これからの工業　次の問いに答えましょう。

1つ4〔16点〕

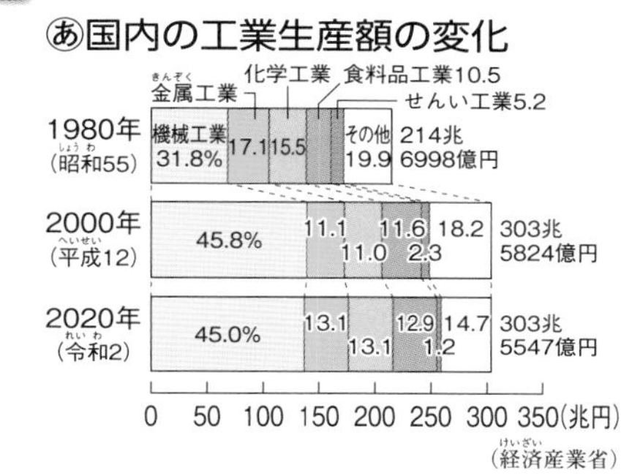

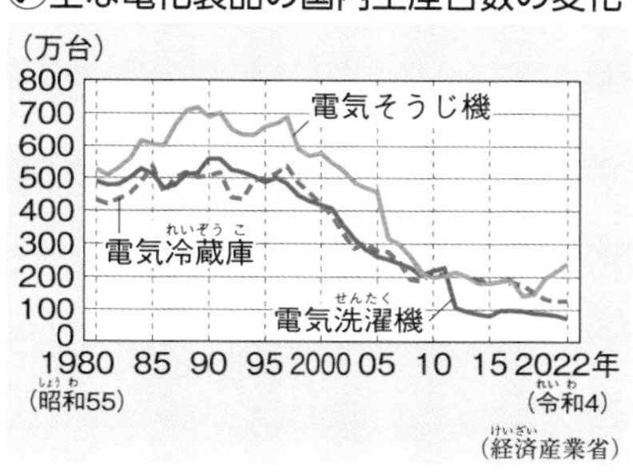

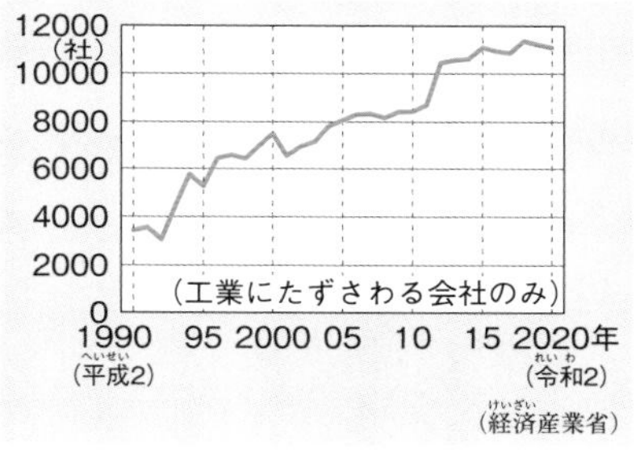

思考

(1) 次の話は、どの**資料**を見たものですか。上のあ～うから2つずつ選びましょう。

①(　　、　　)　②(　　、　　)

①

電化製品の生産台数がだんだん減っているけど、工業生産額は40年前より増えたよ。

②

電化製品の国内生産台数が減って、外国にある日本の会社が増えたよ。海外生産しているのかな。

記述

(2) 日本の工場が海外生産を行う利点を**費用**の言葉を使ってかんたんに書きましょう。

(　　　　　　　　　　　　　　　　　　　　)

(3) 南部鉄器の内がまを使った電気炊飯器が開発されました。生かした技術にあてはまるものを、次から選びましょう。　(　　)

㋐ 最先端の技術　㋑ 伝統の技術　㋒ 精度の高い技術

勉強した日　月　日

工業やくらしを支える資源・エネルギー

基本のワーク

学習の目標
新しい資源・エネルギーの特色について確かめましょう。

教科書 172～173ページ　答え 15ページ

「3　日本の工業生産の今と未来」（72 ～ 79ページ）の発展的内容です。

1 新たな資源・エネルギーを求めて①

よみトク！資料

●原油や石炭などの**化石燃料**を大量に燃やすと、多くの①（　　　　）が排出される。

●地球の気温が高くなる②（　　　　）化や空気のよごれなど、環境に大きなえいきょうをおよぼす。

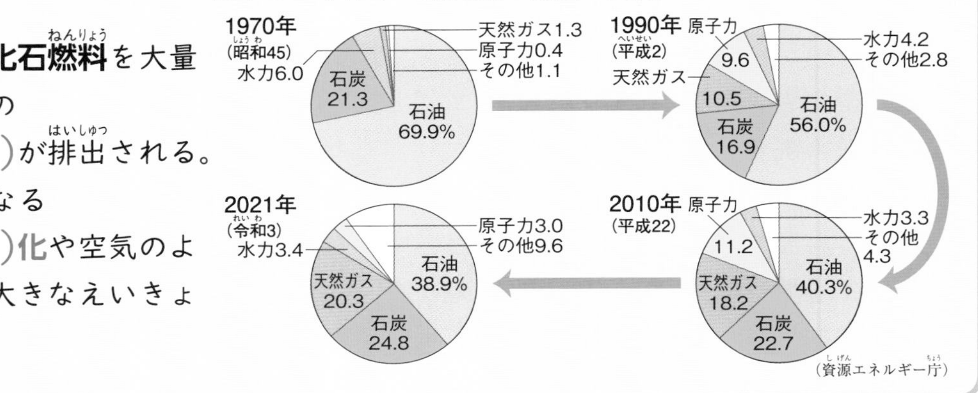

●ガスを発生させず、より効率のよい**エネルギー**として、③（　　　　）の利用が進められてきたが、使い終わった燃料をどのように処理するのかといった問題がある。

●2011年に発生した④（　　　　）**大震災**では、原子力発電所の一つが⑤（　　　　）を起こし、今も広い地域で人々のくらしに大きなえいきょうをおよぼしている。

●原子力の他に、より安全性が高く、使いきる心配のないエネルギーの開発が進む。

2 新たな資源・エネルギーを求めて②／資源・エネルギーの使い方を見直す

大きな自然の力を生かす

●強風を利用して大きな⑥（　　　　）を回す。

●火山が多いことを生かし、地下の⑦（　　　　）を利用。

●積もった大量の雪を、⑧（　　　　）の冷房などに利用する。

●太陽からふり注ぐ⑨（　　　　）から、熱や電気を生み出す。

地熱発電所

すてていた物を生かす

●植物の一部や、動物のふん尿などを使って⑩（　　　　）**エネルギー**を生み出す。

●使い終わった天ぷら油、さとうきびのしぼり⑪（　　　　）からつくった燃料や林業で出た木のくずを燃やして発電する。

国内で豊富にあるものを原料にする

●木からできる紙の⑫（　　　　）を細かくほぐしたセルロースナノファイバーは、鉄よりも軽く、強度がある。

資源・エネルギーの使い方を見直す

●わたしたちがくらしの中で、消費する資源やエネルギーの⑬（　　　　）を減らせるかどうかを考えることが大切。

これらの資源は生み出せるエネルギー量や、設備にかかる費用など課題もあるよ。

しゃかいか工場
資源がなくなる心配がなく、くり返し使うことができるエネルギーを再生可能エネルギーといい、二酸化炭素を排出しない、環境にやさしいエネルギーとして注目されているよ。

練習のワーク

教科書 172～173ページ　答え 15ページ

できた数　／13問中

1 次の問いに答えましょう。

日本のエネルギー消費量の割合の変化

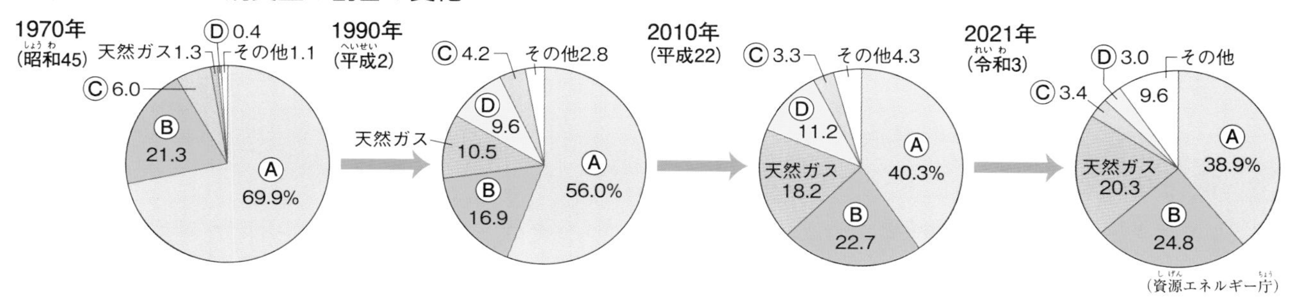

(資源エネルギー庁)

(1) 上の**グラフ**のⒶ～Ⓓにあてはまるものを、次からそれぞれ選びましょう。

Ⓐ(　　) Ⓑ(　　) Ⓒ(　　) Ⓓ(　　)

㋐ 石油　㋑ 水力　㋒ 石炭　㋓ 原子力

(2) 原油や石炭のことをあわせて何燃料といいますか。(　　　)

(3) 次の**図**の□にあてはまる言葉を、右の□からそれぞれ選びましょう。

①(　　　) ②(　　　) ③(　　　)

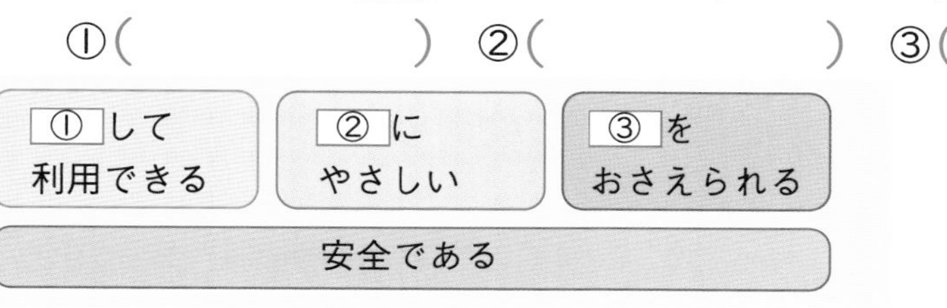

費用
安定
環境

2 次の問いに答えましょう。

(1) 自然を利用し、使いきる心配のないエネルギーを、次から選びましょう。(　　)

㋐ 風を利用して風車を回してつくる電気。　㋑ 石油を燃やしてつくる電気。

㋒ 石炭を燃やしてつくる電気。

(2) 右の文の①・②にあてはまる言葉を、次からそれぞれ選びましょう。

①(　　) ②(　　)

㋐ さとうきび
㋑ 木
㋒ 動物のふん尿

(①)のしぼりかすから燃料をつくったり、(②)のくずを燃やして発電したりする取り組みが増えている。

(3) (2)の文のようにして生み出すエネルギーを何といいますか。(　　　)

(4) 右の**絵**は、木を原料につくった軽くて強度のあるセルロースナノファイバーという素材をかいたものです。この素材が注目される理由を次から選びましょう。(　　)

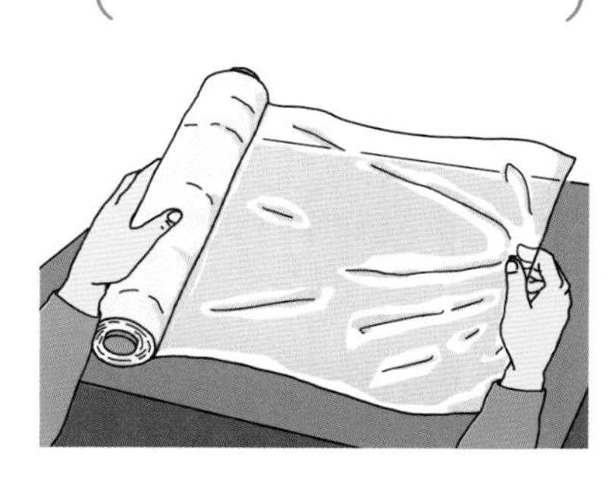

㋐ 日本国内に豊富にある森林からつくれるから。

㋑ これまであった素材より値段が安いから。

㋒ これまでの素材よりも早くつくれるから。

ポイント **安全で、いつまでも使えるエネルギー開発が進む。**

勉強した日　月　日

◆1　情報を伝える人々とわたしたち①

学習の目標
情報の特色やニュース番組ができる過程について確かめましょう。

基本のワーク

教科書 174～179ページ　答え 15ページ

「新聞社のはたらきとわたしたちのくらし」(86、87ページ) とおきかえて学習できます。

1 身のまわりの情報／情報はどこから？

●物事を人に伝える知らせを①(　　　　)といい、②(　　　　)や音、映像、電子データなどさまざまな形がある。

情報はどこから？

●③(　　　　)…情報を記録・伝達する物や、手段。

●一度にたくさんの人に情報を伝えるものを**マスメディア**とよぶ。

◆④(　　　　)は多くの人が利用している。

ニュースを得るときに利用するメディア

テレビ	⑤(　　　　)(ニュースサイト)	⑥(　　　　)
…100人当たり79人	…100人当たり61人	…100人当たり33人
インターネット(ソーシャルメディア)	⑦(　　　　)	雑誌
…100人当たり29人	…100人当たり14人	…100人当たり3人

(2021年　総務省)

2 放送局がつくるニュース番組ができるまで

●ニュース番組は、⑧(　　　　)や**カメラマン**たちが収集した情報をもとにつくられる。

●放送局の人たちは、大量の情報の中から⑨(　　　　)するものを選び、わかりやすく⑩(　　　　)して情報をわたしたちのもとにとどけている。

よみトク！資料　ニュース番組ができるまで

●情報を集める	●情報を選ぶ・編集する	●情報を伝える
⑪(　　　　)		⑭(　　　　)の放送
◆記者、カメラマンが事故や事件の⑫(　　　　)にかけつけ、インタビューと映像をとる。	◆打ち合わせで、ニュースの内容や順番を確かめる。 ◆映像の編集や文字を画面にうつす⑬(　　　　)や図をつくる。	◆スタジオでは、見やすさに気をつけてカメラを操作する。 ◆放送中は⑮(　　　　)で画面や字幕の切りかえをする。

テレビのニュース番組の記者は、海外でも取材をしているよ。このような、外国に派遣される記者のことを特派員というんだ。

練習のワーク

教科書 174〜179ページ 答え 15ページ

できた数 ／13問中

1 右の資料を見て、次の問いに答えましょう。

(1) 一度にたくさんの人に情報を伝えるメディアを何といいますか。( )

(2) 右の**資料**の㋐〜㋕から、利用する人が多いメディアを2つ選びましょう。

( )
( )

ニュースを得るときに利用するメディア

㋐テレビ…100人当たり79人	㋑インターネット（ニュースサイト）…100人当たり61人		㋒新聞…100人当たり33人
㋓インターネット（ソーシャルメディア）…100人当たり29人		㋔ラジオ…100人当たり14人	㋕雑誌…100人当たり3人

(2021年 総務省)

(3) 右の**グラフ**は、あるテレビ放送局の1週間の放送内容の割合を示しています。この放送局で最も長い時間放送している番組を、次から選びましょう。 ( )

㋐ ごらく番組 ㋑ 報道番組
㋒ 教養番組 ㋓ 教育番組

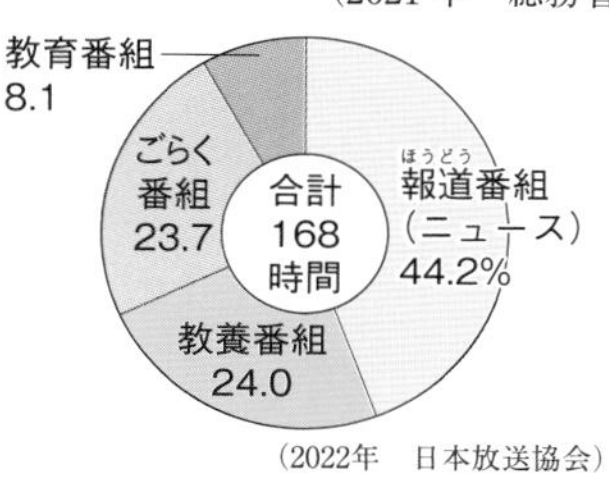

(2022年 日本放送協会)

2 次の絵は、テレビのニュース番組に関わる人々の仕事の様子を示しています。これを見て、あとの問いに答えましょう。

㋐

㋑

㋒

㋓

(1) ①〜④にあてはまる仕事の様子を㋐〜㋓からそれぞれ選びましょう。

① ニュースの内容や順番について、打ち合わせを行っている。 ( )

② 事故や事件の現場で、取材や中継を行っている。 ( )

③ 本番の放送が行われている。 ( )

④ 番組で放送する映像などを編集している。 ( )

(2) Ⓐ、Ⓑの仕事について、次の問いに答えましょう。

① Ⓐ、Ⓑの人を、それぞれ何といいますか。

Ⓐ( )
Ⓑ( )

② Ⓐの人が関係者に会って話を聞くことがあります。このことをカタカナで何といいますか。 ( )

(3) 次の文の□にあてはまる言葉を、□からそれぞれ選びましょう。

①( ) ②( )

●ニュース番組の本番の放送のとき、①では、ニュースが正しく伝わるように画面や字幕の切りかえをしたり、②と中継現場を結んだりしている。

スタジオ
副調整室

ポイント わたしたちは、多くの情報をマスメディアから受け取っている。

勉強した日　月　日

◆1 情報を伝える人々とわたしたち②

学習の目標
ニュース番組を制作する際の放送局の人々の思いを確かめましょう。

基本のワーク

教科書 180〜183ページ　答え 16ページ

1 ニュースにかける思い

よみトク！資料　ある日のニュース番組が放送されるまで

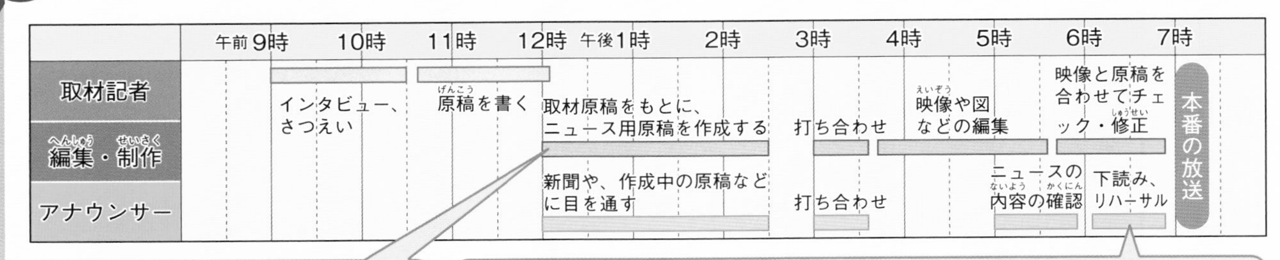

タイトルは20文字程度まで

本番で使う①(　　　　)で番組構成を確かめる。

取材記者が、気をつけていること

●②(　　　　)は、事実を確かめるため、③(　　　　)つだけでなく複数の取材先から情報を得るようにしている。

編集責任者が、気をつけていること

●ニュースの重大さや内容で、放送する④(　　　　)や時間などを決め、原稿と映像を⑤(　　　　)する。

●大きな新しいニュースがあれば、番組の予定を⑥(　　　　)て事故や事件の現場からの⑦(　　　　)に切りかえることもある。

●テレビは⑧(　　　　)の人に情報を伝えるため、あやまった情報や人をきずつけるような情報を流さないよう、スタッフが何重にも**内容の**⑨(　　　　)をする。

アナウンサーが、気をつけていること

●ニュースを**わかりやすく正確に**伝えられるように、本番前に⑩(　　　　)をくり返し読んで**内容を確認**している。

●ニュースの内容によっては、読む速さや顔の⑪(　　　　)を変えている。

本番前に、スタジオで番組の構成を確認する、リハーサルをするよ。

2 マスメディアとしての責任

マスメディアから発信される情報があたえるえいきょう

●放送局などの⑫(　　　　)が発信する情報は、多くの人の考え方や行動を決める**きっかけ**になる場合もある。

●⑬(　　　　)局では、意見が分かれるような問題については、賛成と⑭(　　　　)、期待と不安など、⑮(　　　　)の意見を取り上げるようにして、**かたよりのない伝え方**をするように心がけている。

しゃかいか工場　テレビ放送は1953年に始まり、1960年にはカラー放送が始まったよ。2000年代には、インターネットテレビも配信されるようになったんだ。

練習のワーク

できた数　／15問中

教科書 180～183ページ　答え 16ページ

1 放送局の仕事について、次の話を読んで、あとの問いに答えましょう。

Ⓐ ニュース番組に必要な情報について、いろいろな人に取材し、原稿を書く仕事をする人がいます。

Ⓑ ニュース番組で原稿を読む仕事をする人もいます。

Ⓒ 取材してできあがった原稿と映像を、ニュース番組の時間に合わせて編集する仕事もありますね。

(1) Ⓐ・Ⓑの仕事をする人を、それぞれ何といいますか。

Ⓐ（　　　　　）Ⓑ（　　　　　）

(2) Ⓐ～Ⓒの仕事をする人が気をつけていることを、次からそれぞれ選びましょう。

Ⓐ（　　）Ⓑ（　　）Ⓒ（　　）

㋐ ニュースをわかりやすく正確に伝えるようにしている。
㋑ いろいろなところから情報を得て、事実を確かめるようにしている。
㋒ あやまった情報を流さないように、内容のチェックを重ねている。

(3) Ⓑの人について説明した次の文の□にあてはまる言葉を、それぞれ書きましょう。

①（　　　　　）②（　　　　　）

ニュースの ① に応じて、読む ② や顔の表情などを変えるようにしている。

(4) 本番の前に、スタジオで番組の構成や順番の確認をすることを何といいますか。

（　　　　　）

2 次の問いに答えましょう。

(1) 次の①～④の番組から決まる行動の例として考えられるものを、あとからそれぞれ選びましょう。

①（　　）②（　　）③（　　）④（　　）

① 天気予報　② 選挙報道　③ 事故のニュース　④ ごらく番組

㋐ 道を歩くときは、車に気をつけよう。　㋑ 放送された店に行ってみたいな。
㋒ 今日は半そでを着て行こうかな。　㋓ この人に投票しよう。

(2) 次の文の①～③にあてはまる言葉を、あとからそれぞれ選びましょう。

①（　　）②（　　）③（　　）

放送局では、人によって意見が分かれる問題については、（ ① ）と反対、期待と（ ② ）などといった両方の意見を取り上げ、（ ③ ）伝え方をするように心がけている。

㋐ 否決　㋑ 賛成　㋒ 不満　㋓ 不安　㋔ かたよりのない　㋕ 正確な

ポイント　テレビ番組は人々の生活にえいきょうをおよぼしている。

勉強した日 月 日

◆1 情報を伝える人々とわたしたち③
◆ 新聞社のはたらきとわたしたちのくらし

学習の目標
情報を伝えるさまざまなメディアの特色と変化を確かめましょう。

基本のワーク

教科書 184〜189ページ　答え 16ページ

1 メディアの変化と、放送局の取り組み／まとめる

メディアの変化

●15年ほど前から①(　　　　)を持って外出する人が増えて、②(　　　　)を通じて情報を得ることが多くなった。

●たがいに情報を発信し受け取る③(　　　　)が広がる。

ソーシャルメディア
情報を発信しあえる。災害時でも連絡をとりやすい反面、まちがった情報が広まることもある。

よみトク！資料　情報を伝えるさまざまなメディア

	テレビ（放送局からの情報）	新聞（新聞社からの情報）	ラジオ（放送局からの情報）	インターネット（個人・団体からの情報）
情報の種類	④(　　　　)、音声	⑤(　　　　)、写真	⑥(　　　　)	映像、音声、文字、写真、絵
特色	■一度に広いはん囲に伝える。 ■番組を見る側からも情報を送ることができる。	■何度でも読み返せる。 ■持ち歩いたり、記事を切りぬいて保存したりできる。 ■号外で重大なニュースをすぐに伝える。	■電池式のものは停電時も使え、災害時の情報源になる。 ■持ち運びやすい⑦(　　　　)のものが多い。	■**けんさく**して知りたい情報が得られる。 ■スマートフォンや⑧(　　　　)を用いて情報を得る。 ■利用者も情報を発信。

●テレビ・新聞・ラジオは、インターネットでの発信も進んでいる。

放送局の取り組み

●テレビのニュース番組で、⑨(　　　　)がインターネットを利用して投稿した映像や写真、意見を使うことがある。わたしたちが情報の**発信者**となることも増えている。

●マスメディアの人たちは、⑩(　　　　)**ニュース**（うその情報）が事実ではないことを取材して確かめる「⑪(　　　　)」を行い、**正確な情報**の発信に努めている。

◆2 新聞社のはたらきとわたしたちのくらし

●新聞社では、日本や世界のできごとの情報を集め、⑫(　　　　)にして、新聞を発行。

●あるできごとについて情報を整理してくわしく説明することができる。地域のみりょくもくわしくのせている新聞もある。また、新聞社の意見を⑬(　　　　)として表している。

新聞がとどくまで

取材 → 編集会議 → 紙面の編集 → 紙面の校閲 → 印刷 → はん売店 → 読者

どの記事を一面の最初（トップ）にするかなど⑭(　　　　)の構成を話し合う。

しゃかいか工場
新聞では、まちがいを直す記事を次の日にのせているよ。テレビのニュースだと、まちがいがあったことを同じ番組内ですぐに伝えて、正しく直すことがあるね。

練習のワーク

教科書　184～189ページ　　答え　16ページ

1 次の問いに答えましょう。

情報通信機器を持っている家庭の割合

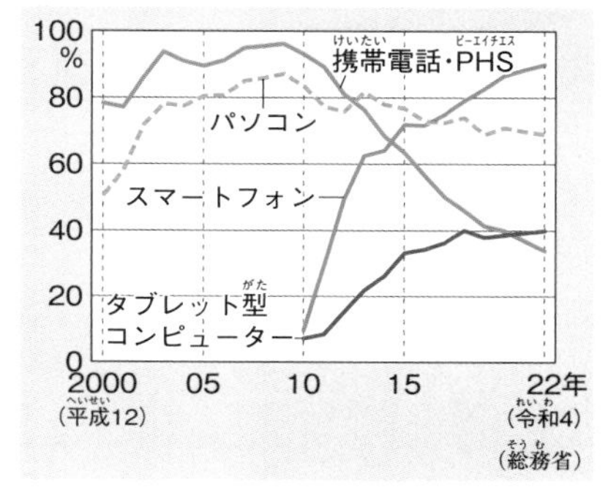

(1) 右のグラフを見て、2022年の持っている家庭の割合が①1位、②2位の情報通信機器をそれぞれ書きましょう。

①(　　　　　　)　②(　　　　　　)

(2) 次の文の□にあてはまる言葉を、あとからそれぞれ選びましょう。　①(　　)　②(　　)

●ソーシャルメディアは情報を ① に発信し、 ② ことができる。

㋐ 一方的　　㋑ たがい　　㋒ 受け取る　　㋓ 覚えておく

(3) 次の①～④のメディアの特色を、あとからそれぞれ選びましょう。

①(　　)　②(　　)　③(　　)　④(　　)

① テレビ　　② 新聞　　③ ラジオ　　④ インターネット

㋐ 何度も読み返すことができ、記事を切りぬいて保存することができる。
㋑ 停電しても、電池式のものを使って情報を聞くことができる。
㋒ 電波や回線がつながっている場所では、知りたい情報をすぐに調べることができる。
㋓ 情報を一度に広いはん囲に映像と音声を通してわかりやすく伝えることができる。

(4) 次の文の①・②にあてはまる言葉を、あとからそれぞれ選びましょう。

①(　　)　②(　　)

> 放送局では、フェイクニュースではないことを確かめる「ファクトチェック」などを行い、(①)の発信に努めることで、(②)としての責任を果たそうとしている。

㋐ 正確な新しい情報　　㋑ マスメディア　　㋒ 視聴者

2 次の問いに答えましょう。

(1) 新聞の特色としてあてはまるものを、次から２つ選びましょう。

(　　)(　　)

㋐ 情報を整理してくわしく説明することを大切にしている。
㋑ 字幕や映像の編集をして、放送時間の中でおさまるようにする作業がある。
㋒ 地域のみりょくものせている。
㋓ 他のメディアに比べ、すばやく情報を発信することができる。

(2) 次の①～③のことを何といいますか。右の□からそれぞれ選びましょう。

①(　　　　)　②(　　　　)　③(　　　　)

① できあがった紙面を何度も読み通して、まちがいがないか確かめること。
② 新聞社の意見を表している記事のこと。
③ インターネットを利用して配信している新聞のこと。

社説
校閲
電子版

ポイント　わたしたちが情報の発信者となることも増えている。

勉強した日　　月　　日

まとめのテスト

◆1　情報を伝える人々とわたしたち

得点　　/100点

教科書　174～189ページ　　答え　16ページ

1 ニュース番組　**次のカードは、ニュース番組に関わる人々の仕事の様子についてまとめたものです。これらを見て、あとの問いに答えましょう。**　1つ4、(1)①は1つ2〔44点〕

㋐　カメラマンとともに事故や事件の現場に行き、映像をとったりインタビューをしたりして情報を集める。

㋑　くわしく集めた情報や映像をもとにして、見る人にわかりやすく字幕や図とともにまとめる。

㋒　番組の内容についての打ち合わせの中心となり、その日の放送の内容を確かめる。<u>内容のチェックを何度も重ねる。</u>

㋓　本番の放送で原稿を読む。<u>本番前には、原稿に線を引いたり、くり返し読んで内容を確認したりする。</u>

(1)　次の**資料**は㋐～㋓の人の仕事の様子を示しています。あとの問いに答えましょう。

Ⓐ 
Ⓑ 
Ⓒ 
Ⓓ 

よく出る
①　㋐～㋓にあてはまる仕事の様子をⒶ～Ⓓからそれぞれ選びましょう。また、あてはまる人を、次からそれぞれ選びましょう。

㋐仕事(　　)人(　　)　㋑仕事(　　)人(　　)
㋒仕事(　　)人(　　)　㋓仕事(　　)人(　　)

㋐　記者　　㋑　編集責任者　　㋒　アナウンサー　　㋓　映像編集

②　Ⓐ～Ⓓをニュース番組が放送されるまでの順にならべましょう。

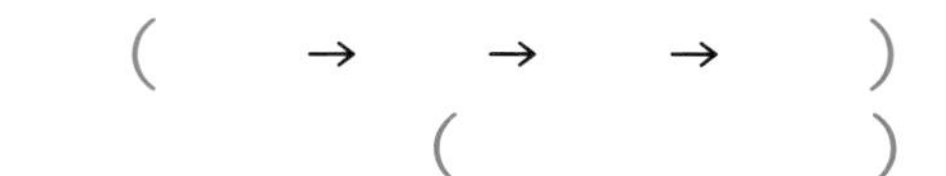
(　　→　　→　　→　　)

よく出る
(2)　㋐の人が、現場で情報を集めることを何といいますか。　(　　　)

(3)　――線部の仕事について次のように話しています。□にあてはまる言葉をそれぞれ書きましょう。　①(　　　)　②(　　　)

(4)　ニュース番組で、次のことを行う理由を、あとからそれぞれ選びましょう。

①　ニュースのタイトルを20文字ほどにおさめる。　(　　)

②　インターネット上のアクセス数を参考にする。　(　　)

③　災害が起こると番組やニュースを中断する。　(　　)

㋐　大勢が求める情報を伝えたいから。　㋑　大勢が知らない情報を伝えたいから。

㋒　テレビは文字を何度も読み返せないから。　㋓　今起きていることを伝えたいから。

2 さまざまなメディア 次の表を見て、あとの問いに答えましょう。

(1)1つ3、(2)1つ4〔28点〕

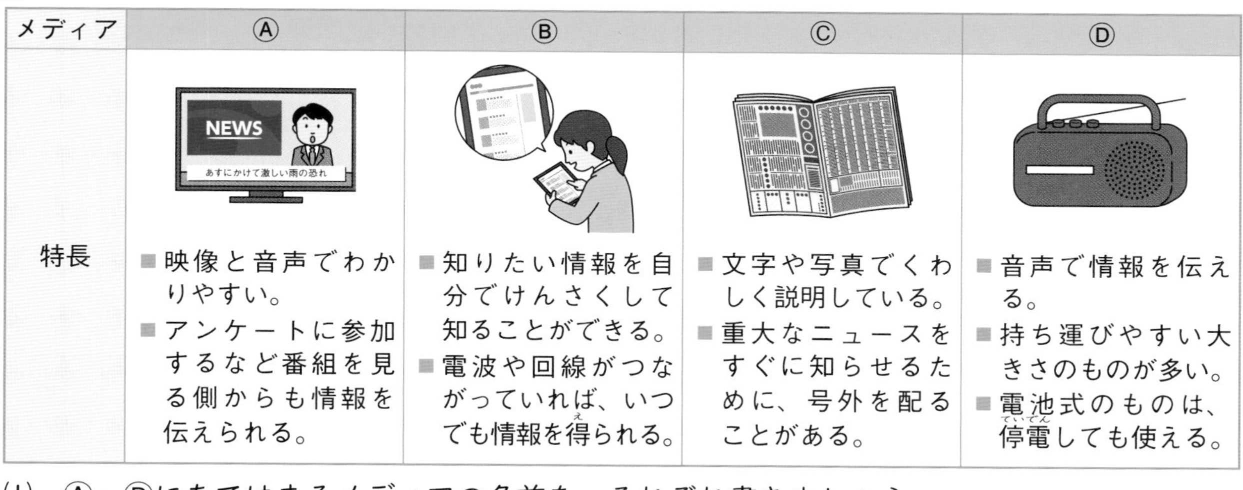

メディア	Ⓐ	Ⓑ	Ⓒ	Ⓓ
特長	■映像と音声でわかりやすい。 ■アンケートに参加するなど番組を見る側からも情報を伝えられる。	■知りたい情報を自分でけんさくして知ることができる。 ■電波や回線がつながっていれば、いつでも情報を得られる。	■文字や写真でくわしく説明している。 ■重大なニュースをすぐに知らせるために、号外を配ることがある。	■音声で情報を伝える。 ■持ち運びやすい大きさのものが多い。 ■電池式のものは、停電しても使える。

よく出る

(1) Ⓐ～Ⓓにあてはまるメディアの名前を、それぞれ書きましょう。

Ⓐ(　　　　) Ⓑ(　　　　) Ⓒ(　　　　) Ⓓ(　　　　)

(2) 次のようなときは、どのメディアを使うとよいですか。Ⓐ～Ⓓからそれぞれ選びましょう。

① その日に起きた重要なできごとを映像でまとめて知りたい。(　　)
② 災害で回線がつながらないときに新しい情報を知りたい。(　　)
③ 気になる記事を切りぬいて保存し、持ち歩きたい。(　　)
④ 1つのできごとについて、いろいろな情報を知りたい。(　　)

3 メディアの変化 次の問いに答えましょう。

1つ4〔28点〕

思考

(1) 次の内容を調べるときに使う**資料**として最もよいものを、あとからそれぞれ選びましょう。

① インターネットを利用するときによく使われる機器は何か。(　　)
② 多くの人はどのような手段でニュースを知るのか。(　　)
③ テレビはどんな内容の放送をどれくらい行うのか。(　　)

㋐情報通信機器を持っている家庭の割合

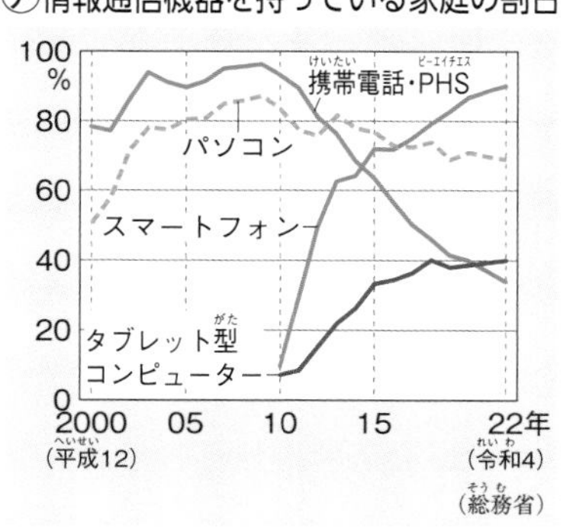

㋑テレビの1週間の放送内容

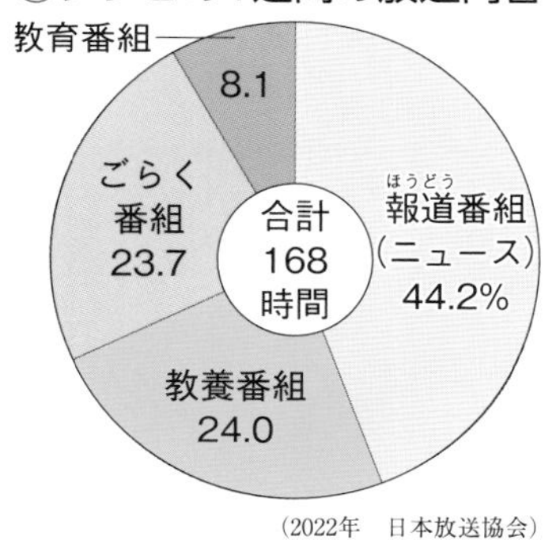

(2022年　日本放送協会)

㋒ニュースを得るときに利用するメディア
(100人当たり)

テレビ	79人
新聞	33人
インターネット(ニュースサイト)	61人
ラジオ	14人

(2021年　総務省)

(2) 次の文の①～④にあてはまる言葉を、あとからそれぞれ選びましょう。

①(　　) ②(　　) ③(　　) ④(　　)

時代の変化に合わせて、いろいろなメディアが登場している。(①)メディアは大勢の人が情報を発信して受け取りあい、大きな災害のときにたがいに無事の(②)がとりやすい。一方、人々が自由に情報を発信できるので、(③)情報が広まる可能性がある。情報が事実かどうか(④)チェックをして正確な情報の発信に努めることが大切である。

㋐ ソーシャル　㋑ ファクト　㋒ まちがった　㋓ 正しい　㋔ 確認

勉強した日　月　日

◆2 くらしと産業を変える情報通信技術①

学習の目標
情報通信技術が、どのように活用されているかを確認しましょう。

基本のワーク

教科書 190〜195ページ　答え 17ページ

96 〜 97ページの学習とおきかえて学習できます。

1 くらしの中に広がる情報通信技術（ICT）

- 情報のやりとりに使われる①（　　　　）（ICT）がくらしの中に広がる。
- 買い物の支はらいでは、現金を使わない②（　　　　）が増加。
  - ◆ ICカードやスマートフォンを利用した③（　　　　）マネーで支はらう。
    ➡インターネットを通じて買える品物も増えている。
- 店では、キャッシュレスに対応した④（　　　　）を整備。➡消費者が買った商品の情報が店に集まり、後で活用できる。

情報通信技術（ICT）
コンピューターなどを使い、大量の情報を管理したり、すぐにやりとりしたりできるしくみ。

2 店で活用する情報通信技術

店での情報通信技術の活用のしくみ

- 多くの店では、⑤（　　　　）システムが使われている。商品につく⑥（　　　　）を機械で読み取り、「**いつ、どの商品が、いくらで、いくつ売れたか**」という情報を記録。
  - ◆ 店では、これらの情報を生かして商品の⑦（　　　　）をする量を決めている。

よみトク！資料　チェーン店と本部や物流センターとのつながり

売れ行きや発注の情報 →　← 売り方を提案

チェーンの本部

各店の発注の情報 →　工場・農協など（仕入れ先）

↓商品をおさめる

全国各地の⑧（　　　　）

← 各店へ商品を運ぶ

- 全国各地に⑨（　　　　）店がある会社では、POSシステムを通じて、それぞれの店の売れ行きの情報を⑩（　　　　）に集めている。
- 店からの発注にも⑪（　　　　）技術を使い、本部に情報を集める。大量に集まった情報を生かすと、1つの店だけではわからなかったことにも気づくことができる。

3 大量の情報を生かそうとする人たち

情報を生かすための取り組み

- チェーン店をもつ会社では、毎日集まる大量の⑫（　　　　）を分析し、生かしている。
- 消費者が支はらいのときに電子マネーやポイントカードを使うと、利用者ごとの買い物の記録が集まり、新たな⑬（　　　　）ができるようになる。➡消費者も買い物が便利になる。
- 会社などが、自分たちの商品やサービスをよりたくさんの人に買ったり利用したりしてもらうためのしくみを考え、つくることを⑭（　　　　）という。

ICカードがあれば電車やバスに乗ったり、買い物をしたりすることもできるよ。ICカードの情報のやりとりには、IC（集積回路）が使われているよ。

練習のワーク

教科書 190〜195ページ　答え 17ページ

1 次の問いに答えましょう。

(1) 情報通信技術のことをアルファベット３文字で何といいますか。　(　　　　)

(2) 電子マネーでの支はらいに利用されているものを、次から２つ選びましょう。　(　　)(　　)

㋐ スマートフォン　㋑ ラジオ
㋒ ＩＣカード　㋓ 現金

(3) 右の**グラフ**は、インターネットショッピングの売り上げ額の変化を示しています。これを見て、次の文の{　}にあてはまる言葉に○を書きましょう。

●2021年のインターネットショッピングの売り上げ額は、およそ①{ 12兆円　20兆円 }である。

●2021年のインターネットショッピングの売り上げ額は、2011年の②{ ２倍以上　３倍以上 }になっている。

インターネットショッピングの売り上げ額の変化

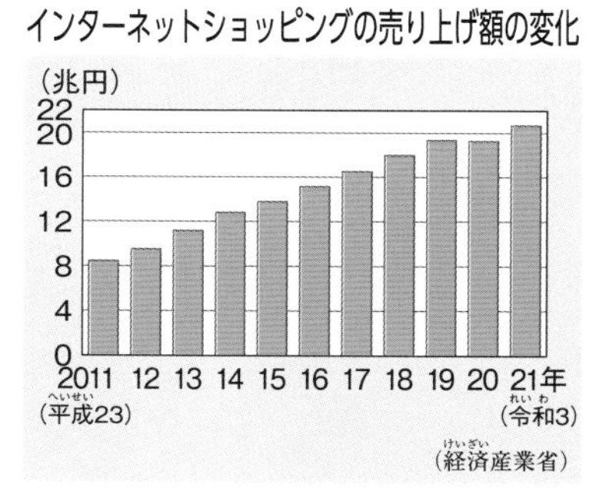

2 次の問いに答えましょう。

(1) 次の文の□にあてはまる言葉を、あとからそれぞれ選びましょう。
①(　　)　②(　　)　③(　　)

店での売れ行きの情報を管理するためのしくみを ① といい、それぞれの商品の売れた日時や ② 、値段などの情報が、 ③ に送られ、保存される。

㋐ 数量　㋑ コンピューター　㋒ POSシステム

(2) 右の**写真**は、コンビニエンスストアのレジでの様子を示しています。これについて、次の問いに答えましょう。

① 商品についている何を読み取っている様子ですか。　(　　　　)

② ①を読み取ってできることを、次から選びましょう。　(　　)

㋐ 商品にどのような成分が使われているかを調べられる。
㋑ いつ、どの商品がいくつ売れたかを記録できる。
㋒ 商品が、いつ、どこで、だれによってつくられたかを調べられる。

(3) 次の①〜③は、チェーン店をもつ会社の本部の人と、チェーン店のお店の人が行うことです。本部の人のものにはⒶを、お店の人のものにはⒷをそれぞれ書きましょう。

① ポイントカードの情報を生かし、一人一人にきめ細かいサービスを行う。　(　　)
② 売れ残りや売り切れがないように商品を発注する。　(　　)
③ いくつかの店のデータを組み合わせて、仕入れの量を提案する。　(　　)

店や会社は、大量の情報を活用して商品やサービスをとどける。

勉強した日　月　日

◆2　くらしと産業を変える情報通信技術②

学習の目標
情報通信技術を活用したサービスや課題について確認しましょう。

基本のワーク

教科書 196〜201ページ　答え 17ページ

1 情報通信技術によって広がるサービス

よみトク！資料　インターネットで注文できるサービス

消費者のニーズや、社会の課題

専用のアプリで、商品を選ぶ

買い物客

注文内容を見て、商品を取りそろえる

店

店で受け取り、支はらうだけ

家に配達してもらう

●①（　　　　　）を通じたはん売は、店をおとずれたことのない人や、遠くに住む人にも、②（　　　　　）を選び、買ってもらうチャンスを広げる。

●飲食店では、③（　　　　　）からの注文で、家まで料理をとどける宅配サービスが広がる。

●店を開ける④（　　　　　）をおさえるために、インターネット上だけで商品をはん売する人たちも増えている。

情報の活用と新たな取り組み

●インターネットを通じた買い物は、利用者の行動がすべて⑤（　　　　　）として残るため、その情報を生かしてさらに個人に応じた⑥（　　　　　）の提供が可能。

●買い物の記録をもとに、⑦（　　　　　）（人工知能）を活用して、おすすめの商品を知らせるしくみを導入。

●店員のいない店やＡＩカメラなど、情報通信技術を活用した自動化・⑧（　　　　　）化の取り組みが広がりつつある。

ＡＩ（人工知能）
得た情報やもっている情報から、ある物事の特ちょうを発見したり、今後の予測をしたりできるコンピューターのこと。

2 これからの情報通信技術とわたしたちのくらし／まとめる／つなげる

これからの情報通信技術

●情報通信技術や情報通信業はますます発展していく。➡くらしや働き方が変化しつつある。
　◆2020年からの新型⑨（　　　　　）ウイルス感染症の広がりをおさえるために、インターネットを活用して⑩（　　　　　）で仕事を進めたり授業を受けたりする人が増えた。

情報通信技術の課題

●インターネットで⑪（　　　　　）中がつながっているため、重要な情報の⑫（　　　　　）や、コンピューターに異常をもたらす⑬（　　　　　）な情報の広がりは大きな被害へとつながる。
　◆データベースに不正に入りこむサイバーこうげきも発生。

●情報の利用者として⑭（　　　　　）をもって行動することが大切。どこでどのように個人情報などが使われる可能性があるかを考える必要がある。

名前や住所など、その人がだれかを特定することにつながるものが個人情報だよ。

しゃかいか工場　ＡＩ（人工知能）は、人間が運転にタッチせずに走る自動運転車や医療・介護用ロボットなど、多くの分野での応用が研究されているところなんだ。

練習のワーク

教科書 196〜201ページ　答え 17ページ

1 次の問いに答えましょう。

(1) 右の**図**は、インターネットで注文できるサービスを示しています。**図**の①〜③にあてはまる行動を、次からそれぞれ選びましょう。

①（　　）②（　　）③（　　）

①　②　③
にんじん カートに入れる　キャベツ カートに入れる
買い物客　店
家に配達してもらう

㋐ 店で受け取り、支はらいをする。
㋑ 専用のアプリで、商品を選ぶ。
㋒ 注文内容を見て、商品を取りそろえる。

(2) 次の文の□にあてはまる言葉を、あとからそれぞれ選びましょう。

①（　　）②（　　）③（　　）④（　　）

> □①□を通じた買い物は、利用者の行動がすべて情報として残るため、その情報を生かしてさらに個人に応じたサービスを提供することが可能になる。ＡＩとよばれる□②□を活用すると、それまでの買い物の□③□をもとに、おすすめの商品を知らせることもできる。買い物に限らず、インターネットやＡＩなどの□④□の活用は、わたしたちのくらしに欠かせないものになっている。

㋐ インターネット　㋑ 人工知能　㋒ 情報通信技術　㋓ 記録

2 次の問いに答えましょう。

(1) 次の①〜④は、情報通信技術を利用する中で不安に感じていることを示しています。それぞれの絵にあてはまる説明を、あとからそれぞれ選びましょう。

①（　　）②（　　）③（　　）④（　　）

㋐ クレジットカードの情報が守られているか不安。
㋑ 情報が多すぎて、どれが正しいのかわからない。
㋒ 自分の名前や住所などの情報がぬき取られて悪用されるかもしれない。
㋓ 次々に新しい技術が開発され、ついていくのが大変。

(2) 名前や住所など、その人がだれかを特定することにつながる情報を何といいますか。

（　　　　）

(3) インターネットを悪用して、会社や国などのデータベースに不正に入りこむなどのこうげきを何といいますか。

（　　　　）

ポイント 情報通信技術の発展で新たなサービスや取り組みが広がる。

勉強した日　月　日

◆2 くらしと産業を変える 情報通信技術

教科書 190〜201ページ　答え 17ページ

1 くらしの中に広がる情報通信技術 次の問いに答えましょう。 1つ5〔25点〕

(1) 右の**グラフ**について説明したものとして正しいものを、次から2つ選びましょう。（　　）（　　）

㋐ 電子マネーでの支はらい回数は、2011年から2019年まで、毎年増え続けた。

㋑ 電子マネーでの支はらい回数は、2011年は約20億回、2021年は約40億回である。

㋒ 電子マネーでの支はらい回数が、前年よりも大はばに増えたのは、2017年である。

㋓ 2019年の電子マネーでの支はらい回数は、2011年の3倍近くになっている。

電子マネーでの支はらい回数の変化

(億回)
70 60 50 40 30 20 10 0
2011(平成23) 12 13 14 15 16 17 18 19 20 21年(令和3)
(日本銀行)

(2) 次の文中の□にあてはまる言葉をそれぞれ書きましょう。

①（　　　　）②（　　　　）

電子マネーは、[①]フォンや、[②]を組みこんだカードなどで支はらいができる。

(3) 情報通信技術を活用した例に**あてはまらないもの**を、次から選びましょう。（　　）

㋐ パソコンなどを使って自宅で働く。　㋑ スマートフォンで映画の配信を見る。

㋒ インターネットで米を注文する。　㋓ 病院で患者の情報を紙に記録して管理する。

2 店や会社が活用する情報通信技術 次の問いに答えましょう。 1つ5〔20点〕

記述 (1) 多くの店で使われているPOSシステムとはどのようなシステムですか。**売れ行き**の言葉を使って、かんたんに書きましょう。

（　　　　　　　　　　　　　　　　）

思考 (2) 次の**資料**は、あるチェーン店の他店のデータを活用する前と、他店のデータを活用したあとの仕入れ数を示しています。これらを見て、わかることを、あとから2つ選びましょう。

（　　）（　　）

あデータを活用する前

仕入れの数	売れた数
パン　20	20
めん　30	21
牛乳　40	35

いデータを活用した後

仕入れの数	売れた数
パン　47	47
めん　30	29
牛乳　42	41

㋐ 他店のデータ活用後は数量が細かい。　㋑ 牛乳は売れた数を生かしている。

㋒ めんは前より売れないと予測している。　㋓ パンは他店のデータを生かしている。

(3) (2)のように、チェーン店をもつ会社などは、集まった大量の情報を生かしながら、商品やサービスをより多くの人にとどけるためのしくみを考え、つくっています。このことを何といいますか。カタカナ7文字で答えましょう。（　　　　）

3 情報通信技術で広がるサービス 次の文を読んで、あとの問いに答えましょう。 1つ5〔25点〕

近年、あインターネットを通じたはん売が広がっています。中には、いインターネット上だけで商品をはん売し、はじめから店をもたない人たちもいます。
インターネットを通じた買い物は、利用者の行動がすべて情報として残ります。会社などはこの情報を生かし、さらにう人工知能を活用することで、消費者におすすめの商品を知らせるようなしくみも取り入れています。

(1) あについて、次の問いに答えましょう。

① このサービスは消費者のどんなニーズに応えるものですか。次から2つ選びましょう。

( )( )

㋐

㋑

㋒

② 次の㋐〜㋒を、インターネットで商品を注文するときの流れの順にならべましょう。

(→ →)

㋐ 商品を店で受け取ったり、家に配達してもらったりする。
㋑ 専用のアプリで、商品を選ぶ。
㋒ 注文内容を見て、商品を取りそろえる。

記述 (2) いについて、店をもたずインターネット上だけで商品をはん売する利点を、かんたんに書きましょう。

( )

(3) うについて、人工知能をアルファベット2文字で何といいますか。 ( )

4 これからの情報通信技術 次の問いに答えましょう。 1つ5〔30点〕

(1) 次の文の{ }にあてはまる言葉に○を書きましょう。

●①{ 大量 少量 }の情報を処理するため、今後の情報通信技術や情報通信業は、さらに②{ おとろえ 発展し }ていくと考えられる。

(2) 右の**表**は、情報通信技術についてまとめたものです。Ⓐ、Ⓑにあてはまる文を、次からそれぞれ選びましょう。

Ⓐ( ) Ⓑ( )

㋐ 国などの重要な情報の流出が起こる。
㋑ 責任をもって行動する。
㋒ 昔からの伝統技術を生かす。
㋓ 専門家に課題を任せる。

問題点	●(Ⓐ) ●コンピューターに異常をもたらす有害な情報が広がる。
会社や国の取り組み	●厳重なしくみの開発や、個人情報を守るための法律を定める。
わたしたちがすべきこと	●(Ⓑ)

(3) 右の**表**中の個人情報に**あてはまらないもの**を、次から2つ選びましょう。

( )( )

㋐ 名前 ㋑ 生年月日 ㋒ 商品名 ㋓ ポイントカードのポイント数

勉強した日 月 日

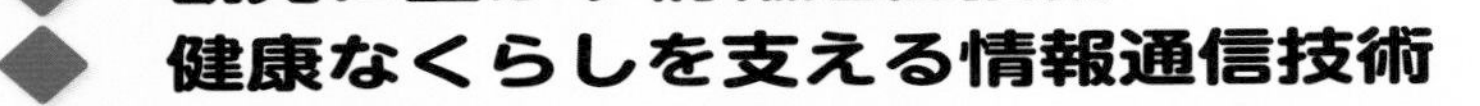

◆ 観光に生かす情報通信技術
◆ 健康なくらしを支える情報通信技術
◆ 大量の情報を生かす運輸・流通のしくみ

学習の目標
情報通信技術が、どのように活用されているかを確認しましょう。

基本のワーク

教科書 202〜207ページ　答え 18ページ

「2 くらしと産業を変える情報通信技術」(90〜95ページ)とおきかえて学習できます。

1 観光に生かす情報通信技術

●①(　　　　　)をおとずれる**外国人観光客**が増加。➡無料で②(　　　　　)が使えるタクシーや、さまざまな種類の③(　　　　)で見どころをガイドするサービスが広がる。

よみトク!資料　観光旅行と情報通信技術

●観光客が④(　　　　)やタブレット端末を使って情報を入手すると、何を調べたかなどの⑤(　　　　)が、**インターネット**を通じて残る。

●データを⑥(　　　　　)して、地域の新たなみりょくを発見し広めようと取り組む。

2 健康なくらしを支える情報通信技術

医療施設での情報ネットワークの利用

●⑦(　　　　　)**カルテ**を使う。➡患者の情報をすばやくやりとりでき、診察や検査の待ち時間が短くなった。
●医療施設の間でも患者の情報をすばやく正確にやりとりして、別の病院でも安心した診察や検査が受けられる。

高齢者を見守る

●日本では⑧(　　　　　)**化**が進む。➡一人でくらす高齢者を見守るため、動きを感知する⑨(　　　　　)や通信機つき電化製品の設置が増加。

佐賀県内の医療施設どうしのつながり

3 大量の情報を生かす運輸・流通のしくみ

●⑩(　　　　　)の数が増えてきたが、トラック運転手の数は増えていない。流通に関わる人々は、⑪(　　　　　)のよい宅配のため**大量の情報(データ)**を活用。
●宅配会社では、宅配データを分析して、むだのない⑫(　　　　　)を導き出せるシステムを開発している。

注文から配達までの流れ

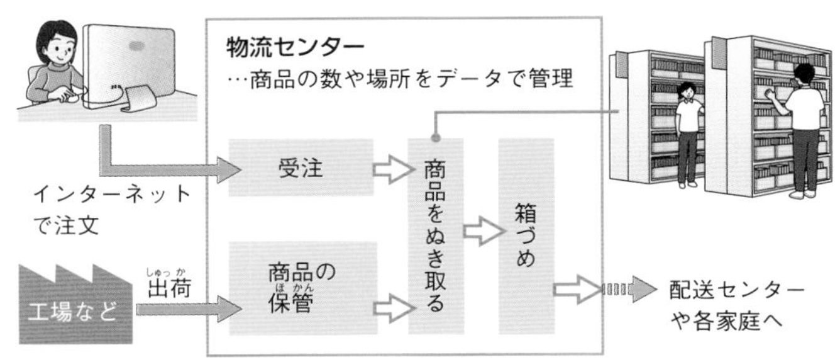

しゃかいか工場
電気やガスがふだんと変わりなく使われているかどうかを見るものなど、一人ぐらしの高齢者を見守るしくみにはさまざまなものがあるよ。

練習のワーク

教科書 202〜207ページ　答え 18ページ

1 次の問いに答えましょう。

(1) 右のグラフを見て、①、②のこまったことを改善する方法として、あてはまるものを、あとからそれぞれ選びましょう。

① インターネットの接続サービスが少ない。

② 言葉が通じない。　①（　　）②（　　）

㋐ タクシーでインターネットを無料で使える。

㋑ さまざまな言語でガイドしてくれるサービスがある。

外国人観光客が日本での旅行中にこまったこと

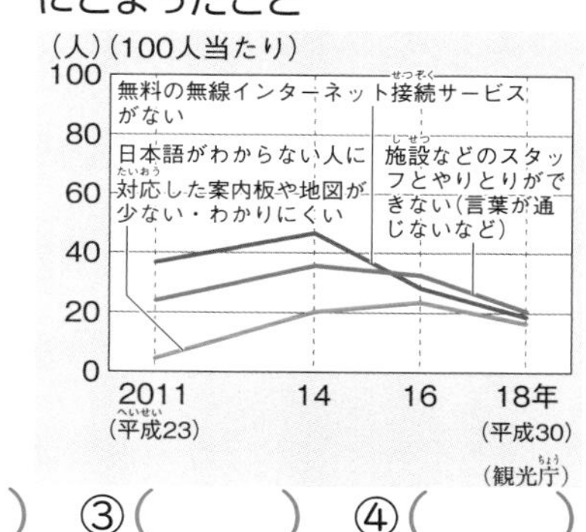

(2) 次の文の□にあてはまる言葉を、あとからそれぞれ選びましょう。

①（　　）②（　　）③（　　）④（　　）

> 観光客が ① などを利用して情報を入手すると、「いつ、どこで、何を調べたか」などのデータが ② を通じて残る。 ③ 、ホテルや旅館、店、交通機関に関わる人々は、これらのデータを分析して、新たな観光プランや ④ や名所となるものを協力して考える。

㋐ スマートフォン　㋑ テーマパーク　㋒ 特産品　㋓ インターネット

2 次の問いに答えましょう。

(1) 健康なくらしを支える情報通信技術について、次の問いに答えましょう。

① 病院では電子カルテを使い、情報ネットワークでつないださまざまな場所で電子カルテを見ることができるようになりました。これによりどんな変化がありましたか。次から2つ選びましょう。（　　）（　　）

㋐ さまざまな患者に対して同じ検査を何度もできるようになった。

㋑ 別の病院でも患者の情報をすぐに確認して、診察ができるようになった。

㋒ 電子カルテを使える人が少なく、病院で働く人の負担が大きく増えた。

㋓ 電子カルテなどのデータから医療費を自動で計算できるようになった。

② 高齢者を見守るための情報通信技術を、次から2つ選びましょう。（　　）（　　）

㋐ 動きを感知するセンサー　㋑ POSシステム

㋒ 通信機つき電化製品　㋓ ICカード

3 運輸・流通での情報通信技術の活用について、次の文の①〜③にあてはまる言葉を、あとからそれぞれ選びましょう。

①（　　）②（　　）③（　　）

●物流センターは商品の数や場所を（ ① ）で管理しており、インターネットで注文を受けた場合、その商品をぬき取って（ ② ）し、（ ③ ）センターや各家庭へ配達する。

㋐ 箱づめ　㋑ 配送　㋒ データ

ポイント 観光や医療、運輸・流通でも情報通信技術が活用されている。

勉強した日 月 日

1 自然災害とともに生きる①

学習の目標
日本ではどんな自然災害が発生しているか確かめましょう。

基本のワーク

教科書 208〜213ページ　答え 18ページ

1 国土の自然がもたらすもの／自然災害と国土の自然条件

国土の自然とくらしや産業との関わり

●①(　　　　)の大きな力がわたしたちのくらしや産業をおびやかすこともある。

よみトク！地図 自然災害の発生

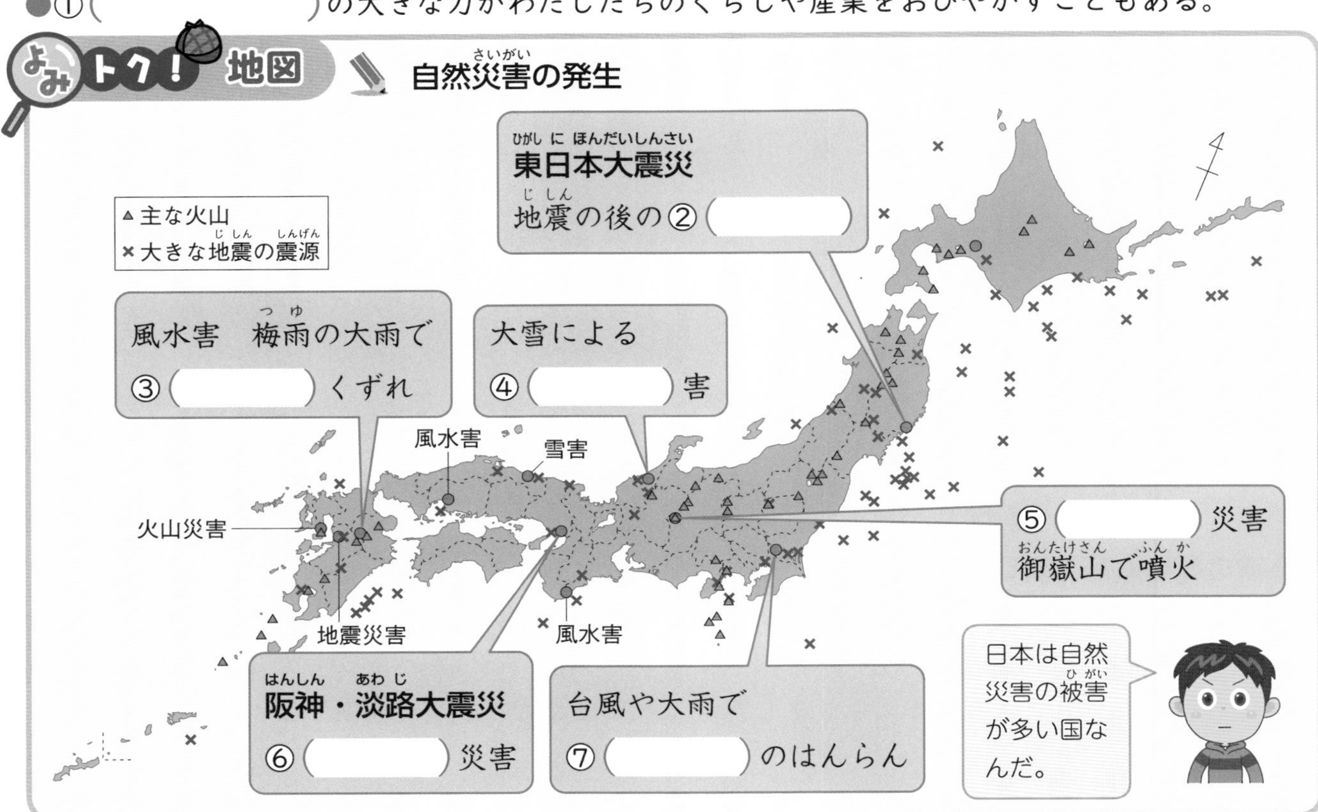

●大きな自然災害が発生すると人の命がうばわれたり、住む場所を失って⑧(　　　　)生活を送ることになったり、広い地域で電気やガス、⑨(　　　　)が止まったりする。

2 くり返す自然災害

これまでの自然災害と対策

●2011年３月11日、⑩(　　　　)地方の太平洋沖で大きな地震が発生。
◆⑪(　　　　)ぞいの地域を大きな津波がおそう。

●国は、過去の地震の⑫(　　　　)などをもとに、今後の地震の発生や被害を⑬(　　　　)し、発表している。

●どのような自然⑭(　　　　)が発生しやすいかを知っておくことが大切。

三陸海岸のあたりの大津波の被害（1600年より後の主な被害）

年	被害の様子
1611年	北海道東部なども被災した。死者が数千名。
1677年	主に宮城県から千葉県まで被災した。死者が数百名。
1896年	北海道南岸部まで広く被災した。死者が21959名。
1933年	死者が3千名以上。家の流失・浸水８千戸以上。
1960年	北海道南岸部なども被災した。チリで発生した地震による。全国の死者・行方不明者が142名。
2011年	関東地方まで広く被災した。死者・行方不明者が22000名以上。浸水した家など41万戸以上。

（理科年表　2023年ほか）

しゃかいか工場 生活に欠かせない電気やガス、水道などをライフラインというよ。災害でライフラインが止まってしまったときは、できるだけ早くもとどおりにすることが重要になるんだ。

練習のワーク

教科書 208～213ページ　答え 18ページ

できた数　／14問中

1 右の地図を見て、次の問いに答えましょう。

(1) **地図**を見て、次の災害(さいがい)の名前を、あとの［　］からそれぞれ選んで書きましょう。

① 1995年にⒶの地域(ちいき)で起こった大震災(だいしんさい)
（　　　　　　　　　）

② 2011年にⒷをふくめた広いはん囲(い)で起こった大震災
（　　　　　　　　　）

東日本大震災(ひがしにほんだいしんさい)　　阪神(はんしん)・淡路(あわじ)大震災

Ⓐ　Ⓑ

(2) (1)の②の災害で、地震(じしん)のあとに起こり、海ぞいに大きな被害をもたらした自然災害は何ですか。
（　　　　　　）

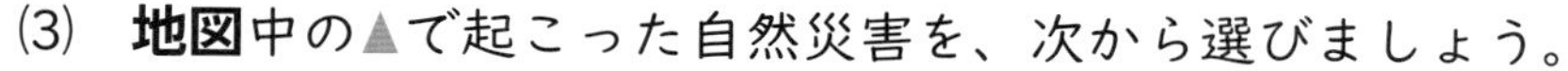

(3) **地図**中の▲で起こった自然災害を、次から選びましょう。（　　）

㋐ 大雪による災害　㋑ 大雨による災害　㋒ 噴火(ふんか)による災害

(4) 大雨などの風水害について、次の文の（　）にあてはまる言葉を、それぞれ書きましょう。

●6・7月の①（　　　　　）や、夏から秋の②（　　　　　）によって引き起こされる。

(5) 右の**グラフ**の説明をした次の文の｛　｝にあてはまる言葉に、○を書きましょう。

●日本をのぞくアジアは世界の自然災害の被害額(がく)のうち、約①｛ 30%　40% ｝をしめている。日本は世界の被害額の約②｛ 11%　14% ｝をしめる。日本は、世界の国々の中でも自然災害の被害が特に③｛ 少ない　多い ｝国である。

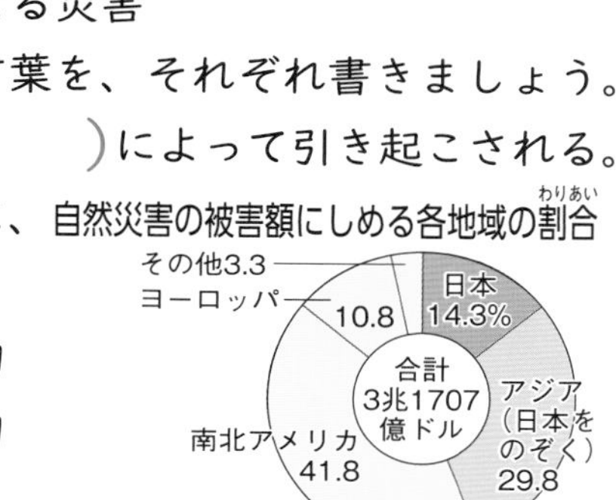

2 右の表を見て、次の問いに答えましょう。

(1) 1920年から2020年までの間で、発生回数が最も多い自然災害を、次から選びましょう。（　　）

㋐ 津波(つなみ)　㋑ 台風
㋒ 噴火　㋓ 大雪

日本で発生した大きな自然災害

（理科年表　2023ほか）
地震、津波、台風、大雨は死者・行方不明者40名以上のもの

1920年　1940年　1960年　1980年　2000年　2020年

地震(じしん)●　津波(つなみ)▲：関東大震災(かんとうだいしんさい)（1923年）、福井(ふくい)地震（1948年）、阪神(はんしん)・淡路(あわじ)大震災（1995年）、東日本(ひがしにほん)大震災（2011年）

台風■　大雨◆：伊勢湾台風(いせわん)（1959年）、平成(へいせい)30年7月豪雨(ごうう)（2018年）

その他○：十勝岳(とかちだけ)の噴火(ふんか) なだれ（1925年）、大雪、雲仙岳(うんぜん)の噴火（1991年）、大雪、御嶽山(おんたけ)の噴火（2014年）

(2) 1920年から2020年まで、噴火の災害はどうなっていますか。次から選びましょう。（　　）

㋐ 毎年起こっている。　㋑ 複数(ふくすう)回起こっている。　㋒ 1回起こっただけである。

(3) 次の自然災害の名前を、それぞれ書きましょう。

① 1923年に起こった大震災　（　　　　　）
② 1959年に起こった台風　（　　　　　）
③ 1991年に起こった火山噴火　（　　　　　）

ポイント　日本は自然災害の発生が多い国である。

勉強した日 月 日

1 自然災害とともに生きる②

基本のワーク

学習の目標
自然災害に対する防災の取り組みについて確かめましょう。

教科書 214～221ページ　答え 18ページ

1 大津波からくらしを守るために

津波に備える

●津波が来るときは、①(　　　　)からはなれ、②(　　　　)い所へにげる。
◆にげる場所や時間がない場合に備え、③(　　　　)タワーや避難ビルなどを設置。
●市町村ごとに、自然災害が起こりやすい地域や被害の想定、避難場所などを示した標識や④(　　　　)マップを作成し、すばやい避難につなげようとしている。

よみトク！地図

岩手県宮古市田老地区の命や家を守る対策

●津波の被害を受け、**防潮堤**のつくり直し、土地のかさ上げや⑤(　　　　)への移転などを行った。
●みんなのために行う事業を⑥(　　　　)という。
◆多くの費用がかかるため、国や県も協力。

つくり直した⑦(　　　　)

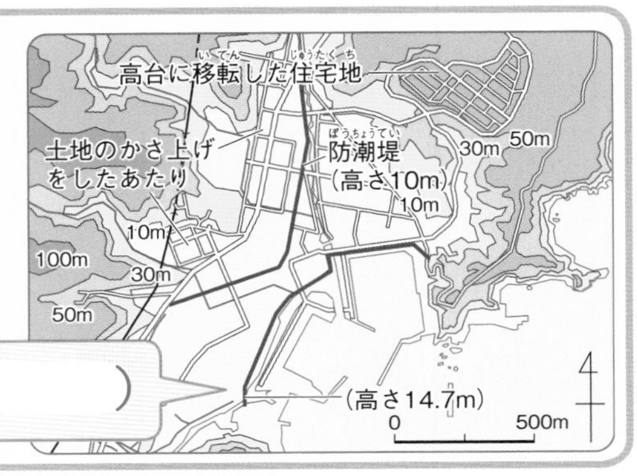

2 さまざまな自然災害からくらしを守るために／まとめる

地震に備える

●地震が発生するしくみ…地球の表面をおおう⑧(　　　　)がおし合い、たまった力で岩石の層がずれたりわれたりして発生。日本の国土はプレートの境界にある。
●避難所としても利用される学校などの施設は、地震の⑨(　　　　)に強いつくりにする工事が進む。
●地震の発生をただちに伝える⑩(　　　　)速報のしくみが整えられている。

岩石の層にある小さなずれやわれめの動きによっても地震が発生するよ。

日本の国土とプレート

その他の自然災害に備える

●⑪(　　　　)への対策…「首都圏外郭放水路」や「渡良瀬遊水地」などを整備。大きな川の流路や堤防、遊水地などの整備は、国や都道府県が中心となって進める。
●土砂災害への対策…⑫(　　　　)ダム。大雨や地震などが原因となって土砂がくずれたときに土砂をせき止める。
●雪害への対策…⑬(　　　　)防止さく。除雪する体制を整える。
●火山災害への対策…導流堤。⑭(　　　　)**庁**が全国の火山を監視。
●国や都道府県、市町村が協力し、計画的な⑮(　　　　)対策を進めているが、大規模な自然災害を防ぐには限界がある。減災の考えで災害やその対策についてよく知り、備えに生かすことが大切。

減災
被害をできるだけ減らせるようにする取り組み。

津波は地震が起こったときに発生するんだけど、海面が異常に高くなり岸に波がおしよせる高潮という災害もあるよ。これは、台風によって起こるんだ。

練習のワーク

答え 18ページ

1 次の問いに答えましょう。

(1) 右の図のⒶ～Ⓒにあてはまる言葉を、それぞれ書きましょう。

Ⓐ(　　　　)
Ⓑ(　　　　)
Ⓒ(　　　　)

(2) 次の文の□にあてはまる言葉を、それぞれ書きましょう。

①(　　　　)
②(　　　　)

自然災害に強いまちづくりの例

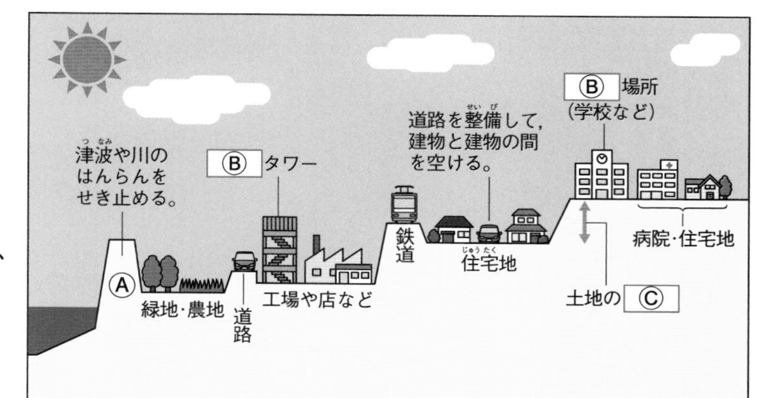

津波による被害を受けた岩手県宮古市田老地区では、住宅地の高台への移転などを行っている。このような ① 事業は多くの費用がかかるため、 ② や県が協力している。

2 次の問いに答えましょう。

(1) 右の図の地震の発生をただちに伝えるしくみⒶ何といいますか。

(　　　　)

(2) 日本の周りで多く地震が発生するしくみについて、次の文の①・②にあてはまる言葉をそれぞれ書きましょう。

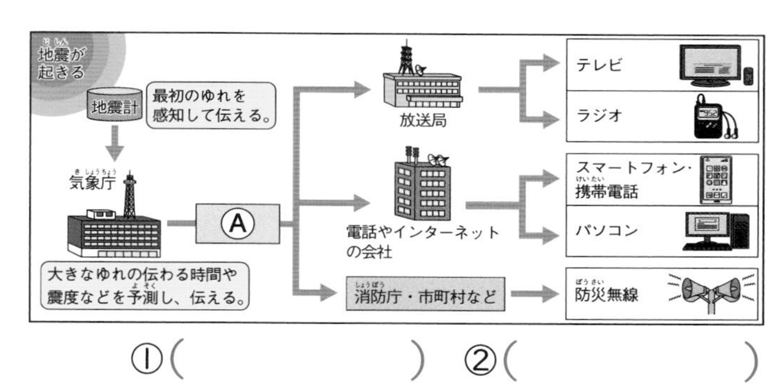

①(　　　　)　②(　　　　)

●日本の国土はプレートの(　①　)にあり、それぞれのプレートがおし合い、たまった力によって、岩石の層が(　②　)たりわれたりしたときに、地震が発生する。

(3) 次の施設は、どのような自然災害の対策としてつくられたものですか。右の□からそれぞれ選びましょう。同じ災害を書いてもかまいません。

① 砂防ダム　(　　　　)
② 放水路　(　　　　)
③ なだれ防止さく　(　　　　)
④ 堤防(２つ)　(　　　　)(　　　　)

津波災害　雪害
風水害　火山災害
土砂災害

(4) 次の文の□にあてはまる言葉を、それぞれ書きましょう。

①(　　　　)　②(　　　　)

自然災害による被害を防ぐことを ① 、自然災害が起きたときの被害をできるだけ少なくすることを ② という。

日ごろから防災の意識を高め、減災への取り組みが大切。

勉強した日　月　日

まとめのテスト

1　自然災害とともに生きる

教科書　208～221ページ　答え　19ページ

1 さまざまな自然災害　次の資料を見て、あとの問いに答えましょう。

1つ4〔36点〕

あ の条件で起こる自然災害

Ⓐ 梅雨の時期や台風によって起こる。家が浸水したりする。

Ⓑ 冬の時期に、日本海側で特に起こりやすい。

い の条件で起こる自然災害

Ⓒ 大雨をきっかけに山地で被害が出る。

Ⓓ 火山がある地域で被害が出やすい。

(1)　**地図**中の（　　）にあてはまる言葉を、それぞれ書きましょう。

①（　　　　）　②（　　　　）　③（　　　　）

(2)　自然条件が引き起こす災害について上のカードにまとめました。あ、いにあてはまる言葉は地形と気候どちらの自然条件ですか。　あ（　　　　）　い（　　　　）

(3)　カードのⒶ～Ⓓが示す災害の種類を、次からそれぞれ選びましょう。

Ⓐ（　　）　Ⓑ（　　）　Ⓒ（　　）　Ⓓ（　　）

㋐　噴火　　㋑　大雪　　㋒　土砂くずれ　　㋓　川のはんらん

2 くり返す自然災害　次の資料を見て、あとの問いに答えましょう。

1つ4〔12点〕

あ三陸海岸のあたりの大津波の主な被害

年	被害の様子
1611年	北海道東部なども被災。
1677年	主に宮城県から千葉県まで被災。
1896年	北海道南岸部まで広く被災。
1933年	家の流失・浸水８千戸以上。
1960年	北海道南岸部なども被災。チリで発生した地震による。
2011年	Ⓐ関東地方まで広く被災。浸水した家など41万戸以上。

い日本で発生した大きな自然災害

（理科年表　2023ほか）
地震、津波、台風、大雨は
死者・行方不明者40名以上のもの

1920年　1940年　1960年　1980年　2000年　2020年

地震●　津波▲：関東大震災（1923年）　福井地震（1948年）　阪神・淡路大震災（1995年）　□大震災（2011年）

台風■　大雨◆：伊勢湾台風（1959年）　平成30年7月豪雨（2018年）

その他○：十勝岳の噴火（1925年）　なだれ　大雪　雲仙岳の噴火（1991年）　大雪　御嶽山の噴火（2014年）

(1)　あの**資料**のⒶの津波被害をふくむ、いの□にあてはまる災害を何といいますか。

（　　　　　）大震災

(2)　２つの**資料**から読み取れることを、次から２つ選びましょう。　（　　）（　　）

㋐　1960年の津波の被害は、チリで発生した地震による。

㋑　台風の発生回数を20年ごとにみると、最も多かったのは1980～2000年である。

㋒　被害の発生回数が最も少ないのは大雪である。

㋓　三陸海岸のあたりでは、1611年以降で大きな津波の被害は６回以上発生した。

3 災害からくらしを守る① 次の文を読んで、あとの問いに答えましょう。 1つ4〔24点〕

市町村では、自然災害の被害の想定をまとめた地図や標識をつくり、すばやく ① できるようにしている。また、浸水に備えて、堤防や防潮堤の整備、住宅の ② への移転、公共施設をゆれに強くする改修工事などが市町村によって行われている。このような市町村の ③ は多くの費用がかかるため、国や都道府県も協力している。

よく出る

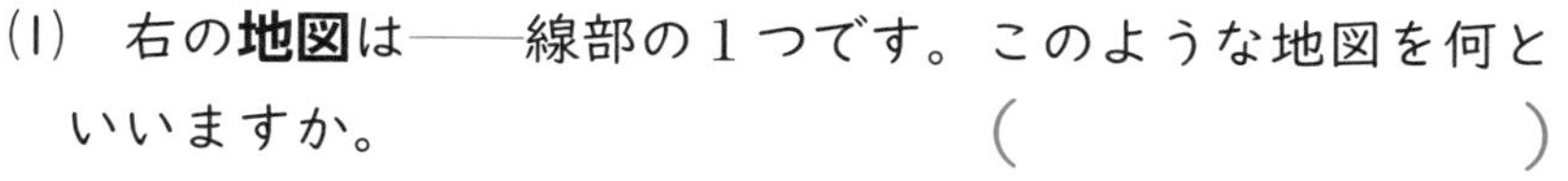

(1) 右の**地図**は――線部の1つです。このような地図を何といいますか。 (　　　　)

(2) 文中の □ にあてはまる言葉を、それぞれ書きましょう。

①(　　　　)

②(　　　　)

③(　　　　)

(3) 日本の自然災害への対策として**あやまっているもの**を、次から選びましょう。 (　　)

㋐ 津波が来るおそれがあるときは、すばやく海からはなれ、高い所ににげる。

㋑ ゆれに強いつくりにした学校は、近年増えている。

㋒ すべての公共施設の、地震のゆれに強くする改修工事は、すべて国の費用で行われる。

記述

(4) 緊急地震速報で大きなゆれが来るのを事前に知れることで、わたしたちはどんな行動をとることができますか。かんたんに書きましょう。

(　　　　　　　　　　　　)

4 災害からくらしを守る② 次の資料を見て、あとの問いに答えましょう。 1つ4〔28点〕

Ⓐ

Ⓑ

Ⓒ

(1) 次の話にあてはまる**資料**を、Ⓐ～Ⓒからそれぞれ選びましょう。

①(　　) 大きな川や堤防、大きな遊水地が見えるよ。

②(　　) 大雨のときに水を地下に流して川のはんらんを防ぐよ。

③(　　) 山やがけの土砂がくずれても、せき止められるんだ。

(2) Ⓒの施設を何といいますか。 (　　　　)

(3) 全国の火山の様子を監視したり、全国に地震計を設置したりしている国の省庁はどこですか。 (　　　　)

(4) 減災の取り組みについて説明した次の文の □ にあてはまる言葉を、それぞれ書きましょう。 ①(　　　　) ②(　　　　)

減災とは、 ① への意識をふだんから高めて、自然災害が発生しても被害をできるだけ ② 取り組みである。

勉強した日　月　日

2　森林とともに生きる①

学習の目標
日本の森林の様子や森林のはたらきについて確かめましょう。

教科書 222〜227ページ　答え 19ページ

1 日本の国土と森林

●日本は、世界の国々の中でも①(　　　　)が多い国。
②(　　　　)量が多く、南北にさまざまな気候が見られる日本は、森林がよく育つ環境。

地域によって木の種類がちがう森林があるよ。

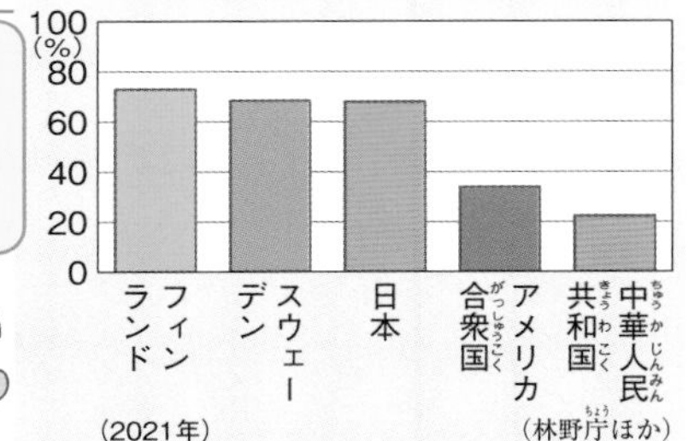

森林と自然災害との関係

●森林は自然災害の③(　　　　)を少なくする。
◆昔は、まきなどの④(　　　　)に使うため、たくさんの木が切りたおされ、多くの森林が失われた。
➡⑤(　　　　)くずれが起こるなど、たびたび大きな被害が発生した。
■森林があるときは、地面に張った木々の⑥(　　　　)が土砂の流出をおさえていた。
◆⑦(　　　　)を植えたり、山の斜面を整えたりする公共事業が全国各地で進められ、土砂の流出が少しずつ減ってきた。

●⑧(　　　　)**遺産**に登録されている自然。
◆秋田県・青森県の境に広がる白神山地、北海道の知床、東京都の小笠原諸島、鹿児島県の屋久島、奄美大島、徳之島、沖縄県の沖縄島北部、西表島。

2 森林のはたらきと人々のくらし

●高知県…面積の５分の４以上を⑨(　　　　)がおおう。
◆地元の木材を利用して、さまざまな建物を建てたり、⑩(　　　　)品をつくったりしている。
◆森林のめぐみを生かして生活している。

しゃかいか工場
観光客に豊かな自然を案内し、そのすばらしさを理解してもらうことで、自然を守ろうとするエコツーリズムの取り組みが行われているよ。

練習のワーク

教科書 222～227ページ　答え 19ページ

1 次の問いに答えましょう。

(1) 右のグラフを見て、日本の国土にしめる森林の割合を、次から選びましょう。（　　）

㋐ 約３分の１　㋑ 約２分の１
㋒ 約３分の２　㋓ 約４分の３

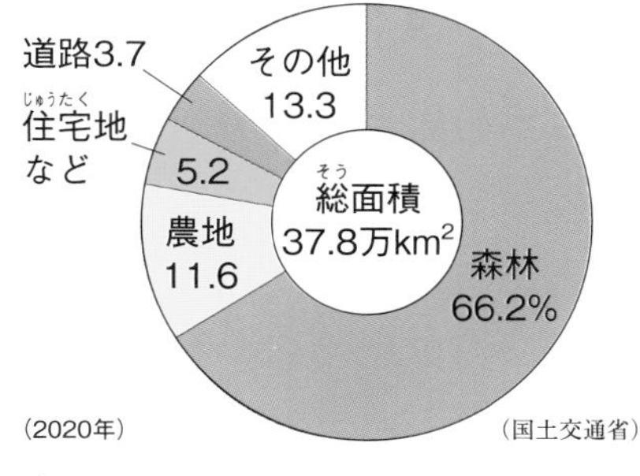

(2) 日本の森林について、正しいものを、次から選びましょう。（　　）

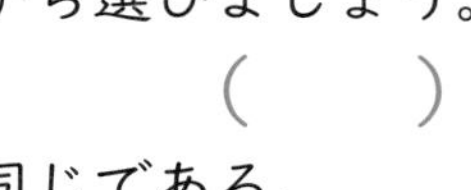

㋐ 日本の森林に生える木の種類はどこも同じである。
㋑ 森林には、土砂くずれなどの被害を少なくするはたらきがある。
㋒ まきなどの燃料に使われ、森林が失われた山はすべてそのままである。

2 右の地図は、日本にある世界自然遺産の場所を示しています。あ～えが示す世界自然遺産を、［　］からそれぞれ選びましょう。

あ（　　）
い（　　）
う（　　）
え（　　）

知床　屋久島　白神山地　小笠原諸島

3 次の問いに答えましょう。

(1) 次の話を読んで、高知県にあてはまるものを、右のグラフのあ～えから選びましょう。（　　）

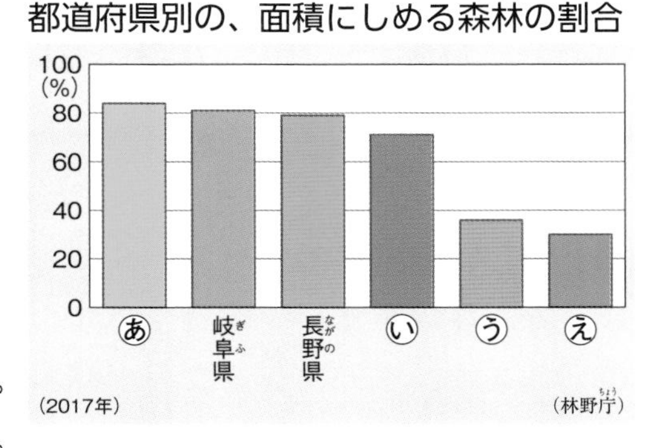

(2) 次の文は森林のはたらきについてまとめたものです。文の［　］にあてはまる言葉を、それぞれ書きましょう。

①（　　）②（　　）
③（　　）④（　　）

- ［①］や食料を生産する。
- 強い［②］や砂、騒音をさえぎる。
- 森林にふった［③］をたくわえて、少しずつ流す、［④］のようなはたらきをしている。

ポイント 日本は国土の約66％が森林におおわれている。

勉強した日 月 日

2 森林とともに生きる②

学習の目標
林業の仕事や森林を守る取り組みについて確かめましょう。

基本のワーク

教科書 228〜235ページ　答え 19ページ

1 木を植えて育てる人々

●日本の森林の半分近くは、木材などに使うことを目的として、人の手で植えられた①(　　　　)。
●人工林は②(　　　　)にたずさわる人による管理が大切。
◆林業で働く人の数が大きく③(　　　　)っている。
➡手入れされず、あれている人工林が増えてきた。

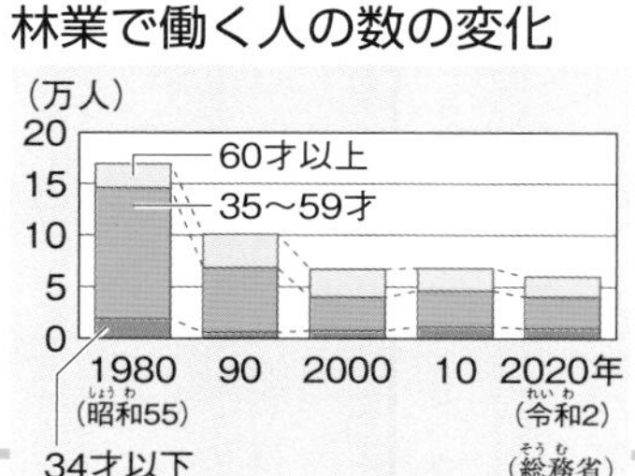

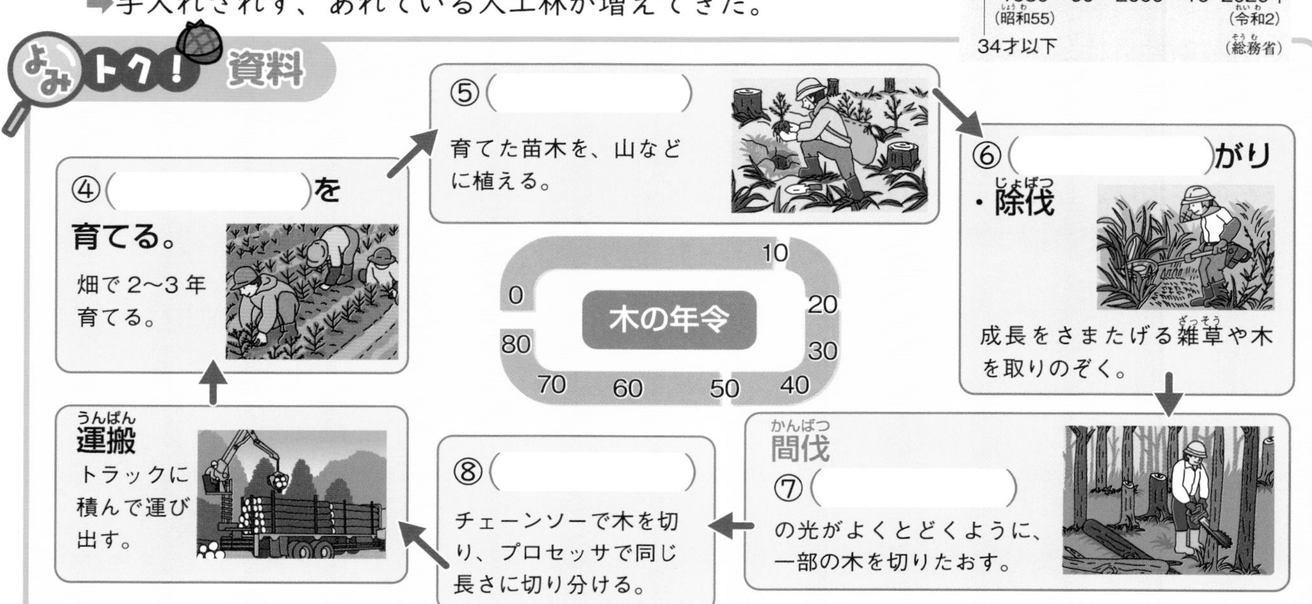

2 森林を守り続けるための新しい取り組み

●昔と比べて、国内で使われる木材の量は⑨(　　　　)ってきている。
●値段の⑩(　　　　)輸入木材にたより続けていることも国内の林業の大きな課題。

新しい取り組み

●「緑の雇用事業」…新しく林業の⑪(　　　　)につく人に技術を学ぶ機会を用意する。
●「林業インターンシップ」…林業に興味をもつ人を招き林業体験や地元の人との交流を行う。
●「林業大学校」…1年で林業の基本的な技術や森林管理、木造設計などを学べる学校。
●**木質⑫(　　　　)発電所**…建築に利用できない材木や枝を発電のための燃料に活用。

3 森林を守るためにできることは／まとめる／つなげる

●森林の育成と活用につながる活動をする人が増えてきている。
●国産木材を積極的に使う「⑬(　　　　)**運動**」が進む。
◆間伐材の利用、木材を使った新しい技術や素材の開発など。
SDGs ●森林を守ることで、二酸化炭素を減らし、⑭(　　　　)**化**をおさえる。

日本の人工林の多くの木は、第二次世界大戦のあとに植えられているんだ。ちょうど今、木材として利用しやすい時期にあたるよ。

練習のワーク

教科書 228～235ページ　答え 19ページ

1 次の問いに答えましょう。

(1) 右のグラフのあ、いはそれぞれ天然林、人工林のどちらですか。

あ（　　　　　）い（　　　　　）

天然林と人工林の割合(わりあい)

い 43.1
合計 23.7万km²
あ 56.9%
（2017年）（林野庁(ちょう)）

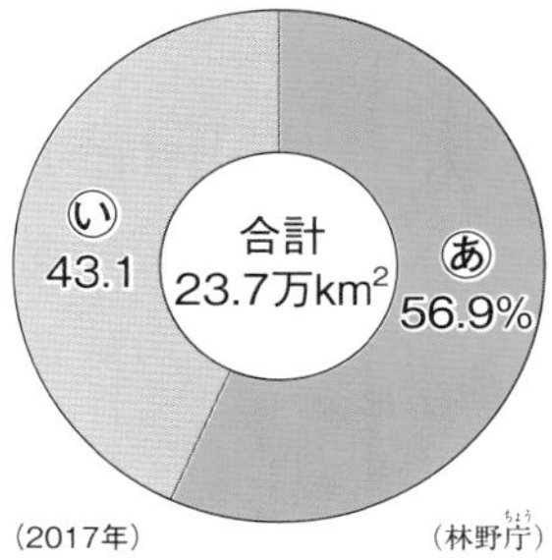

(2) 植林から伐採(ばっさい)まで、どれくらいかかりますか。次から選びましょう。

（　　）

ア 10年以上　　イ 30年以上　　ウ 50年以上

(3) 次の図は、林業の作業の名前を順にまとめたものです。あてはまる作業の様子を、あとからそれぞれ選びましょう。

苗木(なえぎ)を育てる → ① 植林 → ② 下草(したくさ)がり・除伐(じょばつ) → ③ 間伐(かんばつ) → ④ 伐採・運搬(うんぱん)

①（　　）②（　　）③（　　）④（　　）

ア 成長をさまたげる雑草(ざっそう)や木を取りのぞく。

イ チェーンソーで木を切る。

ウ 一部の木を切りたおして、木と木の間を広げる。

エ 畑で育てた苗木を、山などに植える。

2 次の問いに答えましょう。

(1) 右のグラフからわかる、林業の課題を次から2つ選びましょう。

（　　）（　　）

ア 林業で働く人の数が減(へ)っている。
イ 1980年と比(くら)べて2020年は国内の木材使用量が減っている。
ウ 木材の使用量の半分以上を輸入(ゆにゅう)木材にたよっている。
エ 手入れが行きとどかず、あれた人工林が増(ふ)えている。

国内の木材使用量の変化

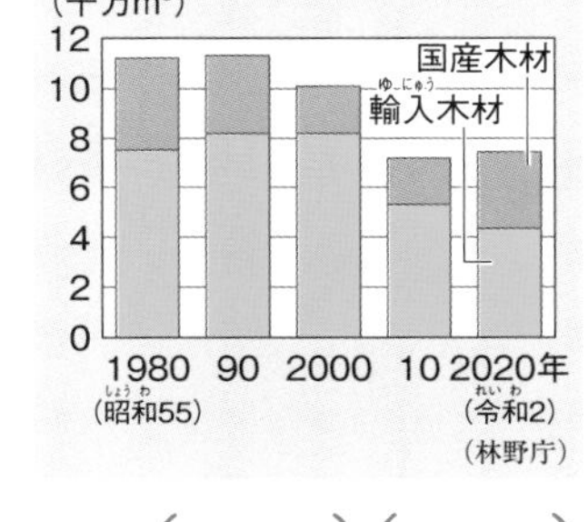

(2) 林業を仕事にする人を増やすために行われている国や県の取り組みを、次から2つ選びましょう。

（　　）（　　）

ア 小枝(こえだ)を活用した木工品をつくる　　イ 木質(もくしつ)バイオマス発電所をつくる
ウ 林業インターンシップで林業体験をしてもらう　　エ 林業大学校をつくる

3 次の森林資源(しげん)についての文の□にあてはまる言葉を、[　]からそれぞれ選びましょう。

①（　　　　）②（　　　　）③（　　　　）

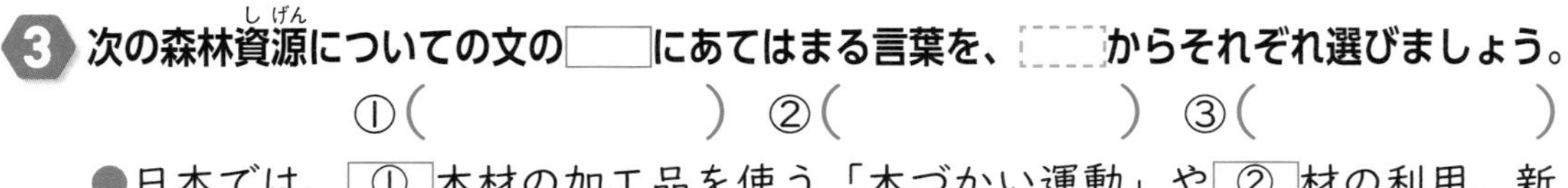

●日本では、［①］木材の加工品を使う「木づかい運動」や［②］材の利用、新しい技術(ぎじゅつ)や［③］の開発など、森林資源をむだなく活用しようとしている。

素材(そざい)
国産
間伐

ポイント 森林を守るための新しい取り組みが行われている。

勉強した日 月 日

3 環境をともに守る

基本のワーク

学習の目標
公害防止のための人々の努力について確かめましょう。

教科書 236～245ページ 答え 20ページ

1 青い空と海を取りもどしたまち

工場が出すけむりで、空と海が変化

●自然環境に変化が起こるとくらしも大きく①(　　　　)する。
●福岡県北九州市では、昔、②(　　　　)のえんとつから出るけむりとそれにふくまれる③(　　　　)などで空気がよごれた。

空だけでなく海もよごれたよ。

2 公害をなくすために

●70年ほど前、北九州市では、製鉄を中心とした④(　　　　)生産がさかんになった。
◆工場のえんとつから出る⑤(　　　　)や廃水が多くなり、⑥(　　　　)に苦しむ人、いやなにおいに苦しむ人が増えた。

公害
産業の発展によって環境が悪化し、人々の健康やくらしに被害が出ること。

四大公害病（発生地域と原因）

水俣病	熊本県・鹿児島県	水俣湾周辺	水銀が原因
新潟水俣病	新潟県	阿賀野川下流	水銀が原因
四日市ぜんそく	三重県	四日市市	ガスが原因
イタイイタイ病	富山県	神通川下流	カドミウムが原因

公害をなくすための取り組み

●女性のグループが中心になって、⑦(　　　　)をなくすための**住民運動**を始めた。
◆工場は、市と公害を防ぐための取り決めを結んだ。また、ばいじんや⑧(　　　　)な廃水を出さない施設をつくった。
◆市は⑨(　　　　)**条例**をつくった。国や工場とも協力して、海のよごれを取りのぞく作業を行った。また、空気のよごれを観測する施設や下水道を整備した。

3 環境首都をめざして／きれいな環境を、次の世代のために／まとめる／つなげる

●北九州市では、二度と公害を引き起こさないために、空気や⑩(　　　　)のよごれの観測、公害の歴史を伝える取り組みを行う。
●環境保全の技術を外国の人に伝えるなど、国際⑪(　　　　)の取り組み。

➡ 世界から高く評価

よみトク！SDGs

ごみを減らす
エコタウン

●北九州市…「北九州⑫(　　　　)事業」を進め、まちには使用ずみの工業製品を再生利用する⑬(　　　　)工場が集まっている。
●ごみをできるだけ出さず、資源を有効に使う「⑭(　　　　)**な社会**」をめざす。

しゃかい工場
日本では産業の発展を目的に各地に工場がつくられていったよ。でも最初は、人々の健康を守ることはあと回しにされたから、各地で公害が起こったんだ。

練習のワーク

教科書 236〜245ページ　答え 20ページ

できた数 ／14問中

1 次の問いに答えましょう。

(1) 右の**年表**を見て、次の問いに答えましょう。

① □にあてはまる言葉を書きましょう。（　　　）

② **年表**の——線部のような、市民が行う運動を何といいますか。（　　　）

北九州市の公害防止の歩み

年	できごと
1950年	ばいじんによる被害が出始め、市民が公害に反対する運動を始める
1965年	ばいじんのふる量が日本一となる
1967年	市と工場の間で、公害を防ぐための取り決めを初めて結ぶ
1970年	市が公害を防ぐためのきまり（公害防止□）をつくる

(2) ①〜④にあてはまる公害病を、あとからそれぞれ選びましょう。①（　）②（　）③（　）④（　）

① 三重県でぜんそくの症状があらわれた。

② 富山県神通川の下流の地域で、ほねがもろく折れやすくなる症状があらわれた。

③ 新潟県阿賀野川の下流の地域で、手足のしびれなどの症状があらわれた。

④ 熊本県と鹿児島県の水俣湾周辺で、手足のしびれなどの症状があらわれた。

㋐ イタイイタイ病　㋑ 四日市ぜんそく　㋒ 水俣病　㋓ 新潟水俣病

2 次の問いに答えましょう。

(1) 次の**絵**は、北九州市の環境保全の取り組みを示しています。**図**にあてはまる説明を、あとからそれぞれ選びましょう。①（　）②（　）③（　）④（　）

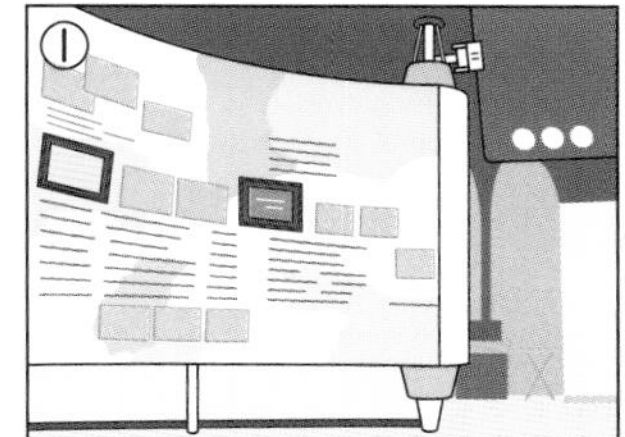

㋐ 外国の人に環境保全の技術を伝える。　㋑ 環境にやさしい発電を進める。

㋒ 使用ずみの工業製品をリサイクルする。　㋓ 公害の歴史を伝える。

(2) 右の**絵**は、北九州市内の小学校が行っている、環境を守る取り組みの様子を示しています。あてはまる説明を、次からそれぞれ選びましょう。①（　）②（　）

㋐ 学校の近くの干潟に親しみ、ごみを拾う活動を毎年行っている。

㋑ 身近にある自然を見直して、地域の人々とともに育てたほたるの幼虫を放流している。

①

②

(3) 次の文の□にあてはまる言葉をそれぞれ書きましょう。①（　　）②（　　）

●北九州市では、［①］を出さず、［②］を有効に使う「持続可能な社会」をめざしている。

ポイント 工業の発展で発生した公害をなくす努力をしてきた。

勉強した日 月 日

まとめのテスト

2 森林とともに生きる／3 環境をともに守る

教科書 222〜245ページ　答え 20ページ

1 日本の国土と森林 次の文を読んで、あとの問いに答えましょう。

1つ4〔32点〕

日本の国土は、［①］が多く、南北にさまざまな［②］の様子が見られるため、森林がよく育つ環境（かんきょう）にあるといえる。

国土のおよそ3分の2をしめる森林には、木の根が［③］の流出をおさえ、自然［④］の被害（ひがい）を少なくするはたらきがある。

日本の国土の土地利用の割合（わりあい）

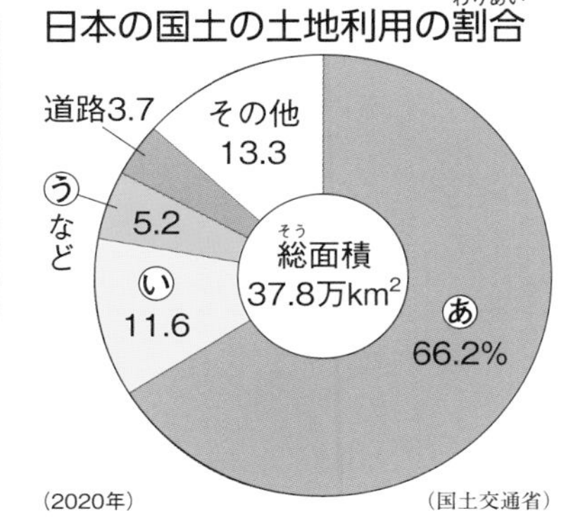

（2020年）（国土交通省）

(1) 右のグラフのあ〜うから、森林にあてはまるものを選びましょう。 （　　）

(2) 文の［　］にあてはまる言葉を、右の［　］からそれぞれ選びましょう。

①（　　　）②（　　　）
③（　　　）④（　　　）

災害（さいがい）　降水量（こうすい）
気候　土砂（どしゃ）

(3) 右の図は、森林のはたらきについて示（しめ）したものです。図中の①〜③にあてはまる言葉を、次からそれぞれ選びましょう。

①（　　）②（　　）③（　　）

ア 食料
イ 木材
ウ 雨水

2 木を植えて育てる人々 次の問いに答えましょう。

1つ4〔20点〕

よく出る

(1) 次のような森林を何といいますか。

① 人の手が入っておらず、いろいろな種類の木が生えている森林 （　　　）
② 木材などに使うことを目的として、人の手で植えた森林 （　　　）

(2) 次の林業の様子を作業の順にならべましょう。

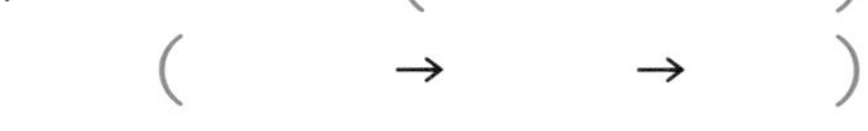
（　→　→　）

あ　い 　う

記述

(3) (2)のあの作業を行う理由を、太陽の言葉を使ってかんたんに書きましょう。

一部の木を切りたおし、（　　　　　　　　　　）するため。

(4) 林業について次から正しいものを選びましょう。 （　　）

ア 植林から10年ほどで伐採（ばっさい）できる。
イ 手入れをしないと森林はあれる。
ウ 木を切る作業は安全な作業である。
エ 林業の作業はすべて手作業で行う。

3 林業の課題と新しい取り組み 次の問いに答えましょう。

1つ4〔24点〕

思考

(1) 次の内容を調べるときに使う**資料**を、あとからそれぞれ選びましょう。

① 森林の育成と活用につながる活動の広まりの様子。 (　　)

② 国内で使われている木材のうち国産木材がどれくらいの割合をしめるか。 (　　)

③ 昔と今で、林業で働く人の年令がどのように変わったか。 (　　)

㋐国内の木材使用量の変化

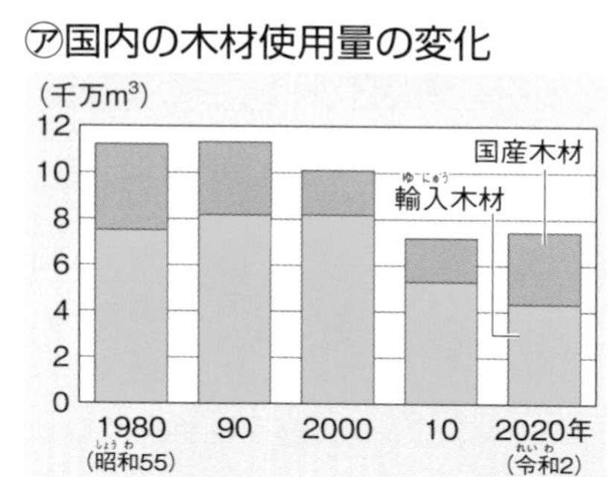

㋑林業で働く人の数の変化

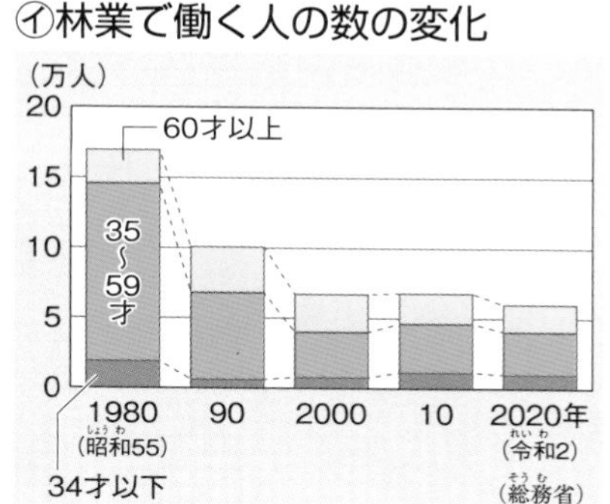

㋒森林づくり活動をしている団体の数の変化

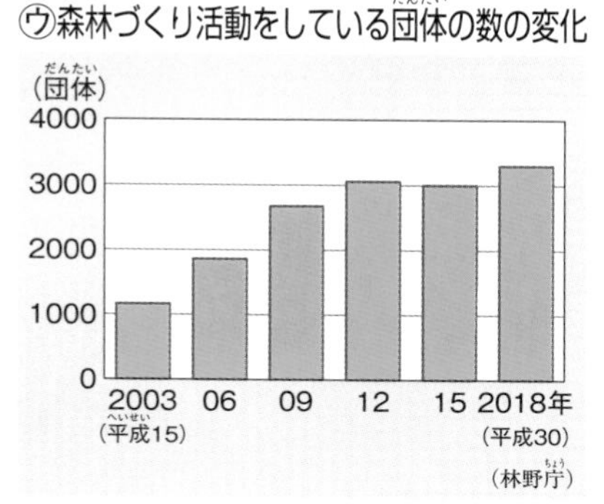

(2) 次の**カード**の林業に関する取り組みは何のために行われているものですか。あてはまるものを、あとからそれぞれ選びましょう。 ①(　　) ②(　　) ③(　　)

①	②	③
森林の中に残された材木や枝を「木質バイオマス発電」の燃料として使う。	林業に興味のある人に、森林の多い地域で林業体験をしてもらう。	小型の機械を使い、植林から伐採・運搬まで一人で行えるようにする。

㋐ 新しく林業を始めるわかい人を増やしていくため。

㋑ 費用をおさえて、小規模で林業を続けられるようにするため。

㋒ 国産の木材を有効に活用し、使用量を増やすため。

4 環境をともに守る 次の問いに答えましょう。

1つ4〔24点〕

よく出る

(1) 次の**表**の□にあてはまる言葉を、それぞれ書きましょう。

Ⓐ(　　　　) Ⓑ(　　　　) Ⓒ(　　　　)

四大公害病	発生場所	原因
Ⓐ病	熊本県・鹿児島県のⒶ湾周辺	工場から海に流された水銀
新潟Ⓐ病	新潟県の阿賀野川下流	工場から川に流された水銀
Ⓑ病	富山県の神通川下流	鉱山から川に流されたカドミウム
四日市Ⓒ	三重県四日市市	工場から空気中に出されたガス

(2) 福岡県北九州市で起きた公害について、次の文の□にあてはまる言葉を、あとからそれぞれ選びましょう。 ①(　　) ②(　　)

●女性のグループが中心となって①が始まった。住民の願いを受けて、市は②をつくって住民の健康を守ることに努め、工場は有害な廃水を出さない機械や施設を設けた。

㋐ 公害防止条例　㋑ 住民運動　㋒ 取り決め

記述

(3) 北九州市のリサイクルの工場を集める「北九州エコタウン事業」は、どのような社会をめざして進められたものですか。**ごみ**、**持続可能**の言葉を使って、かんたんに書きましょう。

(　　　　　　　　　　　　　　　　　　　　)

勉強した日　月　日

地図を使ってチャレンジ!
プラスワーク

1 世界のようすを調べよう。

「**白地図ノート**」の**2ページ**は世界の大陸と海の様子、**3ページ**は世界の国々の様子を表した地図です。ふろくのポスターやカード、そのほか地図帳などを調べて、名前を書いたり、色をぬったりしてみましょう。

例

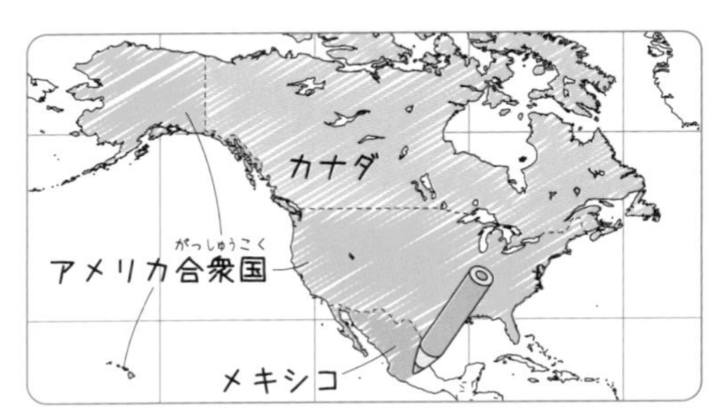

2 日本の自然について調べよう。

① 山脈(さんみゃく)や平野、川など、日本の地形の様子をポスターや地図帳などで調べましょう。調べたところは、「**白地図ノート**」の**5ページ**にまとめてみましょう。

② 日本の気候の違いについて、ポスターや地図帳などで調べましょう。調べた内容は、「**白地図ノート**」の**6ページ**にまとめてみましょう。

3 日本の産業について調べよう。

農産物の生産地や、工業がさかんな地域(ちいき)の様子など、好きな産業を選んで調べましょう。
調べた内容は、「**白地図ノート**」の地図から、使いやすいものを選んでまとめてみましょう。

日本全体をまとめるには、8・9ページ、地域ごとのまとめには10～15ページを使うと便利だね。

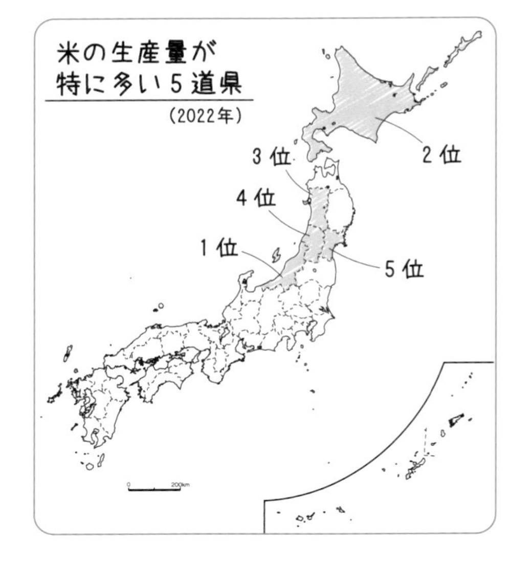

調べたことをメモに書いたり、色分けのルールをかいたりして、自分だけのノートを完成させよう！

夏休みのテスト①

時間30分　名前　得点　/100点　おわったらシールをはろう

教科書　8ページ～27ページ　答え　21ページ

日本の国土と世界の国々

1 地図を見て、あとの問いに答えましょう。1つ4点〔36点〕

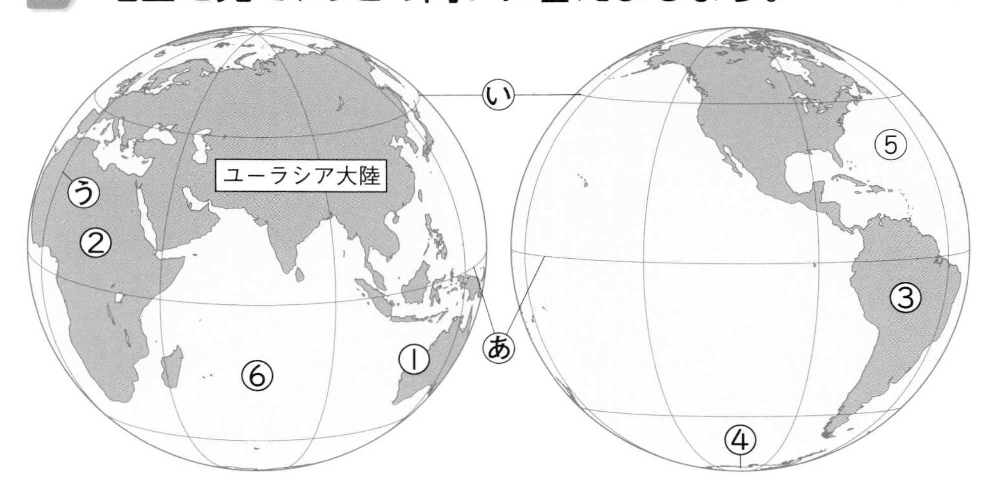

(1) 地図の①～⑥にあてはまる大陸と海洋を［　］からそれぞれ選びましょう。

①（　　　大陸）　②（　　　大陸）
③（　　　大陸）　④（　　　大陸）
⑤（　　　）　⑥（　　　）

アフリカ　オーストラリア　南アメリカ　南極（なんきょく）
インド洋　大西洋（たいせいよう）　北アメリカ　太平洋（たいへいよう）

(2) 次の（　）にあてはまる言葉を書き、それがわかるところをあ～うから選びましょう。

赤道は０度の（　　　　）です。

(3) 日本の位置について、ユーラシア大陸という言葉と方位を使って、かんたんに書きましょう。

（日本は、　　　　　）

2 資料（しりょう）を見て、あとの問いに答えましょう。1つ4点〔20点〕

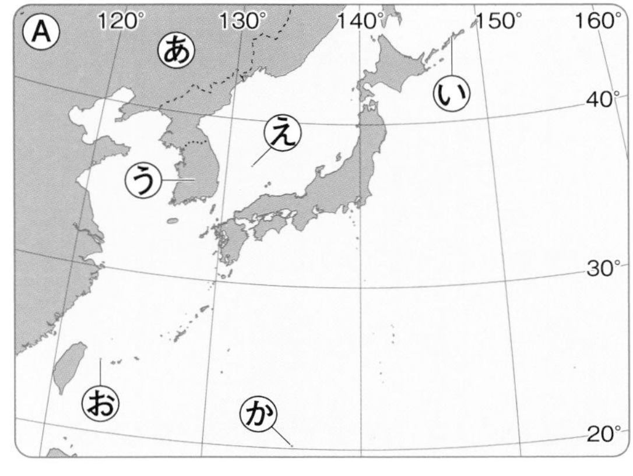

(1) 日本から見た、ほかの国までのきょりと方位を一度に調べたいとき、Ⓐ・Ⓑのどちらを使いますか。

（　）

(2) 次の島や国の位置を、Ⓐからそれぞれ選びましょう。

①　沖ノ鳥島（おきのとりしま）（　）　②　択捉島（えとろふとう）（　）
③　中華人民共和国（ちゅうかじんみんきょうわこく）（　）　④　大韓民国（だいかんみんこく）（　）

国土の気候と地形の特色

3 地図を見て、あとの問いに答えましょう。1つ5点〔20点〕

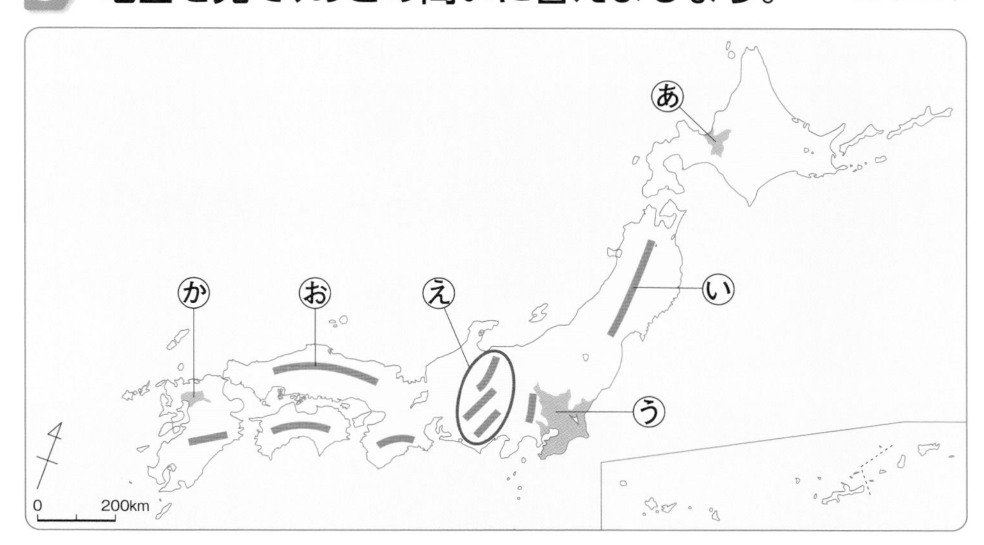

(1) ｛　｝にあてはまる言葉に○を書きましょう。

▶日本の国土全体は｛山地　平地｝が多い。

▶○の地域（ちいき）には、「日本の屋根」とよばれる｛山脈（さんみゃく）　盆地（ぼんち）｝が続いている。

(2) 次の平野や山地の場所を地図からそれぞれ選びましょう。

①　石狩平野（いしかりへいや）（　）　②　中国山地（ちゅうごくさんち）（　）

4 地図を見て、あとの問いに答えましょう。1つ4点〔24点〕

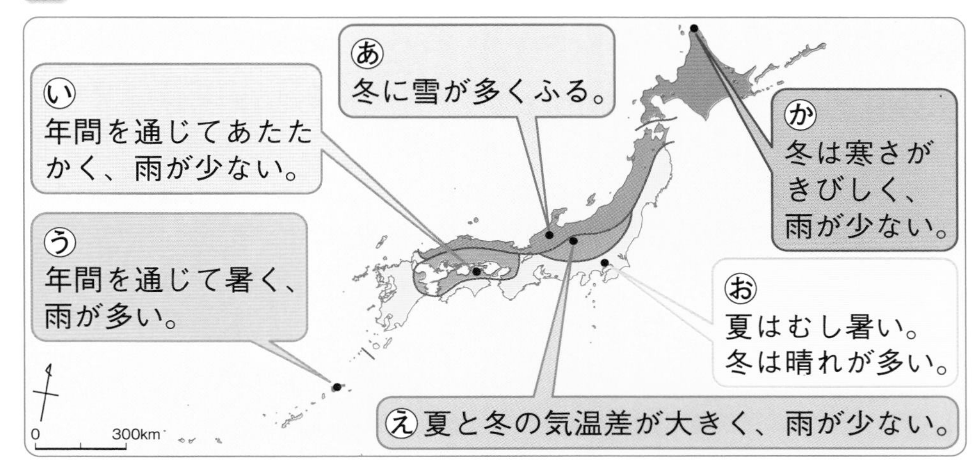

(1) 次のグラフの地域にあてはまる気候を地図からそれぞれ選びましょう。①（　）②（　）③（　）

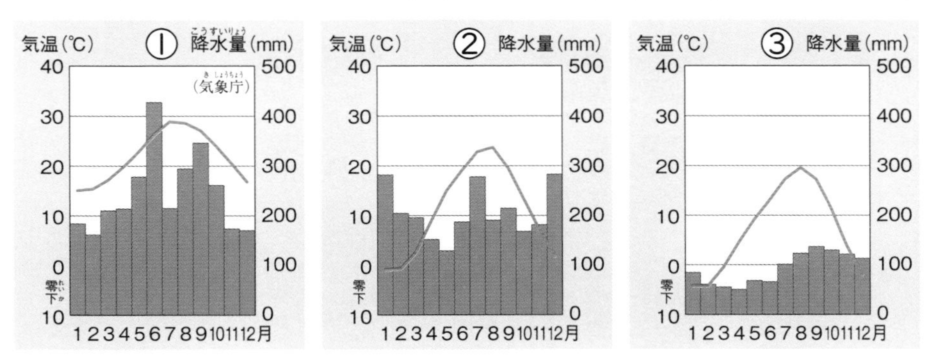

(2) 次の（　）にあてはまる言葉をそれぞれ書きましょう。

①　６月から７月に雨が多い（　　　　）がある。

②　夏から（　　　　）にかけて台風が多い。

③　冬は大陸から日本海（にほんかい）をわたって（　　　　）がふき、日本海側に多くの雪をもたらす。

●勉強した日　月　日

実力判定テスト

夏休みのテスト②

時間 30分

名前　得点　/100点

おわったらシールをはろう

教科書 28ページ～87ページ　答え 21ページ

自然条件と人々のくらし

1 次の地域の様子にあう文をあとからそれぞれ選びましょう。

1つ5点〔20点〕

㋐ 標高が高く、夏もすずしいので酪農がさかん。
㋑ 高い気温でよく育つ、さとうきびの生産がさかん。
㋒ 冬の寒さや、豊かな自然を観光に生かしている。
㋓ 低く平らな土地で、昔の水路を観光に生かしている。

2 資料を見て、あとの問いに答えましょう。

1つ5点〔25点〕

Ⓐ沖縄島周辺の土地利用の様子　Ⓑ長野県南牧村

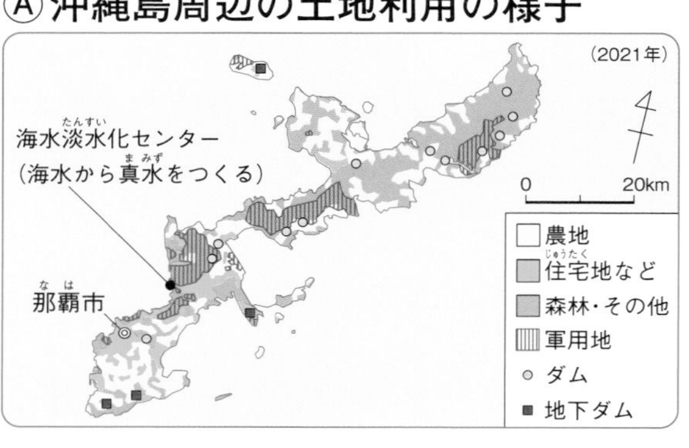

(1) 次の文が正しければ○を、あやまっていれば×を書きましょう。また、それがわかる資料を選びましょう。

険しい山ばかりで、野辺山原はなだらかな地形が全然ないよ。　○×（　）

雨がたくさんふるけど、水不足に備えた施設があるね。　○×（　）

(2) 次の説明を読んで、右の建物があたたかい地域と寒い地域のどちらの伝統的な建物か書きましょう。

戸などを大きくして風通しをよくし、屋根のかわらが台風で飛ばないようにしている。

伝統的なつくりの家

（　　　）

米づくりのさかんな地域

3 資料を見て、{　　}にあてはまる言葉に○を書きましょう。

1つ5点〔20点〕

主な食料の産地と都道府県別の米の生産量　主な食料の消費量

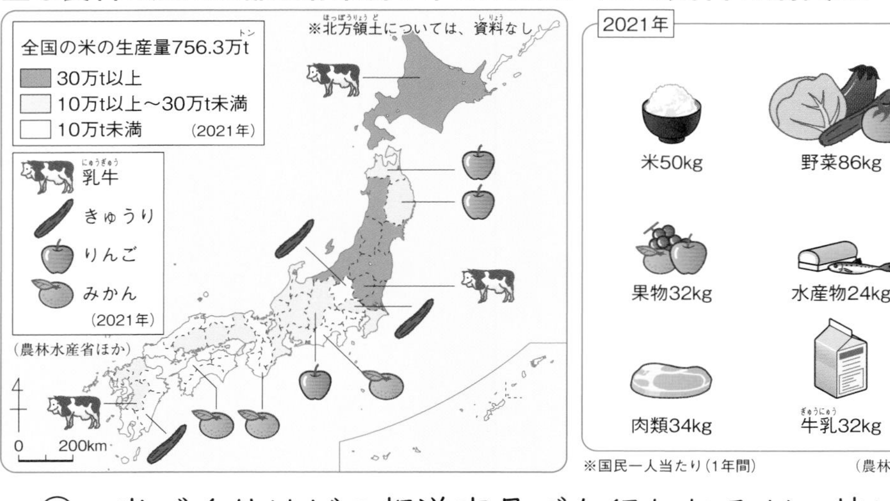

① 米づくりはどの都道府県でも行われるが、特に新潟県、北海道、{ 東北地方　中国地方 }でさかん。
② りんごの産地は{ 北　南 }の方に、みかんの産地は{ 北　南 }の方に多い。
③ 日本では米や{ 野菜　水産物 }の消費量が多い。

4 資料を見て、あとの問いに答えましょう。

1つ5点〔35点〕

米づくりカレンダー	3月	4月	5月	6月	7月	8月	9月	10月	11月
	種もみを選ぶ	田おこし □	□	水の管理	除草	農薬をまく	稲かり □	出荷	かたづけ

(1) □にあてはまる農作業を次から選びましょう。

㋐ 乾燥　㋑ しろかき　㋒ 田植え

(2) (　)にあてはまる言葉を□から選びましょう。

▶全国の研究所では(　　　　)を進めている。
▶水田の形を整える(　　　　)の結果、大型の農業機械を使えるようになった。
▶米の値段には(　　　　)の費用がふくまれる。

品種改良　生産調整　輸送　輸出
農業協同組合　耕地整理

(3) 農家による次のような取り組みの目的を、消費量の言葉を使ってかんたんに書きましょう。

玄米を材料に使ったパンなど、米を加工した食品を開発する。

インターネットを通じて米のはん売や宣伝をする。

地域の農家どうしで情報を交かんする勉強会を開く。

（　　　　）

冬休みのテスト①

●勉強した日　月　日

時間30分　名前　得点　/100点　おわったらシールをはろう

教科書　88ページ～155ページ　答え　22ページ

水産業のさかんな地域

1 資料を見て、あとの問いに答えましょう。 1つ5点〔30点〕

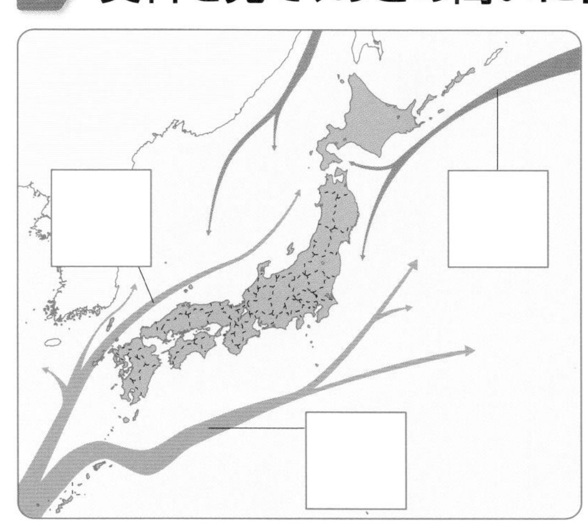

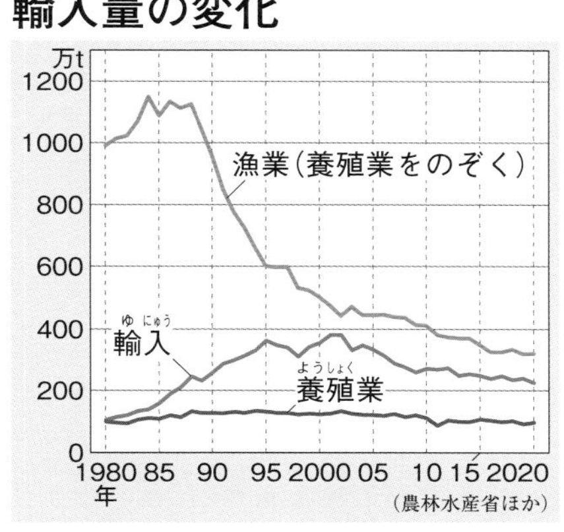

(1) □にあてはまる海流を次からそれぞれ選びましょう。

㋐ 親潮　㋑ 対馬海流　㋒ 黒潮　㋓ リマン海流

(2) 次の｛　｝にあてはまる言葉に○を書きましょう。

▶プランクトンが育つ｛ 水深200m　200海里水域 ｝の海が広がる日本近海は｛ 海流　季節風 ｝のえいきょうもあり、多くの種類の魚介類が集まっている。

(3) 資料からわかること1つに○を書きましょう。

(　　)最近は、養殖業の生産量が最も多い。

(　　)水産物の輸入量は増え続けている。

(　　)日本の漁業全体の生産量が減ってきている。

これからの食料生産

2 資料を見て、あとの問いに答えましょう。 1つ5点〔20点〕

Ⓐ 食料の輸入量の割合

大豆 93.0%　えび 94.1%

(2021年)　(農林水産省ほか)

Ⓑ 主な□の変化

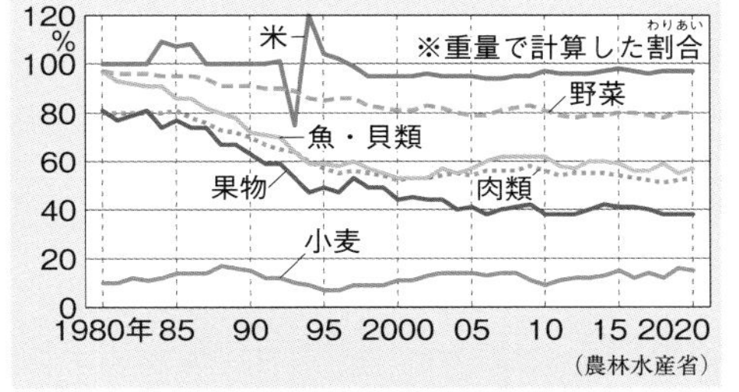

Ⓒ 国産と外国産の食料の値段

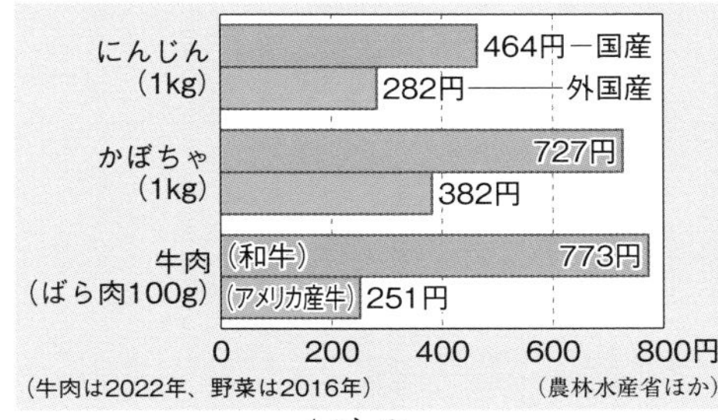

Ⓓ 日本の食料の輸入相手先

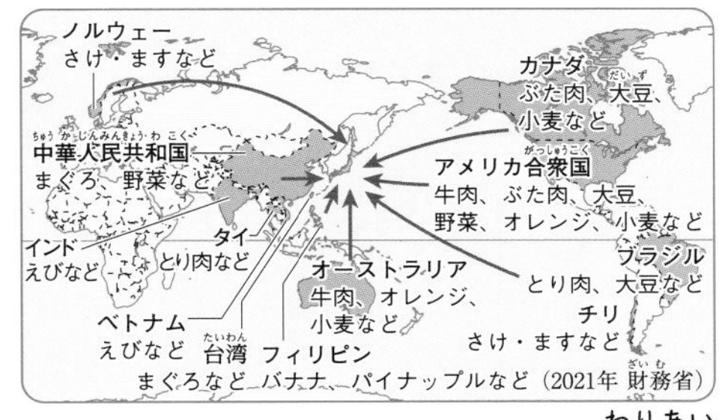

(1) 国内で消費された食料のうち、国内の生産量の割合を示す、□にあてはまる言葉を書きましょう。

(　　　　　)

(2) 次の話はどの資料を見たものかそれぞれ選びましょう。

日本食の原料も輸入にたよっているんだね。□

輸入で、安い食料が増えるのかな。□

えびはベトナムやインドから輸入されているね。□

自動車の生産にはげむ人々

3 自動車の生産のくふうについて、正しいもの2つに○を書きましょう。 1つ5点〔10点〕

自動車はすべて船で運ばれている。(　　)

自動車の生産はロボットだけで行っている。(　　)

多くの部品は関連工場でつくっている。(　　)

利用者のニーズから自動車を開発している。(　　)

日本の工業生産と貿易・運輸

4 資料を見て、あとの問いに答えましょう。 1つ5点〔40点〕

Ⓐ 日本の主な輸出品

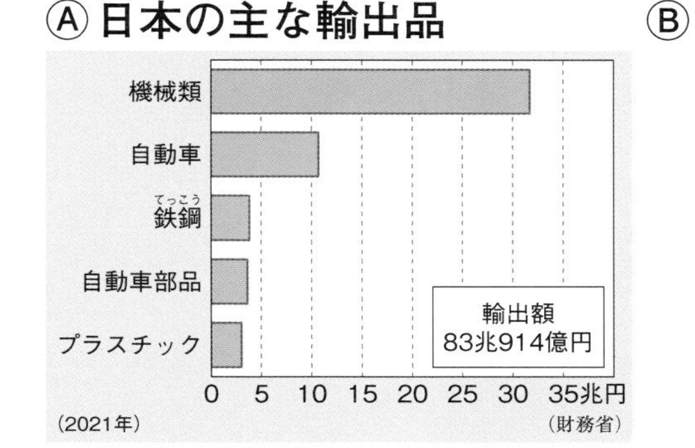

Ⓑ 主な燃料や原料の輸入の割合

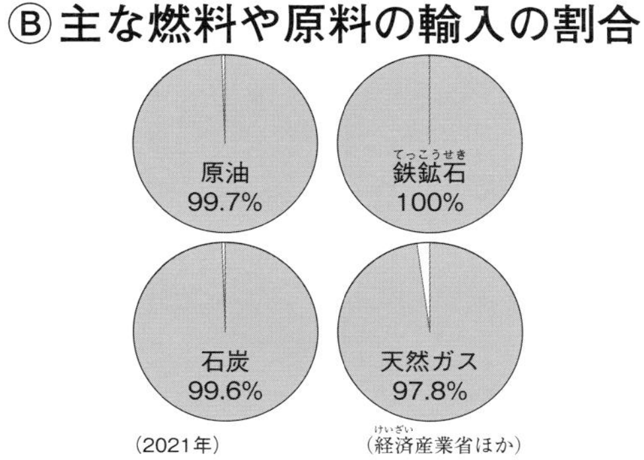

Ⓒ 日本の主な輸出品の輸出相手先

(1) 次の(　　)にあてはまる言葉を□からそれぞれ選びましょう。

貿易　輸送　IC　自動車

▶国と国との間で、品物を売り買いすることを(　　　　)という。

▶最近は、航空機を利用して、(　　　　)や食料品なども多く外国に運ばれている。

(2) 次の文の——が正しければ○を、あやまっていれば正しい言葉を書き、それがわかる資料を選びましょう。

① 日本から近い国に向けた輸出が多い。(　　　　)□

② 日本は燃料や原料のほとんどを輸出している。(　　　　)□

③ 日本はせんい品の輸出の割合が現在最も高い。(　　　　)□

実力判定テスト　冬休みのテスト②

時間30分　名前　得点　/100点　おわったらシールをはろう

教科書　156ページ～189ページ　答え　22ページ

日本の工業生産の今と未来

1 次の工業製品にあてはまる分類を、あとの［　］からそれぞれ選びましょう。　1つ5点〔15点〕

①

②

③

（　　　工業）（　　　工業）（　　　工業）

［ 金属　機械　化学　せんい　食料品 ］

2 資料を見て、あとの問いに答えましょう。　1つ5点〔35点〕

Ⓐ日本の工業生産の分布

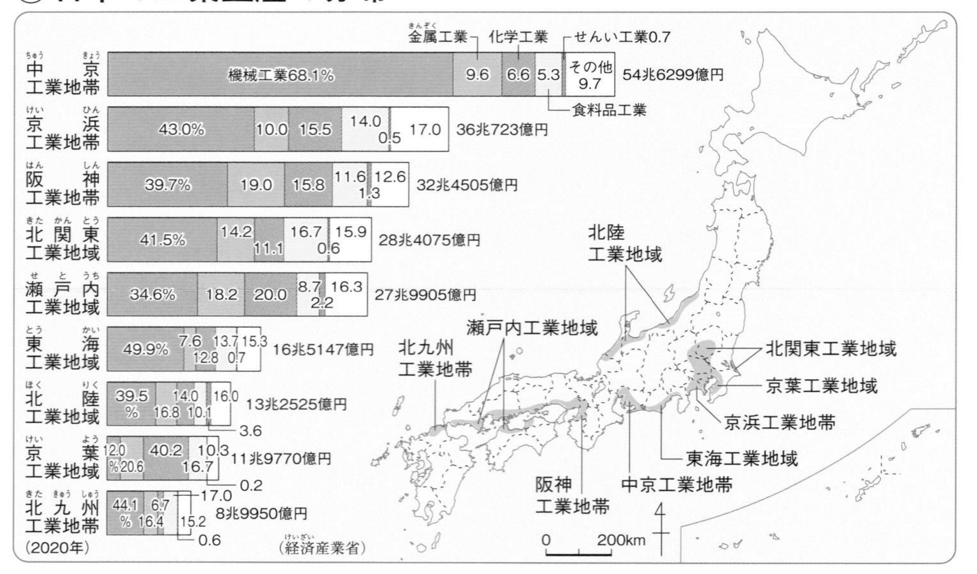

Ⓑ大工場と中小工場　Ⓒ自動車の生産台数の変化

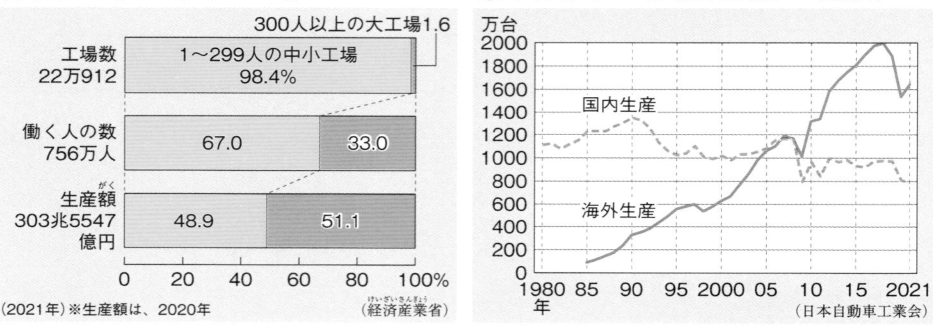

(1) 次の文が正しければ○を、あやまっていれば×を書きましょう。また、それがわかる資料を選びましょう。

大工場は、働く人の数も生産額も中小工場より多いね。　○×（　）［　］

日本の自動車会社の海外での生産は最近まで増え続けていたよ。　○×（　）［　］

生産額が最も多いのは中京工業地帯で、機械工業がさかんだね。　○×（　）［　］

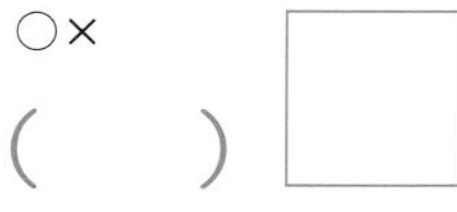

(2) 日本の主な工業地帯が海ぞいにある理由を、船と原料や部品の言葉を使って、かんたんに書きましょう。

（　　　　　　　　　　　　　）

情報を伝える人々とわたしたち

3 資料を見て、あとの問いに答えましょう。　1つ5点〔30点〕

あ

記者やカメラマンが現場に行って、映像をとり、情報を集める。

い

放送で流す映像を編集して字幕や図を入れる。

う

責任者を中心に、番組の内容や順番を確かめる。

え

映像の見やすさに気をつけてカメラを操作する。

(1) 情報を記録・伝達する物や手段を何といいますか。

（　　　　）

(2) 次の言葉にあてはまる資料を上から選びましょう。

①　打ち合わせ（　　）　②　取材（　　）

③　映像の編集（　　）　④　放送（　　）

(3) （　　）にあてはまる言葉を書きましょう。

▶うその情報が事実ではないことを取材して確かめる「（　　　　　）」を行い、マスメディアで働く人たちは正確な情報の発信に努めている。

4 次の資料の特長にあてはまる話を、あとからそれぞれ選びましょう。　1つ5点〔20点〕

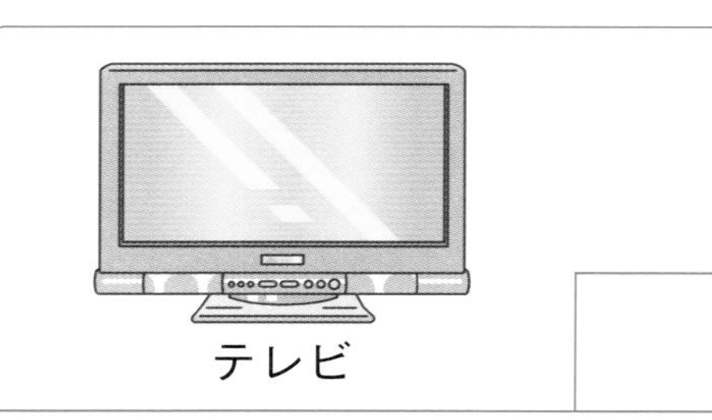
テレビ［　］

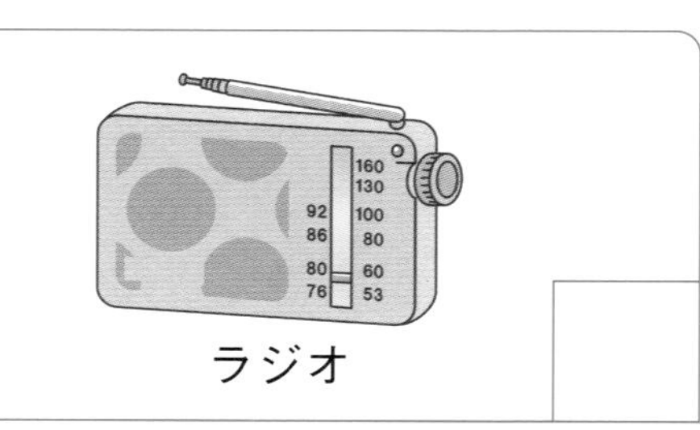

ラジオ［　］

新聞［　］

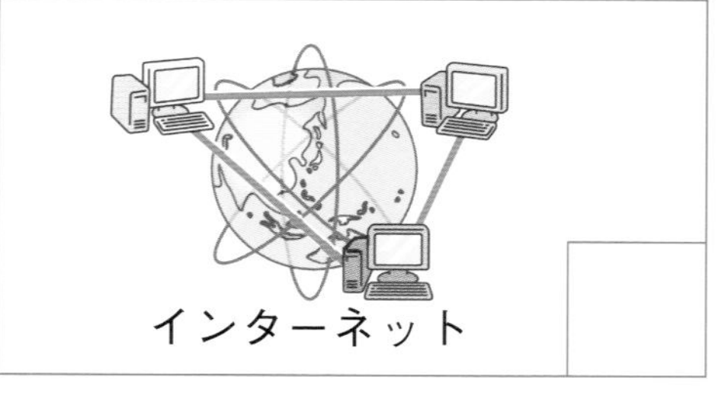
インターネット［　］

ア　映像と音声を、一度に広いはん囲に伝えられるね。

イ　文字や映像などの情報をパソコンですぐに調べられるよ。

ウ　切りぬいて保存したり、持ち運んだりすることができるね。

エ　音声で伝えるよ。持ち運びやすい大きさのものが多いね。

学年末のテスト①

時間30分

名前　　得点　　/100点　　おわったらシールをはろう

教科書　190ページ～221ページ　　答え　23ページ

くらしと産業を変える情報通信技術

1 資料を見て、あとの問いに答えましょう。1つ5点〔50点〕

Ⓐ電子マネーでの支はらい

Ⓑインターネットショッピングの売り上げ額の変化

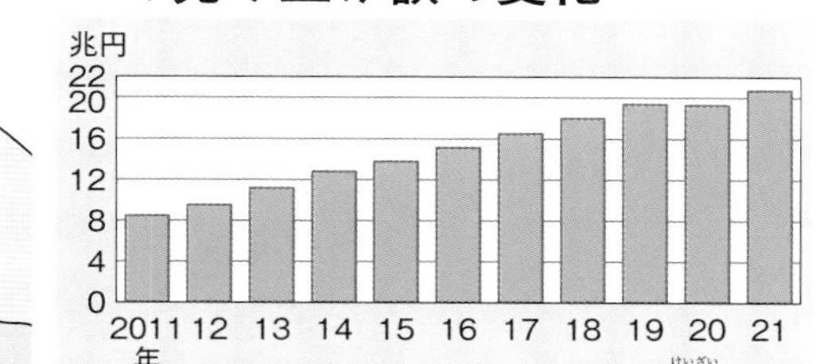

Ⓒインターネットで世界中を流れる情報量の変化

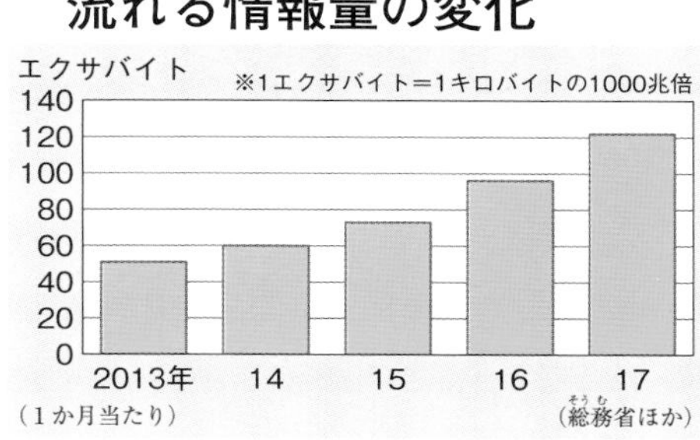

Ⓓ情報サービスに関する仕事につく人の数の変化

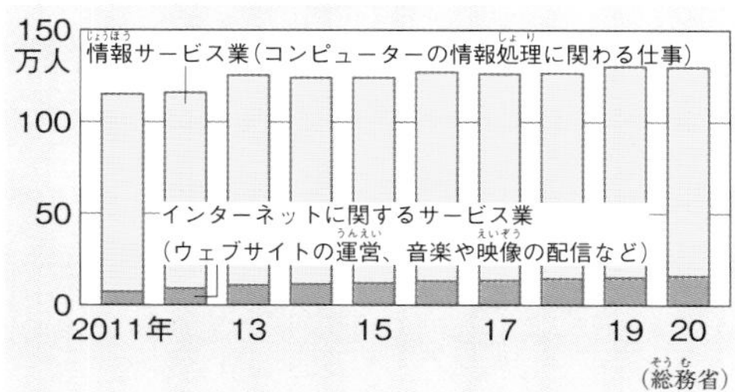

(1) 次の{　}にあてはまる言葉に○を書きましょう。

▶情報通信技術（{ ICT　POS }）が広まり、インターネットなどで情報のやりとりをしている。

▶鉄道やバスに乗車するときに{ AI　IC　JA }カードが使える地域もある。

▶店のレジでは、{ ICT　POS }システムが使われ、商品の売れ行きの情報を管理し、仕入れの量を決めるのに役立てられている。

▶情報を処理して、人間のように今後の予測などができる機能を備えた{ AI　IC　JA }（人工知能）の研究・開発が進められている。

(2) 次の話はどの資料を見て話したものですか。上からそれぞれ選びましょう。

インターネットショッピングの利用はだんだん増えてきているんだね。 □

インターネットに関するサービス業につく人が少しずつ増えてきているね。 □

店で電子マネーを使うと、支はらいがかんたんにすんで便利だったよ。 □

以前に比べて、より大量の情報がやりとりされるようになっているのかな。 □

(3) 情報について、正しいもの2つに○を書きましょう。

インターネットは便利なので、個人情報もたくさんのせるとよい。（　）	情報の流出を防ぐために厳重なしくみを開発する人がいる。（　）	情報へのつながりやすさに家庭や地域で差があることもある。（　）

自然災害とともに生きる

2 資料を見て、あとの問いに答えましょう。1つ5点〔50点〕

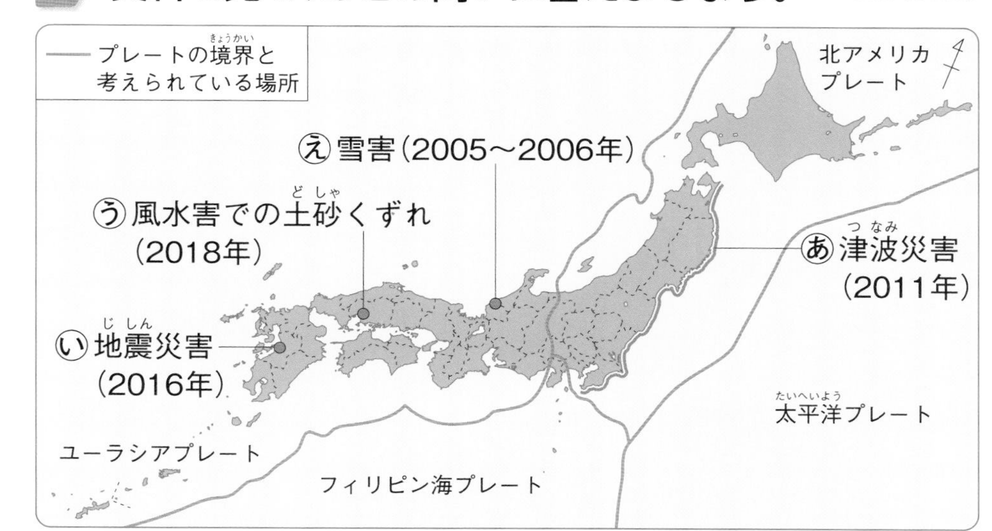

(1) 写真はどのような自然災害の被害を減らす施設ですか。地図中の㋐～㋓からそれぞれ選びましょう。

(2) 次の（　）にあてはまる言葉を□からそれぞれ選びましょう。

▶大きな地震が発生したとき、強いゆれが予想されることを知らせる（　　　）が出る。

▶（　　　）を見ると、災害の被害が予想されるはんい囲や避難場所などがわかる。

ハザードマップ　緊急地震速報　津波警報

(3) 地図を見て、日本の国土で地震が発生しやすい理由をプレート、境界の言葉を使って書きましょう。

（　　　　　　　　　　　　）

(4) 日本の自然災害について、正しければ○を、あやまっていれば×を書きましょう。

①（　）多くの火山があるが、ほぼ活動していない。

②（　）防災だけでなく、減災の考え方も大切である。

③（　）梅雨や台風などの大雨は土砂災害も起こす。

●勉強した日　月　日

実力判定テスト

学年末のテスト②

時間30分

名前　得点　/100点

おわったらシールをはろう

教科書　222ページ～245ページ　答え　23ページ

森林とともに生きる

1 資料を見て、あとの問いに答えましょう。1つ5点〔60点〕

Ⓐ世界各国の、国土にしめる森林の割合

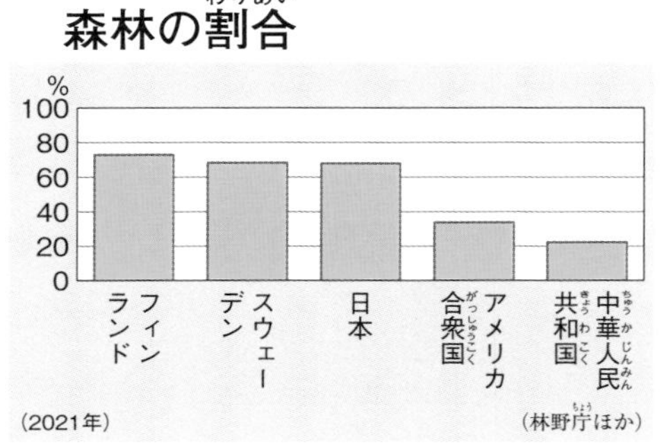

Ⓑ日本の国土の土地利用の割合

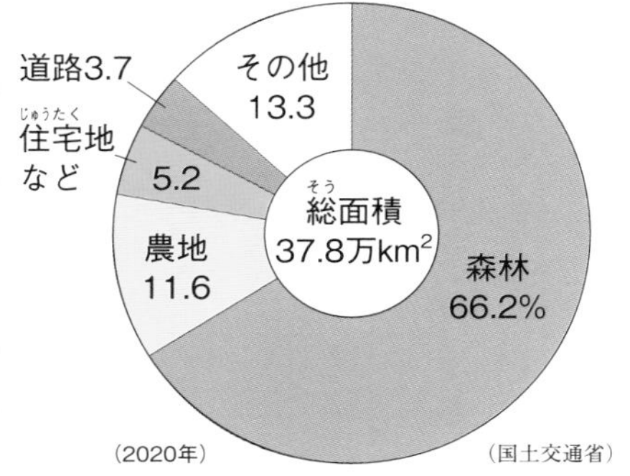

Ⓒ天然林と人工林の面積の割合

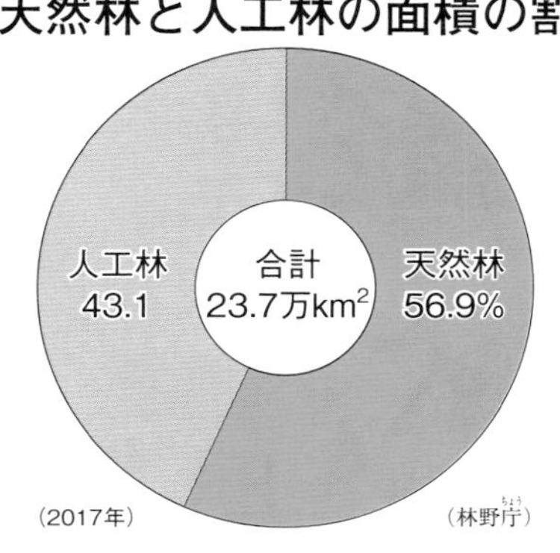

Ⓓ□で働く人の数の変化

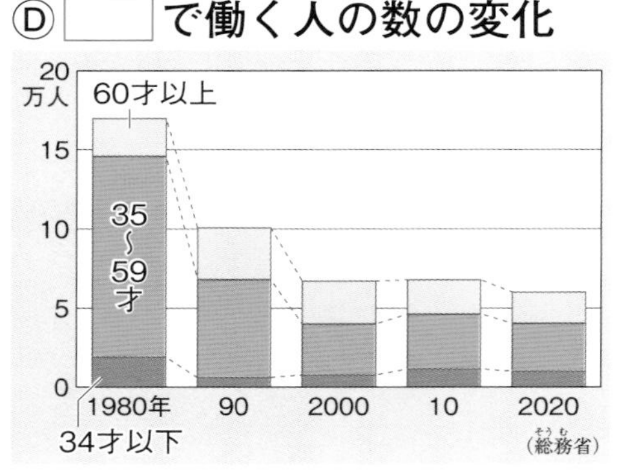

(1) □にあてはまる、木を育てて、切って売る産業を何といいますか。　(　　　)

(2) 次の文の{　}にあてはまる言葉に○を書き、何の資料について話しているかそれぞれ選びましょう。

国土の約{ 3分の2　2分の1 }は、森林で、農地の約6倍もあるよ。□

□の仕事で働く人の数は、だんだん{ 増え　減っ }てきているよ。□

自然のままの森林と人の手で植えた{ 天然林　人工林 }があるよ。□

世界の国に比べて日本は、森林の割合が{ 多い　少ない }ね。□

(3) 次の(　)にあてはまる言葉を書きましょう。

▶ぶな林が広がる秋田県から青森県の境にある(　　　)は、世界(　　　)に登録されている。

(4) 木材、自然災害という言葉を使って、森林のはたらきについてかんたんに書きましょう。

(　　　)

環境をともに守る

2 次の表を見て、あとの問いに答えましょう。1つ4点〔20点〕

病名	内容	都道府県
(　　　)	化学工場から海に流された水銀が原因。手足がしびれる。	熊本県・鹿児島県
新潟(　　　)	化学工場から川に流された水銀が原因。手足がしびれる。	新潟県
(　　　)	石油化学工場から空気中に出されたガスが原因。	三重県
(　　　)	鉱山から流されたカドミウムが原因。ほねがもろく折れやすくなる。	富山県

(1) 表の病気をまとめて何といいますか。　(　　　)

(2) 表の(　)にあてはまる病気の名前をそれぞれ書きましょう。同じ言葉を書いてもかまいません。

3 資料を見て、あとの問いに答えましょう。1つ4点〔20点〕

年	北九州市の□防止の歩み
1901年	洞海湾の近くに製鉄所ができる
1950年	ばいじんによる被害が出始め、市民が反対運動を始める
1967年	北九州市と工場の間で、□を防ぐための取り決めを結ぶ
1970年	北九州市が□を防ぐためのきまりをつくる
1987年	北九州市が「星空の街」に選ばれる

(1) □に共通する産業の発展によって環境が悪化して起こる被害を何といいますか。　(　　　)

(2) 北九州市の□の対策と取り組みについて、次の(　)にあてはまる言葉を[　]から選びましょう。

▶被害をなくすために、自分たちで調査をしたり、市にうったえたりする(　　　)が高まった。

▶市は、□防止(　　　)をつくり、よごれを取りのぞく作業などを行った。

▶市は、「北九州エコタウン事業」を進め、ごみをできるだけ出さずに資源を有効に使う、「(　　　)な社会」をめざしている。

持続可能　条例　住民運動　環境

(3) 正しいもの1つに○を書きましょう。

環境を守る取り組みは、今は市だけが中心となって行っている。(　)

今は対策が進んだので、環境をよごす心配がまったくない。(　)

地域のごみを拾うなど、一人一人の行動が大切である。(　)

実力判定テスト

かくにん！世界地図と主な国

●勉強した日　月　日

時間 30分

名前

できた数　/25問中

おわったらシールをはろう

教科書や地図帳を見て、国の名前を調べよう。

答え 24ページ

☆ □にあてはまる大陸や海洋の名前を書きましょう。また①～⑯にあてはまる国の名前を□から選びましょう。

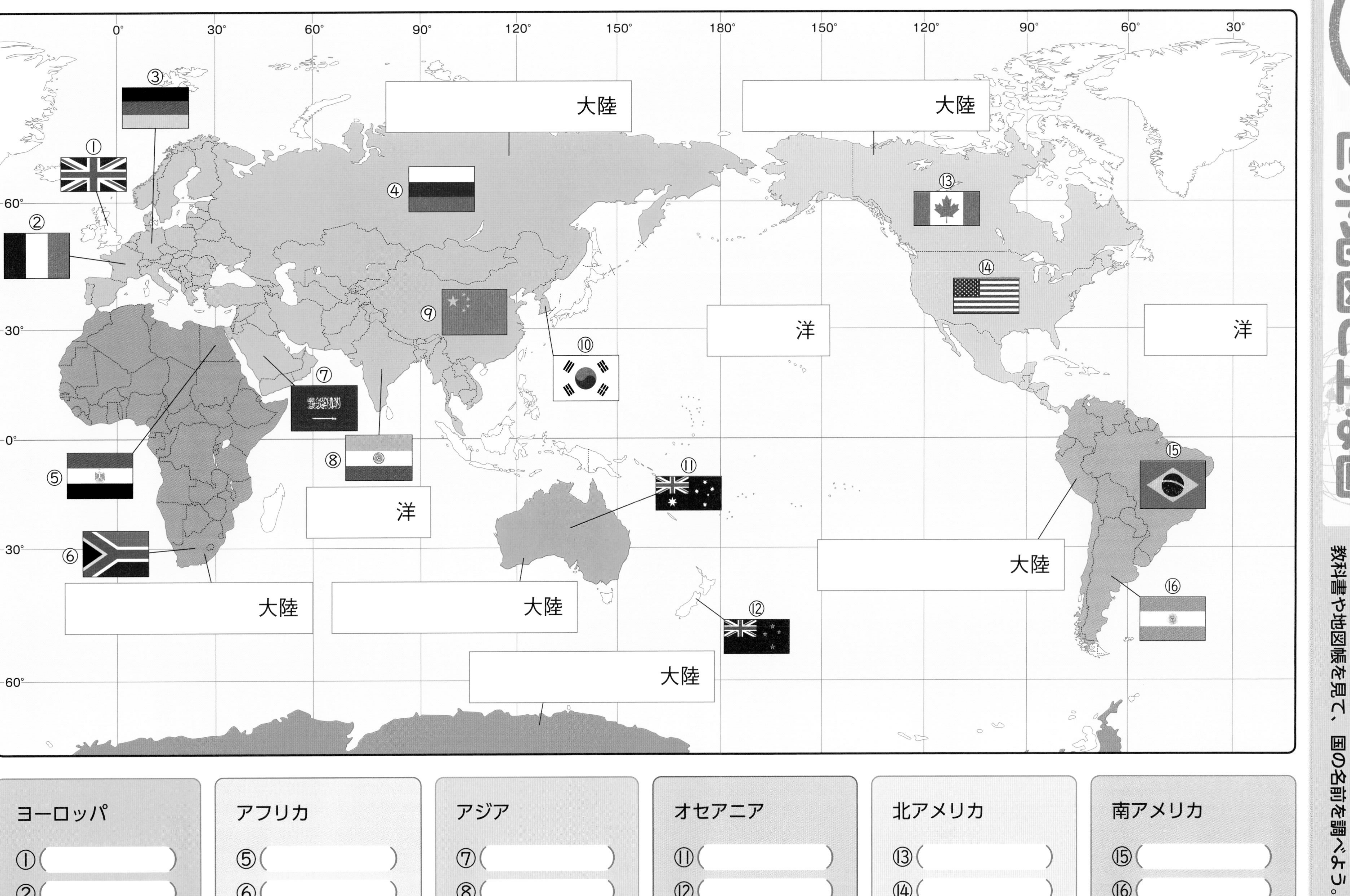

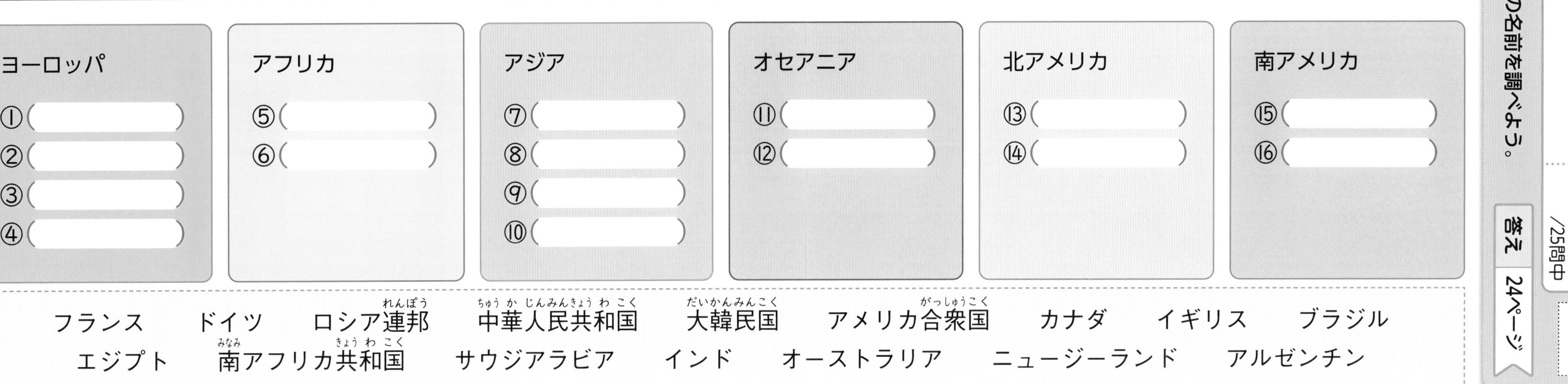

ヨーロッパ
①（　　　）
②（　　　）
③（　　　）
④（　　　）

アフリカ
⑤（　　　）
⑥（　　　）

アジア
⑦（　　　）
⑧（　　　）
⑨（　　　）
⑩（　　　）

オセアニア
⑪（　　　）
⑫（　　　）

北アメリカ
⑬（　　　）
⑭（　　　）

南アメリカ
⑮（　　　）
⑯（　　　）

フランス　ドイツ　ロシア連邦（れんぽう）　中華人民共和国（ちゅうかじんみんきょうわこく）　大韓民国（だいかんみんこく）　アメリカ合衆国（がっしゅうこく）　カナダ　イギリス　ブラジル

エジプト　南（みなみ）アフリカ共和国（きょうわこく）　サウジアラビア　インド　オーストラリア　ニュージーランド　アルゼンチン

●勉強した日　　月　　日

時間30分

名前	できた数
	/30問中

おわったらシールをはろう

教科書や地図帳を見て、地形の名前を調べよう。　答え　24ページ

☆（　　）にあてはまる言葉を［　］から選びましょう。

いろいろな地形

高地	標高が高いところ
（　　　　　）	山が列のように連なったところ
（　　　　　）	山が集まったところ
（　　　　　）	山に囲まれた平地

低地	標高が低いところ
（　　　　　）	海に面している平地
（　　　　　）	まわりよりいちだんと高くなっているところ
（　　　　　）	陸地に入りこんだ海

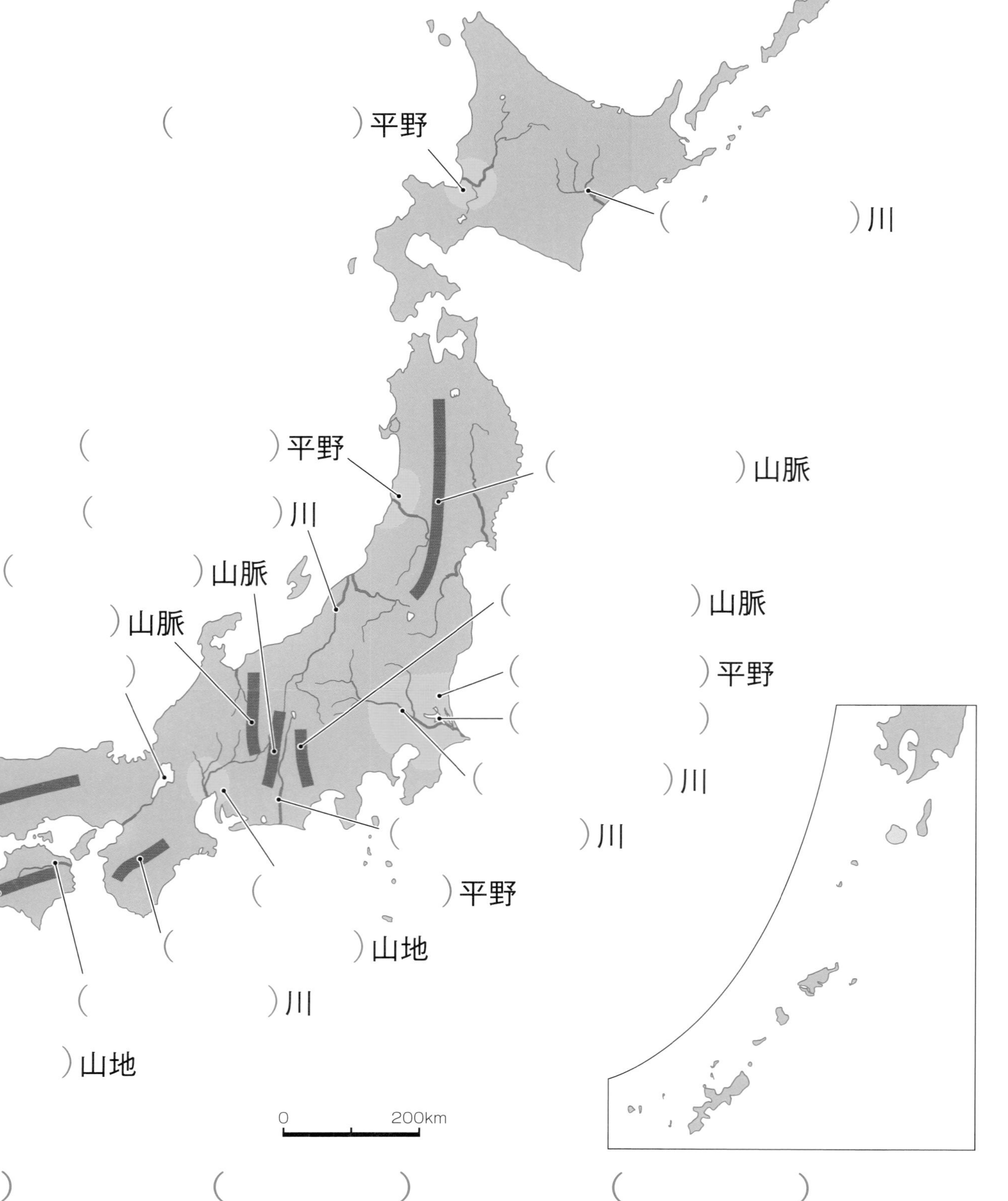

（　　　　　）

北のはし

（　　　　　）

東のはし

（　　　　　）

西のはし

（　　　　　）

南のはし

山脈　湾　山地　台地　盆地　平野　与那国島　沖ノ鳥島　南鳥島　択捉島
石狩　十勝　庄内　最上　利根　関東　信濃　赤石　木曽　濃尾　琵琶湖
奥羽　紀伊　天竜　中国　四国　吉野　筑紫　筑後　宮崎　霞ヶ浦　飛驒

教科書ワーク

答えとてびき

「答えとてびき」は、とりはずすことができます。

教育出版版

社会5年

使い方

まちがえた問題は、もういちどよく読んで、なぜまちがえたのかを考えましょう。正しい答えを知るだけでなく、なぜそうなるかを考えることが大切です。

1　世界の中の日本の国土

2ページ　基本のワーク

❶ ①地球儀　②正
③地図〔世界地図〕　④ゆがみ

❷ ⑤大陸　⑥3　⑦ユーラシア
⑧北アメリカ　⑨インド
⑩オーストラリア
⑪南極

❸ ⑫緯線　⑬赤道　⑭経線
⑮経度

3ページ　練習のワーク

❶ ①できる　②できない

❷ (1)Ⓐ㋑　Ⓑ㋓
(2)Ⓒ太平洋　Ⓓ大西洋
(3)㋐ドイツ　㋑南アフリカ共和国
㋒中華人民共和国
㋓オーストラリア　㋔アメリカ合衆国
(4)①㋓　②㋐　③㋔

❸ (1)経線　(2)緯線
(3)赤道　(4)90度(まで)

てびき ❷ (2)世界には、太平洋、大西洋、インド洋の3つの大きな海洋があります。

❸ (1)地球儀や地図に引かれたたての線を経線といいます。

(2)(3)(4)地球儀や地図に引かれた横の線を緯線といい、緯度0度の緯線を特に赤道といいます。北極は北緯90度、南極は南緯90度です。

4ページ　基本のワーク

❶ ①九州　②北　③北方　④東
⑤西　⑥南

❷ ⑦領土　⑧領海　⑨200
⑩排他的経済　⑪北海道　⑫ロシア
⑬島根　⑭沖縄

5ページ　練習のワーク

❶ (1)①14000　②3000
(2)太平洋
(3)本州
(4)①南鳥島　②与那国島
③沖ノ鳥島　④択捉島
(5)Ⓐ㋐　Ⓑ㋓　(6)国旗

❷ (1)Ⓐ国後島　Ⓑ色丹島
(2)北方領土
(3)①島根県　②沖縄県

てびき ❶ (3)日本の4つの大きな島を面積が大きい順にならべると、本州→北海道→九州→四国となります。

(4)東のはしの南鳥島と、南のはしの沖ノ鳥島は、いずれも東京都に属します。西のはしの与那国島は沖縄県、北のはしの択捉島は北海道に属します。

❷ (2)北方領土は、択捉島、国後島、色丹島、歯舞群島からなり、現在ロシア連邦によって不法に占領されています。

(3)竹島は島根県の島です。尖閣諸島は沖縄県の島です。

6・7ページ まとめのテスト

1 (1)①経線　②180

(2)〈例〉陸地や海の形、方位、きょりなどを正しく表すことができる。

2 (1)南アメリカ

(2)①ウ　②0

(3)イ　(4)Ａ　(5)エ

3 (1)イ　(2)日本海

(3)Ⓧ本州　Ⓨ四国

(4)①ⓐイ　ⓑア　ⓒウ　ⓓエ　②ウ

(5)領空

(6)①○　②○　③小さい

(7)〈例〉日本は海に囲まれた島国だから。

(8)①ウ　②イ

てびき **2** (1)地図には、ほかにユーラシア大陸、アフリカ大陸、オーストラリア大陸、北アメリカ大陸がえがかれています。

(2)①赤道は、アフリカ大陸の中央部や南アメリカ大陸の北部などを通っています。

(4)日本とほぼ同じ緯度にある国はⒶのスペインです。Ⓒのロシア連邦とⒺのカナダは一部日本と同じ緯度の地域もありますが、ほぼ日本より高い緯度にあります。

3 (6)①排他的経済水域は、領土の海岸線から200海里までのうち、領海をのぞいた海のはん囲です。領海はあで海岸線から12海里までの海のことをいいます。

(7)日本の領土の面積は世界の国の中で61位ですが、排他的経済水域は世界6位の広さです。

なぞり道場　何回も書いてかくにんしよう！

排他的経済水域（はいたてきけいざいすいいき）

2　国土の気候と地形

8ページ 基本のワーク

1 ①気候　②南　③小笠原

2 ④標高　⑤気温　⑥山地

⑦平野　⑧3　⑨関東平野

⑩信濃川　⑪奥羽山脈

⑫木曽山脈　⑬屋根

9ページ 練習のワーク

1 (1)1

(2)5

(3)ア、ウ

2 ①山脈　②盆地　③平野　④台地

3 Ⓐ十勝　Ⓑ奥羽　Ⓒ最上

Ⓓ関東　Ⓔ赤石　Ⓕ紀伊

Ⓖ吉野　Ⓗ筑後

てびき **1** (1)(2)沖縄県などがふくまれる南西諸島では、1月に桜が開花し、その後、桜前線が南からしだいに北上しています。それが北海道に達するのは5月ごろです。

(3)季節の変化は地域で大きな差があります。

3 Ⓒ最上川は、**庄内平野**を流れる川です。

Ⓓ関東平野は日本で最も広い平野です。

Ⓔ飛驒山脈、木曽山脈、赤石山脈のあたりは険しく高い山なみが続き、「日本の屋根」ともよばれます。

10ページ 基本のワーク

1 ①気温　②降水量　③四季〔季節〕

④雪　⑤寒さ　⑥気温差　⑦6

⑧台風　⑨季節風　⑩日本海

⑪晴れ〔晴天〕

2 ⑫南北　⑬山地〔山脈〕　⑭地形

11ページ 練習のワーク

1 (1)①気温　②降水量

(2)多い

2 (1)Ⓐウ　Ⓑイ　Ⓒエ　Ⓓカ

Ⓔア　Ⓕオ

(2)①梅雨　②秋　③南〔南側〕

(3)ア

(4)季節風

(5)①Ⓐ、Ⓓ　②Ⓑ、Ⓒ

てびき **1** (2)北海道は、雨が少ないことが特ちょうです。また、岐阜県の白川村は特に冬の降水量が多く、雪がふります。

2 (3)北海道では、梅雨が見られません。沖縄県は台風の通り道になることが多いです。

(5)季節風は、夏は高温でしめった風が太平洋から日本に向かって、冬はユーラシア大陸から日本海をわたってくる風が低温でしめった風となりふいてきます。

12・13ページ まとめのテスト

1 (1)①ウ　②イ　③ア
(2)Ⓑ紀伊　Ⓒ四国　Ⓓ九州
(3)〈例〉山に囲まれた平地。
(4)①ほぼ変わらない
②〈例〉標高が高い

2 (1)ウ
(2)①あ　②お

3 (1)①イ　②い
(2)〈例〉海からふき、国土の中央に連なる山地にぶつかることで、雨や雪をふらせる。

4 (1)①Ⓕ　②Ⓑ　③Ⓐ　④Ⓔ
⑤Ⓓ　⑥Ⓒ
(2)〈例〉夏と冬の気温差が大きく、1年を通して雨が少ない。
(3)ウ、エ
(4)台風

てびき **1** (1)飛驒山脈、木曽山脈、赤石山脈の、3つの山脈をまとめて「**日本アルプス**」ともいいます。
(4)②標高は海面を0mとして測ったときの、陸地の高さです。標高が100m上がれば、気温は約0.6℃下がります。
2 (1)十勝平野は北海道南部に広がり、信濃川は長野県から新潟県に流れています。
(2)石狩川は北海道の石狩平野を、筑後川は九州の筑紫平野を流れています。いは最上川、うは信濃川、えは淀川です。
3 (1)①日本海の水蒸気をふくんだ冬の季節風は、日本の中央の山地にぶつかって日本海側に多くの雪をもたらし、山をこえると、かわいた風となって太平洋側にふきおろします。
4 (2)日本の中央の標高の高い地域の気候です。
(3)ア①の6月の降水量が400mmをこえています。イ②と③の9月の降水量はことなります。オ⑤と⑥の8月の降水量には2倍以上の差はありません。

なぞり道場 何回も書いてかくにんしよう！

ぼん	ち			き	せつ	ふう	
盆	地			季	節	風	

3 自然条件と人々のくらし

14ページ 基本のワーク

1 ①自然条件
2 ②さんご礁　③観光　④上がる
⑤琉球王国　⑥気温
⑦パイナップル　⑧海流　⑨漁場
3 ⑩台風　⑪森林　⑫水不足
⑬まど　⑭かわら　⑮アメリカ

15ページ 練習のワーク

1 (1)①4　②11　③9　(2)イ、ウ
2 (1)あもずく　いマンゴー
うゴーヤー
(2)特産品
3 (1)①大きく　②風通し
③石がきや木
④しっくいでとめ
(2)観光

てびき **1** (2)雨はふるものの、雨水をたくわえる森林の多い山が少なく大きい川もないので、水不足になやまされることもありました。
2 (1)マンゴーやパイナップルは、暑い地域の果物です。ゴーヤーはにがうりともいいます。沖縄ではきくなど花のさいばいもさかんです。
(2)特産品は、地域の自然条件を生かしてつくられるものも多いです。

16ページ 基本のワーク

1 ①八ヶ岳　②標高　③葉物
④暑さ　⑤夏　⑥トラック
2 ⑦牛乳　⑧乳製品　⑨特産
⑩観光
3 ⑪開拓　⑫連作　⑬高地
⑭火山　⑮栄養

17ページ 練習のワーク

1 (1)長野県　(2)ウ
(3)①西　②い　③なだらか
(4)イ
2 (1)ア　(2)トラクター
(3)はくさい
(4)①夏　②すずしい　(5)酪農
3 (1)ア　(2)高原野菜

てびき 2 (4)夏でもすずしい高地の自然条件を生かして、レタスやはくさいなど暑さに弱い葉物の野菜をさいばいしています。

(5)高地のすずしい気候は、暑さに弱い牛の飼育に適しています。

3 (1)野辺山原は、寒さがきびしくあれた土地が広がっていました。人々は、火山灰が積もってできた土に牛のふんを混ぜるなどして、栄養のある土に変える取り組みなどを行ってきました。

18ページ まとめのテスト

1 (1)ア、エ
(2)琉球王国
(3)〈例〉屋根のかわらが台風で飛ばされないようにするため〔台風から家を守るため〕。

2 (1)①11月　②5月
(2)〈例〉高く売れる
(3)〈例〉パイナップル、マンゴー
(4)さとうきび
(5)〈例〉日本の生産量のうち、沖縄県産が半分以上をしめる。
(6)あたたかい海流〔暖流〕

てびき 1 (3)しっくいはかべや天井などに使われる素材です。沖縄県では、台風のときに風で飛ばされないように屋根がわらをとめるために多く用いられてきました。

2 (1)沖縄県では、他の地域の気温が低く生産が少ない冬に多くの花を出荷しています。

なぞり道場　何回も書いてかくにんしよう！

とく	さん	ひん		りゅう	きゅう	おう	こく
特	産	品		琉	球	王	国

19ページ まとめのテスト

1 (1)ア、ウ
(2)①ア　②エ　③カ

2 (1)ウ
(2)ウ
(3)〈例〉低温で運べるトラックを使って、各地に出荷している。
(4)イ
(5)〈例〉夏のすずしい気候を求めるため。

てびき 2 (2)ウは、夏の時期に長野県産のレタスの出荷量が大きく増えるので、全体の出荷量は他の月とあまり変わりません。

(5)野辺山原は冬のきびしい寒さを生かしたイベントを開き、冬の時期の観光客も増やそうと努力しています。

なぞり道場　何回も書いてかくにんしよう！

らく	のう		ぎゅう	にゅう		かい	たく
酪	農		牛	乳		開	拓

20ページ 基本のワーク

1 ①真冬　②流氷　③観光
④世界自然遺産　⑤ラムサール
⑥アイヌ

2 ⑦酪農　⑧てんさい　⑨オホーツク

3 ⑩二重　⑪断熱材　⑫急　⑬除雪
⑭雪　⑮ロシア

21ページ 練習のワーク

1 (1)知床　(2)①水鳥　②湿地
(3)①ア　②イ

2 (1)①じゃがいも、小麦、てんさい
②イ　③ア
(2)ほたて

3 (1)イ、ウ　(2)ロードヒーティング

てびき 1 (3)①さまざまな動物のすみかや植物を大切にするエコツアーが行われています。

2 (1)①パイナップルはあたたかい沖縄県、りんごは青森県などで生産がさかんです。

(2)ほたては、外国への輸出も多いです。

3 (1)北海道は冬の寒さがきびしく、海からはなれた内陸の地域では、気温が零下20℃より下がる日もあります。アは暑さがきびしい地域、エは強風が多い地域で見られるくふうです。

22ページ 基本のワーク

1 ①利根　②堤防　③土　④早場米

2 ⑤台風　⑥水害　⑦改良
⑧排水機場〔ポンプ場〕　⑨えんま
⑩生活

3 ⑪水路　⑫舟下り　⑬観光
⑭水郷

23ページ 練習のワーク

1 (1)①水分　②根　③野菜　④米
(2)①ア　②ウ

2 (1)ア、ウ　(2)イ　(3)田
(4)治水　(5)①イ　②ウ　③ア

てびき 1 (2)②長雨や台風が心配される秋の時期の前に収穫します。

2 (1)3つの川のうち利根川は、日本の大きな川の1つで、信濃川に次いで長いです。

(2)舟下りでは「えんま」とよばれる水路を進みます。佐原北部には、船着き場など船で行き来するための施設があります。

(5)①は水塚、②は排水機場(ポンプ場)、③は閘門です。

24ページ まとめのテスト

1 (1)オホーツク　(2)流氷
(3)アイヌの人たち　(4)イ、エ
(5)①寒い　②てんさい　③多い
(6)①牧草
②〈例〉火山灰でできた土地が米や野菜をつくるのに向かなかったため。

2 (1)①二重　②断熱材
(2)〈例〉積もらないように

てびき 1 (3)北海道には、昔からアイヌの人たちが住み、豊かな自然の中で独自の文化を築いてきました。現在も、アイヌ語がもとになった地名がたくさんあります。

(5)②てんさいは寒い気候で育てやすい農産物です。さとうきびは、沖縄県で多くつくられており、砂糖の原料となる農産物です。③現在では、石狩平野などを中心に米の生産量も多くなっています。

(6)①牛などのえさとして、牧草を広い土地で育てています。

2 (1)(2)北海道に住む人々は、家の玄関やまど、かべ、屋根のつくりをくふうし、冬の寒さや雪に備えてくらしています。

なぞり道場　何回も書いてかくにんしよう！

こん	せん	だい	ち		りゅう	ひょう	
根	釧	台	地		流	氷	

25ページ まとめのテスト

1 (1)ア、ウ
(2)水郷
(3)①ウ　②イ

2 (1)香取
(2)①早場米
②〈例〉秋の長雨や台風の被害にあう前に収穫できるようにするため。
(3)①治水　②イ、ウ　③14

てびき 1 (1)イ水面よりも低い標高0m以下の地域が見られます。エ田がどのくらい広がっているかは、この地図からはわかりません。

(2)水郷では豊かな水をくらしや産業に生かしています。

2 (1)香取市内の佐原地区の北部は、千葉県内でも米が多くとれる地域です。大きな川が運んできた栄養分豊かな土と、豊富な水を生かして、昔から米づくりが行われてきました。

(3)①堤防などをつくり、川のはんらんなどの水害を防ぐ工事を行うことを治水といいます。治水には、長い年月がかかります。

なぞり道場　何回も書いてかくにんしよう！

と	ね	がわ		てい	ぼう	
利	根	川		堤	防	

1 米づくりのさかんな地域

26ページ 基本のワーク

1 ①すずしい　②米

2 ③品種〔種類〕　④米　⑤東北
⑥広　⑦水　⑧長く　⑨差

3 ⑩日本　⑪雪　⑫大きく
⑬栄養分

27ページ 練習のワーク

1 (1)新潟県、北海道、秋田県
(2)ア
(3)①あきたこまち　②ひとめぼれ
③コシヒカリ　④はえぬき

2 (1)イ、エ
(2)①Ⓐ　②大きい
(3)①雪　②栄養分　③日照

てびき ❶ (2)東北地方全体の米の生産量は、日本全体の米の生産量のおおよそ４分の１をしめています。

❷ (1)㋐の南魚沼市は新潟県にあります。㋒の米づくりがしやすいのは平地です。

(3)稲が実る夏の時期に、日照時間が長く、昼と夜の気温差が大きいとねばり気やあまみのある米が育ちます。

28ページ 基本のワーク

❶ ①１〔一〕 ②しろかき ③稲かり ④田植え ⑤除草

❷ ⑥雑草 ⑦減らす ⑧守る ⑨農薬〔除草剤〕 ⑩健康 ⑪かも ⑫化学肥料 ⑬固く ⑭たい肥

29ページ 練習のワーク

❶ (1)①㋑、㋓ ②㋔、㋒ ③㋕、㋑ ④㋓、㋐
(2)①調節 ②除草剤 ③低温

❷ (1)①㋐、㋓ ②㋑、㋒
(2)①水田 ②根 ③肥料

てびき ❶ (1)田おこしやしろかきでは、トラクターを使って作業をします。稲かりでは、コンバインを使うと短時間で多くかり取れます。

❷ (2)農家の人々は、環境のことも考えながら、より安全な米をつくっています。

30ページ 基本のワーク

❶ ①ＪＡ ②スーパー ③産地直送 ④生産 ⑤輸送 ⑥広告

❷ ⑦品種改良 ⑧手 ⑨短く ⑩値段 ⑪トラクター ⑫コンバイン ⑬パイプ ⑭排水路 ⑮水

31ページ 練習のワーク

❶ (1)カントリーエレベーター
(2)流通

❷ (1)①150 ②増えて ③７分の１
(2)品種改良
(3)①あきたこまち ②ななつぼし

❸ (1)トラクター〔耕うん機〕
(2)①㋑、㋓ ②㋐、㋒
(3)①耕地整理 ②農業機械 ③水田

てびき ❶ (1)カントリーエレベーターでは、温度や湿度を管理することで米の品質を保っています。

❷ (1)①②昔に比べると同じ広さの土地でとれる米の量が増えています。

(2)品種改良は、味のよい米や病気に強い米になるように全国で研究されています。

❸ (2)農業機械を使うことには、長所もありますが短所もあります。作業の人手や時間を減らせますが、費用の負担が大きいことや使い方をまちがえると危険なこともあります。

(3)耕地整理が行われて、あぜが少なくなりました。その結果、稲を多く植えることができるようになり、大型の農業機械も使えるようになりました。

32ページ 基本のワーク

❶ ①減っ ②余ら ③減ら〔設定〕 ④大豆〔野菜〕 ⑤えさ ⑥売る ⑦減っ ⑧あとつぎ

❷ ⑨粉 ⑩はん売 ⑪加工 ⑫共同 ⑬農地 ⑭じかまき

33ページ 練習のワーク

❶ (1)Ⓐ
(2)減っている
(3)生産調整
(4)①自由に ②はげしく ③水害

❷ (1)①㋒ ②㋐
(2)①㋑ ②㋒

❸ ①インターネット ②無洗米 ③苗 ④技術 ⑤費用

てびき ❶ (1)米の生産量は、天候や災害などのえいきょうで、毎年変わります。一方で、消費量は下がってきていますが、１年ごとに大きく変わることはありません。

❷ (2)農業で働く人の内わけを見ると、1970年は30～59才の人が最も多く働いていましたが、2020年では60才以上の人が最も多く働いています。高齢のために、農業を辞めたり、ほかの農家や会社に農作業をしてもらったりすることもあります。農業で働くわかい人が減っていることが課題です。

❸ 農家はほかにも、弁当をつくって店で売ったりして、直接おいしさを体感してもらっています。

34・35ページ まとめのテスト

1 (1)㋐、㋑
(2)①土地　②水　③日照時間
④気温

2 (1)②(→)①(→)③(→④)
(2)①㋒　②㋑　③㋐
(3)①Ⓐ農薬〔除草剤〕　Ⓑ化学肥料
②㋑　③Ⓑ

3 (1)①あ㋐　い㋒　う㋓
②〈例〉農業機械を使うようになって、農作業の時間が減ったから。
(2)①した後
②〈例〉田の形が広く整えられているから。

4 (1)①生産　②消費
③生産調整　④減少
(2)①㋒　②㋑　③㋐

てびき **1** (1)㋐の北海道や㋑の秋田県が属する東北地方は米づくりのさかんな地域です。

2 (3)③牛などの動物が出すふん尿や稲のわらからつくったたい肥、米からとった米ぬかやもみがらなどを化学肥料のかわりに使う農家も増えています。

3 (1)①あの作業時間とは稲かりもふくむので、㋐の稲かりにかかる時間の変化を調べることができます。いの主な農業機械の広まりのグラフはトラクター（耕うん機）、田植え機、コンバインの広まりがわかるので、㋒のトラクターの農家100戸当たりの台数がわかります。うのカントリーエレベーターのしくみからは、㋓の収穫したもみを出荷するまでの流れがわかります。
(2)耕地整理とは、いろいろな形をした小さな田や畑を、形のそろった大きい田や畑につくり変えることをいいます。

4 (1)③1960年代後半から国は生産調整を行ってきましたが、2018年から都道府県ごとの米の生産量の設定をやめ、産地で生産量を考えて決められるようになりました。

なぞり道場　何回も書いてかくにんしよう！

ひん	しゅ		こう	ち	せい	り
品	種		耕	地	整	理

2 水産業のさかんな地域

36ページ 基本のワーク

1 ①水産物〔稚魚〕　②親潮　③豊富
④プランクトン　⑤暖　⑥200
⑦光　⑧海藻

2 ⑨さんま　⑩秋　⑪電球　⑫あみ
⑬ソナー　⑭氷

37ページ 練習のワーク

1 (1)①Ⓐ親潮〔千島海流〕
Ⓑリマン海流
Ⓒ黒潮〔日本海流〕
Ⓓ対馬海流
②暖流　Ⓒ、Ⓓ　寒流　Ⓐ、Ⓑ
(2)東シナ
(3)銚子(港)

2 (1)①たら、さけ(・ます)
②7
(2)①㋐　②㋒

てびき **1** (1)日本の周りでは、冷たい海流(寒流)とあたたかい海流(暖流)がぶつかっています。南に向かう親潮(千島海流)とリマン海流が寒流、北に向かう黒潮(日本海流)と対馬海流が暖流です。

2 (2)㋑の集魚灯は、さんまが光に集まる習性を利用してとるためのものです。

38ページ 基本のワーク

1 ①親潮　②漁業　③水あげ
④せり　⑤売り上げ　⑥燃料
⑦加工

2 ⑧トラック　⑨フェリー
⑩温度　⑪道路　⑫遠い
⑬航空機　⑭環境　⑮費用

39ページ 練習のワーク

1 (1)水産加工
(2)①8　②10
(3)①せり　②費用　③空気　④手
⑤紫外線　⑥海水

2 (1)㋒
(2)㋑、㋒
(3)出荷業者

てびき ❶ (2)せりでは、魚の状態や水あげ量を見て、値段が決められます。水あげ量が多いときは値段が安く、少ないときは高くなります。

(3)加工工場では、衛生面に気をつけています。すばやく箱づめすることで鮮度を保つことができます。

❷ (1)地図では、千歳と福岡の間に航空路が結ばれており、急いで運ぶ場合は、航空機を使うと考えられます。

(2)㋐フェリーは一度に多く運べて費用が安いですが時間がかかります。㋓航空機を使うと早く運べますが、輸送の費用が高くなります。

(3)ほかにも産地の市場の経費や消費地の市場の経費がかかります。

40ページ 基本のワーク

❶ ①養殖(業)　②暖流　③いけす
④計画　⑤記録　⑥確認　⑦海
⑧量　⑨保冷トラック　⑩水槽

❷ ⑪減　⑫生産　⑬輸入
⑭ロシア〔ロシア連邦〕　⑮協力金

41ページ 練習のワーク

❶ (1)養殖(業)
(2)①暖流　②あたたかく
(3)①入り江　②成長
(4)赤潮
(5)トレーサビリティ

❷ (1)あ
(2)①㋓　②㋑　③㋐　④㋒
(3)減っている
(4)㋑、㋓

てびき ❶ (3)成長にあわせてことなるいけすで育てています。ぶりは、成長度によって名前が変わり、このような魚を、「出世魚」といいます。

(4)赤潮になると、海中の酸素が減るなどして、魚や貝が大量に死ぬことがあります。

❷ (1)とる漁業は、海水温などの環境の変化によって魚のとれる場所や量が変わります。育てる漁業は計画的に出荷するので、とる漁業に比べて変動があまりありません。

(3)(4)日本全体の漁業生産量は減ってきており、輸入にたよっている水産物も少なくありません。

42ページ 基本のワーク

❶ ①消費　②水産　③漁船
④期間　⑤200　⑥制限
⑦遠洋　⑧あみ　⑨すみか
⑩たまご　⑪放流

❷ ⑫森林　⑬漁

43ページ 練習のワーク

❶ (1)㋐
(2)①200海里水域
②減った

❷ (1)小さい〔小さな〕
(2)さいばい漁業
(3)①しんじゅ　②かき
③うなぎ　④ほたて

❸ ①森　②木

てびき ❶ (2)昔は、日本の漁船は世界中の海に出かけて遠洋漁業を行っていました。しかし、世界各国が200海里水域を設けて外国の漁船による漁業を制限するようになったため、日本の遠洋漁業の生産量は大きく減少しました。

❷ (1)ほかにも、海の環境を守るために、海藻を育てて生き物のすみかを増やす取り組みなどが行われています。

44・45ページ まとめのテスト

1 (1)右図
(2)Ⓐ㋒　Ⓑ㋑
Ⓒ㋐　Ⓓ㋓
(3)㋐、㋑

2 (1)せり
(2)①㋐　②㋑
(3)㋒
(4)〈例〉食べ残しで海がよごれて病気が広がったり赤潮が発生したりするのを防ぐため。

3 (1)Ⓐ㋐　Ⓑ㋑
(2)①㋑　②増え〔増加し〕
③200海里水域〔排他的経済水域〕
(3)変化　(4)㋒

4 (1)①㋑　②㋒
(2)〈例〉魚のたまごから稚魚を育てて海に放流する漁業。

てびき **1** (2)焼津港は静岡県、銚子港は千葉県、根室港は北海道、境港は鳥取県にある漁港で、いずれも水あげ量が多くなっています。

(3)㋒の水あげ量が多い漁港は、日本海側よりも太平洋側のほうが多くなっています。㋓の松浦港は、石巻港より水あげ量が少なくなっています。

2 (2)①**ソナー**は、海中で超音波を発信・受信する機械で、船室に設置された画面で、魚の群れの位置を確かめることができます。

(4)**赤潮**は、プランクトンが大量に発生して海が赤くなる現象です。赤潮が発生すると、海中の酸素が減るなどして、魚や貝がたくさん死んでしまうことがあります。

3 (2)③200海里水域は、領海と排他的経済水域をあわせた海岸から200海里(約370km)のはん囲の海です。

(4)水産業がさかんな国々が集まって話し合い、漁船の数やとる量、漁の期間などを決めて、水産資源の管理に取り組んでいます。

4 (1)養殖業は、成長のぐあいに応じて魚を分け、年間で計画的に育てます。㋐は、とる漁業での漁船の売り上げの説明です。

なぞり道場　何回も書いてかくにんしよう！

ぎょ	ぎょう		よう	しょく		あか	しお
漁	業		養	殖		赤	潮

46ページ 基本のワーク

1 ①あたたか　②冬　③ビニール
④風通し　⑤出荷　⑥日照
⑦野菜　⑧春

2 ⑨すずしい　⑩苗　⑪長
⑫かたい　⑬害虫

47ページ 練習のワーク

1 (1)あ㋒　い㋓　う㋐　え㋑
(2)㋒
(3)㋐
(4)①きゅうり、ピーマン
②(共同の)集出荷場

2 (1)①㋐　②㋑
(2)①4月から7月　②6月から10月
(3)①やわらかい　②きず

てびき **1** (2)写真はビニールハウスです。寒い時期に、ビニールハウスで育てることで、他の地域からの出荷が減る季節に時期をずらして多く出荷しています。

(3)農家の人々は、農薬の量を減らすなどのくふうをして、味がよく安全性が高い野菜をつくろうとしています。

2 (1)高知市のほうが、気温が高く、降水量も多くなっています。岩手町は、夏のすずしい気候を生かしたキャベツの生産がさかんです。

(2)岩手町のキャベツづくりでは、4月から7月ごろまで、畑ごとに一週間ずつずらして苗を植えていきます。苗を植える時期をずらすことで、収穫の時期もそれぞれずれるため、出荷する期間を長くすることができます。

48ページ 基本のワーク

1 ①水はけ　②気温差　③高速
④観光　⑤雨　⑥台風　⑦改良
⑧原料

2 ⑨草原　⑩肉牛　⑪放牧　⑫2
⑬記録　⑭名前　⑮飼料

49ページ 練習のワーク

1 (1)あ㋐　い㋑　う㋒
(2)①重ならない〔ずれる〕　②安心
(3)①よい　②少なく　③大きい

2 (1)㋑
(2)共同
(3)㋑

てびき **1** (1)山梨県甲州市では**ぶどう**の生産がさかんですが、数種類のぶどうを育てて、いそがしい収穫の時期が重ならないようにくふうしています。

2 (1)㋐昼と夜の気温差が大きい気候は、果物づくりのさかんな山梨県甲州市などで生かされています。

(3)㋑日本では、飼料の多くを外国から輸入していることから、肉牛の飼育にも使われていると考えられます。㋐あか牛の飼育では、牛の飼育から店にとどくまでの情報を公開する**トレーサビリティ**のしくみを取り入れ、消費者に安心して食べてもらえるようにしていますが、グラフからは読み取ることができません。

3 これからの食料生産

50ページ 基本のワーク

❶ ①下がって〔減って〕 ②交通
③新鮮 ④食料自給率 ⑤安い
⑥災害 ⑦競争

❷ ⑧消費 ⑨高い ⑩輸入 ⑪輸出
⑫野菜工場 ⑬地元 ⑭直売所

51ページ 練習のワーク

❶ (1)①㋒ ②㋑
(2)食料自給率 (3)㋑

❷ (1)①高い 米 低い 小麦
②40
③(あ)野菜 (い)80% (う)下がって
(え)輸入
(2)フードマイレージ

❸ ①㋑ ②㋐ ③㋒

てびき ❶ (1)天ぷらそばに入っているえびやそばのほか、みそやしょうゆの原料となる大豆も、多くを輸入にたよっています。

❷ (1)食料自給率とは、国内で消費された食料のうち、どれだけ国内で生産されたかを表す割合です。食料自給率が高いほど、国内で消費された食料を、国内の生産でまかなえていることを示しています。

❸ ②地産地消は、国内の各地で取り組まれており、直売所は地産地消の取り組みの１つです。

52・53ページ まとめのテスト

1 (1)①牛肉、オレンジ、小麦
②㋐、㋒ ③フィリピン
(2)㋑

2 (1)消費 (2)㋐、㋒

3 (1)①外国産 ②環境
(2)Ⓐ㋑ Ⓑ㋐
(3)〈例〉相手国で事故や災害があった場合に食生活が不安定になる可能性がある。
(4)(あ)㋐ (い)㋒

4 (1)㋑、㋓
(2)〈例〉質のよい作物を安く確実にとどけることができる。
(3)①㋐ ②㋑ ③㋐ ④㋑

てびき 1 (2)㋐、㋒は国内の食料生産を発展させるため、国産食料の消費を増やす取り組みです。

2 (2)(あ)からそれぞれの生産量の変化を読み取り、(い)から食料自給率の変化を読み取ります。㋑について、魚・貝類の生産量は減っています。㋓について、小麦の食料自給率はほぼ横ばいで、大きく増えてはいません。

3 (2)食料を輸入することは、消費者にとってはさまざまな食料を安く手に入れられるという長所がありますが、生産者にとっては競争がはげしくなる短所があります。

(4)(あ)空港などでは、輸入した食料の検査をしています。(い)日本などに輸出するえびを養殖するために、マングローブの林を切っています。

4 (1)㋐について、直売所ではその地域でとれる農産物や水産物がそろっています。㋒について、主にその季節の農産物が売られており、ほしい農産物が１年中いつでも手に入るわけではありません。

なぞり道場 何回も書いてかくにんしよう！

しょく	りょう	じ	きゅう	りつ
食	料	自	給	率

ち	さん	ち	しょう
地	産	地	消

1 自動車の生産にはげむ人々

54ページ 基本のワーク

❶ ①工場 ②加工 ③工業 ④改良

❷ ⑤部品 ⑥数十 ⑦生産
⑧ガス ⑨ドア ⑩機能

❸ ⑪福岡 ⑫配置 ⑬ウェブ

55ページ 練習のワーク

❶ (1)①㋒ ②㋑ ③㋐
(2)自動車部品
(3)①世界 ②１年
(4)㋒
(5)インド、中国、ドイツ

❷ ㋑、㋒

てびき ❶ (1)工業製品の改良でわたしたちのくらしも変化します。

(3)1か所に自動車の車体をすえ、部品をかわるがわる取り付ける方式だったため、多くの自動車を一度にたくさん生産できませんでした。

56ページ 基本のワーク

❶ ①ライン ②コンピューター ③プレス ④溶接 ⑤ロボット ⑥とそう ⑦組み立て ⑧検査

❷ ⑨ランプ ⑩機械 ⑪正し ⑫休憩 ⑬工場 ⑭効率

57ページ 練習のワーク

❶ (1)Ⓐ車体工場 Ⓑとそう工場 Ⓒ検査 Ⓓ組み立て工場 Ⓔプレス工場

(2)①Ⓓ ②Ⓔ ③Ⓑ ④Ⓐ

(3)Ⓔ(→)Ⓐ(→)Ⓑ(→)Ⓓ(→)Ⓒ

❷ (1)①ボタン ②ランプ

(2)㋒

(3)㋓

てびき ❶ (1)Ⓐの車体工場での溶接の作業は、火花が出るなど危険が多いため、人ではなく主にロボットが行っています。

❷ (1)1か所でも作業が止まると、ライン全体にえいきょうします。そのため、いち早くラインのどこで問題が発生したのかをわかるようにしています。

58ページ 基本のワーク

❶ ①関連 ②人 ③ライン ④部品 ⑤組み立て ⑥時刻〔時間〕 ⑦関連

❷ ⑧船 ⑨キャリアカー ⑩きず ⑪港 ⑫道路 ⑬部品 ⑭原材

59ページ 練習のワーク

❶ (1)Ⓐ㋐ Ⓑ㋑ Ⓒ㋒

(2)①㋒ ②㋐ ③㋑

❷ (1)船

(2)㋑、㋓、㋕

(3)㋐、㋒

てびき ❶ (1)自動車工場からの注文に合わせて、関連工場で部品をつくっています。

(2)同じ順番にすることで、自動車工場での組み立てをスムーズに行うことができます。

❷ (1)(2)自動車工場からとどけ先までのきょりに応じて、船とキャリアカーを使い分けて輸送しています。工場から近い地域へはキャリアカーだけで運びますが、遠い地域には、各地の港まで船で運び、そこからはん売店までキャリアカーで運びます。地図は福岡県にある苅田町の工場からの輸送手段を示しています。九州地方と中国地方にはキャリアカーだけで運ばれていますが、それより遠い地域には船も使われていることがそれぞれわかります。

60ページ 基本のワーク

❶ ①企画 ②デザイナー ③模型 ④設計 ⑤デザイン ⑥試作 ⑦ニーズ ⑧開発

❷ ⑨地球温暖 ⑩ドア ⑪安全 ⑫ユニバーサル ⑬持続

61ページ 練習のワーク

❶ (1)ニーズ

(2)㋐企画 ㋑試作・実験 ㋒設計 ㋓デザイン

(3)㋐(→)㋓(→実際の大きさで確認→)㋒(→)㋑

(4)㋑

❷ (1)①㋒ ②㋐ ③㋑

(2)ユニバーサルデザイン

(3)①海 ②むだ ③働き

てびき ❷ (1)ガソリンのかわりに電気を使う自動車が開発されてきました。電気自動車のバッテリーに充電しておいた電気は、災害のさいに停電になったときなどにも役立ちます。

(2)ユニバーサルデザインは、しょうがいの有無、年令や性別、言葉のちがいなどにかかわらず、だれもが等しく使いやすい安全で便利な製品などをつくろうとする考え方です。自動車づくりでは、乗りおりしやすいよう自動車のシートが回転したり、手だけで運転できたりするなど、ユニバーサルデザインの考え方でさまざまなくふうがされた自動車があります。

62・63ページ まとめのテスト

1 (1)工業　(2)㋑

2 (1)ライン

(2)①Ⓘ　②Ⓐ　③Ⓤ　④Ⓔ

(3)㋒、㋓

(4)〈例〉ミスを防ぎ、効率よく自動車を生産するため。

3 (1)関連工場

(2)①㋒　②㋐　③㋑　④㋓

(3)〈例〉必要な部品を、必要な時刻までに、必要な数と種類だけ、組み立て工場にとどけるしくみ。

(4)㋐、㋓　(5)キャリアカー

4 (1)①㋒　②㋐　③㋑

(2)①排出ガス　②ガソリン

③水素　④酸素　⑤バッテリー

てびき **2** (3)㋐カードにあるように、とそう、溶接など危険な作業や、重い部品をあつかう際に、ロボットが使われます。㋑自動車工場では、同じ作業に慣れすぎてしまうとミスやけがにつながる可能性があるため、受けもつ作業を入れかえています。㋒タブレット型のコンピューターで正しい手順を確認しています。㋓スケジュールを見ると食事以外にも休憩があります。

3 (2)一つの部品はさらにいくつかの部品からつくられており、それらの部品はちがう工場でつくられています。

(4)㋑シート工場では、自動車工場で組み立てるラインの順番に合わせてトラックにシートを積みこむ順番を決めています。㋒自動車工場のそばにある関連工場も多いです。

4 (1)(2)自動車を利用する人のニーズなどから、新しい機能が開発されています。また、「ユニバーサルデザイン」、「持続可能な社会」といった考え方が、これからの自動車づくりに求められています。

なぞり道場 何回も書いてかくにんしよう！

かん	れん	こう	じょう				
関	連	工	場				
ねん	りょう	でん	ち	じ	どう	しゃ	
燃	料	電	池	自	動	車	

64ページ 基本のワーク

1 ①製鉄　②石炭　③生産　④人

⑤高炉　⑥たたら　⑦北九州

⑧増え

2 ⑨ビニール　⑩石油　⑪製油

⑫コンビナート　⑬パイプ　⑭低

⑮災害

65ページ 練習のワーク

1 (1)①海　②船　(2)石炭、鉄鉱石

(3)①㋑　②㋓　③㋐

2 (1)ナフサ　(2)タンクローリー

(3)石油化学コンビナート　(4)㋑

(5)①燃え　②防災　③消防車

てびき **1** (1)製鉄所は、海ぞいにあります。鉄鉱石などの原料の輸入や、できた製品の輸送・輸出に船が使われるからです。

2 (1)石油(原油)からは、ナフサのほか、ガソリンや灯油などがつくられています。

(2)**タンクローリー**は液体を運ぶトラックです。船、鉄道なども石油製品の輸送に使われます。

(3)石油化学コンビナートでは、工場どうしを結ぶパイプラインで原油や分解した原料が送られ、一体となって製品を生産しています。

2　日本の工業生産と貿易・運輸

66ページ 基本のワーク

1 ①ごこち　②船

③アメリカ合衆

④燃料　⑤プラスチック

⑥原油　⑦タンカー

2 ⑧ＩＣ　⑨工業　⑩近　⑪太平洋

⑫燃料　⑬サウジアラビア　⑭増え

67ページ 練習のワーク

1 (1)貿易　(2)Ⓐ

2 (1)アメリカ合衆国、オーストラリア、中華人民共和国

(2)①ＩＣ〔集積回路〕　②鉄鋼

3 (1)液化ガス〔石炭、鉄鉱石〕

(2)㋒

(3)①原油　②機械類　③アジア

てびき ❶ (1)貿易のうち、品物などを外国へ売り出すことを輸出、外国から買い入れることを輸入といいます。

❷ (2)①今の日本はＩＣ(集積回路)のような機械類を最も多く輸出しています。

❸ (1)(2)日本は、天然資源にめぐまれていません。このため、工業生産の原料や燃料として必要な原油や液化ガスなどの多くを外国からの輸入にたよっています。

(3)②機械類や衣類などの工業製品の輸入が増えています。③日本や中華人民共和国、大韓民国をふくむ地域をアジアといいます。

68ページ 基本のワーク

❶ ①天然資源 ②加工 ③工業
④外国 ⑤貿易

❷ ⑥海 ⑦船 ⑧港
⑨コンテナ ⑩鉄道
⑪輸送 ⑫航空機
⑬高 ⑭トラック

69ページ 練習のワーク

❶ (1)鉄鉱石 (2)産業用ロボット
(3)①輸入 ②加工 ③輸出

❷ (1)コンテナ
(2)㋐、㋒
(3)①航空機 ②鉄道 ③トラック
④船
(4)①㋒ ②㋓ ③㋐ ④㋑

てびき ❶ (1)鉄鉱石の輸入が止まると、鉄鋼だけでなく、鉄を使った機械やロボットも生産できなくなってしまいます。また、それらの工業製品を日本から輸入している外国もこまることになります。

(2)自動車や鉄鋼、産業用ロボットなどの日本の工業製品が世界各国に輸出されています。

❷ (3)(4)①航空機は、費用がかかるので、値段が高い小型の精密機械や新鮮さが大切な食料品の輸送に使われます。②コンテナなど大きいものを時間どおりに運べます。③トラックは道路がつながっていれば直接目的地まで運べます。④船は時間がかかるものの、重く大きなものを安く一度に大量に運ぶことができます。

70・71ページ まとめのテスト

1 (1)①輸出 ②輸入
(2)㋑
(3)タンカー

2 (1)Ⓐ㋒ Ⓑ㋑
(2)2
(3)機械類

3 (1)天然資源 (2)加工
(3)㋑、㋒

4 (1)①㋐㋓ ㋑㋐ ㋒㋑ ㋓㋒
②㋐㋑ ㋑㋐ ㋒㋒ ㋓㋓
③〈例〉地球温暖化の原因となる二酸化炭素の排出量が少ないため。
(2)①㋐ ②㋐、㋒

てびき **1** (3)全長が300ｍをこえる大型のタンカーでは、日本国内で消費される原油の量の約半日分を運ぶことが可能です。

2 (1)Ⓐ「輸出」と書いてあること、1980年と最近の額や輸出品を比べていることを読み取りましょう。Ⓑ原料や機械類、衣類が多いことから輸入の資料です。１年分しかわからないので㋓ではありません。

3 (3)㋐天然資源は、ほとんどを外国からの輸入にたよっています。㋓外国で生産され、輸入された部品も多く使われています。

4 (1)①②それぞれの輸送手段の長所と短所のポイントは、時間、費用、一度に運べる量などにあります。③鉄道は、ほかの輸送手段に比べると効率がよく、地球温暖化の原因となる二酸化炭素などの排出が少ないのが特ちょうです。

(2)①成田国際空港は、日本の港・空港の中で貿易額が最大です。②空港なので、航空機で運ばれることが多い、値段が高くて小型の医薬品やＩＣ(集積回路)の取りあつかいが多いと考えられます。鉄鋼や液化ガスのような原料は主に船で運ばれます。

なぞり道場 何回も書いてかくにんしよう！

輸入（ゆにゅう） 輸出（ゆしゅつ） 貿易（ぼうえき）
天然資源（てんねんしげん） 機械（きかい）

3 日本の工業生産の今と未来

72ページ 基本のワーク

❶ ①重化学 ②軽 ③機械
④化学 ⑤金属 ⑥食料品
⑦せんい

❷ ⑧海 ⑨工業 ⑩高い〔多い〕
⑪内陸 ⑫北九州 ⑬太平洋
⑭阪神 ⑮中京

73ページ 練習のワーク

❶ (1)㋐ (2)㋔ (3)㋓、㋔
(4)①㋐ ②㋔ ③㋑
④㋓ ⑤㋒

❷ (1)Ⓐ㋐ Ⓑ㋓ Ⓒ㋒ Ⓓ㋑
(2)化学工業
(3)太平洋ベルト

てびき ❶ (3)食料品工業やせんい工業を軽工業といい、機械工業、金属工業、化学工業を合わせて重化学工業といいます。

❷ (1)Ⓐは愛知県・三重県に広がり最も工業生産額が多い中京工業地帯、Ⓑは東京都・神奈川県・埼玉県に広がる京浜工業地帯、Ⓒは大阪府・兵庫県に広がる阪神工業地帯、Ⓓは福岡県に広がる北九州工業地帯です。

(3)太平洋ベルトが広がる地域は、日本の工業生産の中心地となってきました。最近では、ほかにも北関東工業地域のように、トラックの輸送に便利な、内陸部の高速道路のそばにも工業地域ができています。

74ページ 基本のワーク

❶ ①中小 ②大 ③技術
④(中小)工場 ⑤開発

❷ ⑥海外 ⑦減っ ⑧わかい
⑨現地 ⑩輸出 ⑪貿易
⑫海外 ⑬輸送

75ページ 練習のワーク

❶ (1)金属、化学、食料品
(2)㋐、㋒

❷ (1)①大工場 ②少なく ③減って
(2)㋐、㋓、㋖
(3)①値段 ②賃金〔給料〕

てびき ❶ (2)㋑1つの工場でつくることがむずかしい製品を、他の工場と協力してつくることがあります。㋓技術を受けつぐわかい働き手が不足している工場もあります。

❷ (1)大工場の海外生産が増えると、大工場に部品をおさめる中小工場の生産にも大きなえいきょうがあります。

(2)いわゆるアジアの地域で、自動車の生産台数が多いことが資料からわかります。

(3)海外生産が進むと、日本の技術が海外に流出したり、災害や事件が起きて製品が予定どおりに生産できなくなったりする心配もあります。

76ページ 基本のワーク

❶ ①大阪 ②中小 ③技術
④工場 ⑤ねじ
⑥光ファイバー（ケーブル）
⑦再利用

❷ ⑧開発 ⑨ニーズ ⑩ロボット
⑪少子化 ⑫軽 ⑬南部鉄器
⑭レアメタル

77ページ 練習のワーク

❶ (1)①㋐ ②㋒ ③㋑
(2)㋑

❷ (1)①ロボット、㋑
②炭素せんい、㋐
③南部鉄器、㋒
(2)①㋒ ②㋑

てびき ❶ (1)大阪府東大阪市には多くの中小工場が集まっていて、高い技術とアイデアを生かしてさまざまな製品がつくられています。

(2)製品をただつくるだけでなく、「ものづくり」を広める取り組みが行われています。

❷ (1)①ロボットには、働く人の減少をおぎなったり、介護のように力のいる仕事の手助けをしたりすることが期待されています。

②炭素せんいは軽くて丈夫なので、コンテナなどの素材にすると、輸送のときに使う燃料の消費を少なくできます。

③近年、南部鉄器の職人さんたちは新しい形や色をした鉄器づくりにいどみ、外国の人々にも親しまれています。

78・79ページ まとめのテスト

1 (1)あ金属工業　い機械工業
う食料品工業　えせんい工業
お化学工業　かその他の工業
(2)①あ、い、お　②重化学工業

2 (1)Ⓐア　Ⓑイ　Ⓒウ　Ⓓカ
(2)Ⓑ
(3)ア、イ
(4)イ

3 (1)ア、ウ　(2)ウ

4 (1)①あ、い　②い、う
(2)〈例〉生産や輸送にかかる費用をおさえることができる。
(3)イ

てびき **1** (2)①つくるものによってさまざまな工業に分かれています。②国内では、重化学工業が工業生産額の多くをしめています。

2 (3)ア原料の輸入や製品の出荷のときに、船を多く使うため、海ぞいに工業が発達しました。イ東京や大阪など人口が多い地域が中心です。ウ工業地帯・地域は森林の多い山地ではなく多くは平地に広がっています。エすずしい地域は、どちらかというと北や、標高が高いところにあたります。

3 (1)イあから多くの人が中小工場で働いており、工場の数も中小工場のほうが多いことがわかります。エいから金属工業は中小工場のほうが大工場よりも生産額の割合が高いことがわかります。

4 (1)あから工業生産額が40年前より増えていること、いから電化製品の国内生産台数は減ってきていることがわかります。一方で、うを見ると、外国にある工業にたずさわる日本の会社は増えてきています。

(2)材料や部品の値段、働く人の賃金などが日本より安い国で生産することで、そのぶん費用をおさえることができます。

なぞり道場　何回も書いてかくにんしよう！

ちゅう	きょう	こう	ぎょう	ち	たい		
中	京	工	業	地	帯		
はん	しん		きん	ぞく	こう	ぎょう	
阪	神		金	属	工	業	

80ページ 基本のワーク

1 ①ガス　②地球温暖　③原子力
④東日本　⑤事故

2 ⑥風車　⑦熱　⑧夏　⑨光
⑩バイオマス　⑪かす　⑫せんい
⑬量

81ページ 練習のワーク

1 (1)Ⓐア　Ⓑウ　Ⓒイ　Ⓓエ
(2)化石燃料
(3)①安定　②環境　③費用

2 (1)ア　(2)①ア　②イ
(3)バイオマスエネルギー　(4)ア

てびき **1** (1)2010年には、全体の11.2％の割合をしめていた原子力発電は、2021年には３％になっています。原子力発電については、火力発電のように排出ガスを発生させず、より効率のよいエネルギーとして利用が進められてきました。しかし、2011年に発生した東日本大震災で原子力発電所の１つが大きな事故を起こしたことから、現在、動いている原子力発電所はわずかになっています。

(3)エネルギーの原料となるものをどのように使うかのバランスが大切です。

2 (1)石油や石炭は、資源に限りのある燃料です。

1　情報を伝える人々とわたしたち

82ページ 基本のワーク

1 ①情報　②文字　③メディア
④テレビ　⑤インターネット
⑥新聞　⑦ラジオ

2 ⑧記者　⑨放送　⑩編集　⑪取材
⑫現場　⑬字幕　⑭本番
⑮副調整室

83ページ 練習のワーク

1 (1)マスメディア
(2)あ、い
(3)イ

2 (1)①イ　②ア　③エ　④ウ
(2)①Ⓐ記者　Ⓑアナウンサー
②インタビュー
(3)①副調整室　②スタジオ

てびき ❶ (1)情報を記録・伝達する物や手段をメディアといい、一度にたくさんの人に情報を伝えるものを**マスメディア**といいます。

❷ (2)①Ⓐ記者（取材記者）を示しています。記者は、カメラマンとともに事故や事件の現場にかけつけて、事故や事件のくわしい情報を集めます。Ⓑアナウンサーがニュースを伝えています。

②取材のときは、記者が関係者に直接会って話を聞くインタビューをしたり、カメラマンが映像をとったりして、くわしい情報を集めます。

84ページ　基本のワーク

❶ ①スタジオ　②取材記者　③一〔1〕
④順番　⑤編集
⑥変え　⑦中継
⑧多く　⑨チェック　⑩原稿
⑪表情

❷ ⑫マスメディア　⑬放送　⑭反対
⑮両方

85ページ　練習のワーク

❶ (1)Ⓐ記者〔取材記者〕
Ⓑアナウンサー
(2)Ⓐ㋑　Ⓑ㋐　Ⓒ㋒
(3)①内容　②速さ〔速度〕
(4)リハーサル

❷ (1)①㋒　②㋓　③㋐　④㋑
(2)①㋑　②㋓　③㋔

てびき ❶ (1)Ⓒは編集・制作をする人の仕事内容です。

(2)マスメディアは、正確な情報を伝えるために、取材のときも編集のときも、事実かどうか確認を何度も行います。万が一、あやまった情報を伝えてしまった場合には、正しい情報に直して、必ずもう一度伝えるようにします。

(3)アナウンサーは、ニュースをわかりやすく正確に伝えるために、本番前に原稿をくり返し読んで内容を確認します。また、その内容に応じて読み上げる速さや表情などを変えています。

(4)**リハーサル**は、本番のスタジオで行われ、番組の構成を最後に確かめています。

❷ (2)放送局は、意見のかたよりのない伝え方を心がけている他にも、ことなる立場の人に取材をするなど気をつけるポイントをもっています。

86ページ　基本のワーク

❶ ①スマートフォン　②インターネット
③ソーシャルメディア　④映像
⑤文字　⑥音声　⑦大きさ
⑧パソコン　⑨視聴者　⑩フェイク
⑪ファクトチェック

❷ ⑫記事　⑬社説　⑭紙面

87ページ　練習のワーク

❶ (1)①スマートフォン　②パソコン
(2)①㋑　②㋒
(3)①㋓　②㋐　③㋑　④㋒
(4)①㋐　②㋑

❷ (1)㋐、㋒
(2)①校閲　②社説　③電子版

てびき ❶ (2)ソーシャルメディアは大きな災害が起きたときに、家族や友人が無事かどうか確認できる連絡手段として役立ちます。一方、あいまいな情報や、まちがった情報も広まることがあるので注意が必要です。

(4)事実でないうその情報をフェイクニュースとよぶことがあります。

❷ (1)新聞社は、地域のみりょくを発信したり、社説として新聞社の意見を表したりすることも大切にしています。㋑放送局の編集・制作の仕事です。㋓新聞は他のメディアよりすばやく発信することにはあまり向きませんが、最近はＳＮＳなどインターネットを利用した情報発信も進めています。

88・89ページ　まとめのテスト

1 (1)①㋐Ⓑ、㋐
㋑Ⓓ、㋓
㋒Ⓐ、㋑
㋓Ⓒ、㋒
②Ⓑ(→)Ⓐ(→)Ⓓ(→)Ⓒ
(2)取材
(3)①きず　②正確
(4)①㋒　②㋐　③㋓

2 (1)Ⓐテレビ　Ⓑインターネット
Ⓒ新聞　Ⓓラジオ
(2)①Ⓐ　②Ⓓ　③Ⓒ　④Ⓑ

3 (1)①㋐　②㋒　③㋑
(2)①㋐　②㋔　③㋒　④㋑

てびき **1** (3)①テレビ放送は多くの人が一度に見るため、あやまった情報が一度流れると、とりかえしがつきません。そのため何度も内容をチェックします。

(4)①テレビの画面で長い文章は読みにくく、またあとから読み返すこともできないので、短い文にまとめます。

②インターネット上のアクセス数から人々がいま何に注目しているのかを調べて、その情報についてくわしく伝えています。

③災害や重大な事件が起きたときは、予定を変更してそのニュースを伝えます。避難をいち早くよびかけるなどそのときに必要な情報を伝えるためです。

3 (1)①情報通信機器はインターネットに接続できる機械です。

(2)ソーシャルメディアは、たがいに情報を発信するので早く情報を広めることができる反面、あまり確かめないで発信してしまうと、うその情報が広まります。発信する一人ひとりが正確な情報かどうか確かめていくことが大切です。

なぞり道場 何回も書いてかくにんしよう！

へん	しゅう	せき	にん	しゃ			
編	集	責	任	者			

2 くらしと産業を変える情報通信技術

90ページ 基本のワーク

1 ①情報通信技術 ②キャッシュレス
③電子 ④レジ

2 ⑤POS ⑥バーコード
⑦仕入れ〔発注〕 ⑧物流センター
⑨チェーン ⑩本部 ⑪情報通信

3 ⑫情報〔データ〕 ⑬分析
⑭マーケティング

91ページ 練習のワーク

1 (1)ICT
(2)㋐、㋒
(3)①20兆円 ②2倍以上

2 (1)①㋒ ②㋐ ③㋑
(2)①バーコード ②㋑
(3)①Ⓐ ②Ⓑ ③Ⓐ

てびき **2** (2)①POSシステムの入った、店のレジでは、商品についているバーコードを機械で読み取り、「いつ、どの商品がいくらで、いくつ売れたか」といった情報を記録しています。

92ページ 基本のワーク

1 ①インターネット ②商品
③スマートフォン ④費用 ⑤情報
⑥サービス ⑦AI ⑧無人

2 ⑨コロナ ⑩自宅 ⑪世界
⑫流出 ⑬有害 ⑭責任

93ページ 練習のワーク

1 (1)①㋑ ②㋒ ③㋐
(2)①㋐ ②㋑ ③㋓ ④㋒

2 (1)①㋑ ②㋓ ③㋒ ④㋐
(2)個人情報
(3)サイバーこうげき

てびき **1** (2)AI(人工知能)は、これまで人間が行っていた仕事の一部をかわりにになってくれます。たとえば、店内に設置されたカメラの画像をAIが分析し、不足している商品を店員に知らせるAIカメラが活用されています。

2 (3)情報をあつかう仕事の中には、情報の流出やシステムの障害が起こらないよう、厳重なしくみを開発したり、問題が発生したときにすぐに対応したりする人たちがいます。

94・95ページ まとめのテスト

1 (1)㋐、㋓
(2)①スマート ②ICチップ
(3)㋓

2 (1)〈例〉商品の売れ行きの情報を管理するためのシステム。
(2)㋐、㋓
(3)マーケティング

3 (1)①㋑、㋒
②㋑(→)㋒(→)㋐
(2)〈例〉店を開ける費用をおさえることができる。
(3)AI

4 (1)①大量 ②発展し
(2)Ⓐ㋐ Ⓑ㋑
(3)㋒、㋓

てびき **1** (1)現金を使わない「キャッシュレス」が増えています。㋑2021年の電子マネーでの支はらい回数は、約60億回です。

2 (2)㋐データを活用した後は仕入れの数が細かくなっています。㋑売れた数を生かしているかどうかは、表からはわかりません。㋒めんの仕入れの数はデータ活用後も変わっていません。

3 (3)**ＡＩ(人工知能)**は、人間と同じように、得た情報やもっている情報(データ)から、ある物事の特ちょうを発見したり、今後を予測したりすることができます。

4 (3)**個人情報**は、名前や生年月日、住所や年令など個人が特定できる情報です。個人情報をあつかう会社はこの情報を外部にもらさないようにすることが法律で定められています。

なぞり道場　何回も書いてかくにんしよう！

じょう	ほう	つう	しん	ぎ	じゅつ		
情	報	通	信	技	術		

じん	こう	ち	のう				
人	工	知	能				

96ページ　基本のワーク

1 ①日本　②インターネット　③言語
④スマートフォン　⑤データ
⑥分析

2 ⑦電子　⑧高齢　⑨センサー

3 ⑩宅配　⑪効率　⑫ルート

97ページ　練習のワーク

1 (1)①㋐　②㋑
(2)①㋐　②㋓　③㋑　④㋒

2 (1)①㋑、㋓　②㋐、㋒

3 (2)①㋒　②㋐　③㋑

てびき **1** (1)②話した言葉を自動で通訳してくれる機能や、さまざまな言語で表示できるウェブサイトやアプリが増えてきています。

2 (1)①以前は、患者が受けた治療や検査の情報を紙のカルテに書いて保管していました。情報ネットワークを活用し、医師や患者の負担を減らそうとしています。②高齢者が安心してくらせるように、情報通信技術が生かされています。

1　自然災害とともに生きる

98ページ　基本のワーク

1 ①自然　②津波　③土砂　④雪
⑤火山　⑥地震　⑦川　⑧避難
⑨水道

2 ⑩東北　⑪海　⑫調査
⑬予測　⑭災害

99ページ　練習のワーク

1 (1)①阪神・淡路大震災
②東日本大震災
(2)津波　(3)㋒
(4)①梅雨　②台風
(5)①30%　②14%　③多い

2 (1)㋑　(2)㋑
(3)①関東大震災　②伊勢湾台風
③雲仙岳の噴火

てびき **1** (1)(2)東日本大震災では、大きな地震の後に、海ぞいの地域を津波がおそい、大きな被害が出ました。

(3)▲は火山の噴火が起こった御嶽山と雲仙岳を示しています。

(5)日本の国土は世界の中でも自然災害が多く発生します。その被害額も世界の国々の中では大きい割合です。

100ページ　基本のワーク

1 ①海　②高　③(津波)避難
④ハザード　⑤高台
⑥公共事業　⑦防潮堤

2 ⑧プレート　⑨ゆれ
⑩緊急地震
⑪風水害　⑫砂防　⑬なだれ
⑭気象　⑮防災

101ページ　練習のワーク

1 (1)Ⓐ堤防　Ⓑ避難　Ⓒかさ上げ
(2)①公共　②国

2 (1)緊急地震速報
(2)①境界　②ずれ
(3)①土砂災害　②風水害　③雪害
④津波災害、風水害
(4)①防災　②減災

てびき ❷ (3)①**砂防ダム**は、大雨・地震などで山やがけの土砂がくずれたとき、その土砂をせき止めるための施設です。

②**放水路**は、川のはんらんを防ぐための施設で、大雨のときに川の水を地下に取りこんで水量を調整します。

③**なだれ防止さく**は、なだれを防ぎ、万一起きても被害を小さくするための設備です。雪の多い地域に設置されています。

④川岸につくられる**堤防**は川のはんらん、海岸ぞいにつくられる**防潮堤**は津波や高潮に備えた設備です。津波やこう水などの浸水被害を防ぎます。

102・103ページ まとめのテスト

1 (1)①火山　②地震　③津波
(2)あ気候　い地形
(3)Ⓐエ　Ⓑイ　Ⓒウ　Ⓓア

2 (1)東日本
(2)ア、エ

3 (1)ハザードマップ
(2)①避難　②高台　③公共事業
(3)ウ
(4)〈例〉少しでも安全な場所に移ることができる。

4 (1)①Ⓑ　②Ⓐ　③Ⓒ
(2)砂防ダム
(3)気象庁
(4)①防災　②少なくする〔減らす〕

てびき **2** (2)イいから台風の発生が最も多かったのは1940年～1960年です。ウ発生回数が最も少ないのはなだれです。

3 (1)ハザードマップは、市町村ごとにつくられています。

(3)ウ地震のゆれに強くする改修工事のような公共事業は、その施設をもつ市町村が中心になって行います。市町村だけでは費用をはらえない場合は、国や都道府県の協力で改修工事を進めることも多いです。

なぞり道場　何回も書いてかくにんしよう！

きん	きゅう	じ	しん	そく	ほう		
緊	急	地	震	速	報		

2 森林とともに生きる

104ページ 基本のワーク

❶ ①森林　②降水　③被害
④燃料　⑤土砂　⑥根
⑦苗木　⑧世界自然

❷ ⑨森林　⑩木工　⑪雨水　⑫木材
⑬くずれ　⑭食料　⑮水

105ページ 練習のワーク

❶ (1)ウ
(2)イ

❷ あ知床　い白神山地
う屋久島　え小笠原諸島

❸ (1)あ
(2)①木材　②風
③雨水　④ダム

てびき ❶ (2)たくさんの木が切りたおされ、森林が失われた山では、たびたび土砂くずれなどが発生しました。そのため、苗木を植えたり、山の斜面を整えたりする公共工事が全国各地で行われました。

❷ 世界遺産は貴重な文化財や自然を守るために登録され、そのうち自然遺産は日本に５件あります。

❸ (2)**ダム**のようなはたらきをもつ森林は、雨水をたくわえ、少しずつ流し出すので、水不足や川のはんらんを防いでくれます。

106ページ 基本のワーク

❶ ①人工林　②林業　③減
④苗木　⑤植林　⑥下草　⑦太陽
⑧伐採

❷ ⑨減　⑩安い　⑪仕事
⑫バイオマス

❸ ⑬木づかい　⑭地球温暖

107ページ 練習のワーク

❶ (1)あ天然林　い人工林
(2)ウ
(3)①エ　②ア　③ウ　④イ

❷ (1)イ、ウ
(2)ウ、エ

❸ ①国産　②間伐　③素材

てびき 1 (1)天然林は、人の手が入らず、自然にできた森林、人工林は、人の手によって植えられた木々からなる森林です。

(3)②下草がりで雑草を、除伐で成長をさまたげる木を取りのぞきます。③間伐は、木と木の間を広げて太陽の光がよくとどくようにします。④伐採した木の枝をプロセッサという機械でとり、同じ長さに切り分けたあと、トラックに積んで運び出します。

2 (1)㋑㋒グラフからわかるのは木材の使用量に関することです。昔と比べて国内で使われる木材の量は減り、国産木材よりも輸入木材のほうが多く使われています。㋐㋓働く人が減っていることやあれた人工林が増えていることも課題の1つですが、このグラフからはわかりません。

3 環境をともに守る

108ページ 基本のワーク

1 ①変化 ②工場 ③ばいじん

2 ④工業 ⑤けむり ⑥ぜんそく ⑦公害 ⑧有害 ⑨公害防止

3 ⑩水質 ⑪協力 ⑫エコタウン ⑬リサイクル ⑭持続可能

109ページ 練習のワーク

1 (1)①条例 ②住民運動
(2)①㋑ ②㋐ ③㋓ ④㋒

2 (1)①㋓ ②㋐ ③㋑ ④㋒
(2)①㋑ ②㋐
(3)①ごみ ②資源

てびき 1 (2)①のぜんそくの症状があらわれた公害病は**四日市ぜんそく**です。工場から排出されたガスが原因です。②の神通川の下流で発生したのは、**イタイイタイ病**です。鉱山から川に流されたカドミウムが原因です。③の水銀が原因で阿賀野川の下流で発生したのは**新潟水俣病**です。④の手足のしびれや目、耳が不自由になるなどの症状があらわれ、水俣湾周辺で発生したのは**水俣病**です。

2 (3)北九州市では「北九州エコタウン事業」を進めています。エコタウンには、使用ずみの工業製品をリサイクル(再生利用)する工場が集まっています。

110・111ページ まとめのテスト

1 (1)あ
(2)①降水量 ②気候 ③土砂 ④災害
(3)①㋑ ②㋐ ③㋒

2 (1)①天然林 ②人工林
(2)う(→)あ(→)い
(3)〈例〉木と木の間を広げて、太陽の光がよくとどくように
(4)㋑

3 (1)①㋒ ②㋐ ③㋑
(2)①㋒ ②㋐ ③㋑

4 (1)Ⓐ水俣 Ⓑイタイイタイ Ⓒぜんそく
(2)①㋑ ②㋐
(3)〈例〉ごみをできるだけ出さずに、資源を有効に使う、持続可能な社会。

てびき 1 (1)国土のおよそ3分の2が森林です。

(2)(3)森林には木材をつくる以外にもさまざまなはたらきがあります。

2 (1)天然林は、日本の森林の56.9%をしめています(2017年)。

(4)㋐植林から伐採までに50年以上の年月がかかります。㋒木の伐採などには危険がともないます。㋓チェーンソーやプロセッサという機械を使って作業することもあります。

3 (2)①切りかぶなどを使った木工品や、間伐材を使ったわりばしを使うなどの取り組みもあります。②「緑の雇用事業」や「林業大学校」などの取り組みも進められています。

4 (1)日本は、工業がさかんになった1955年ごろから、各地で公害が発生しました。特に被害が大きかったものが四大公害病といわれます。公害を起こした工場や鉱山の会社は、その責任を裁判できびしく追及されました。

なぞり道場 何回も書いてかくにんしよう！

せ	かい	し	ぜん	い	さん
世	界	自	然	遺	産
こう	がい	ぼう	し	じょう	れい
公	害	防	止	条	例

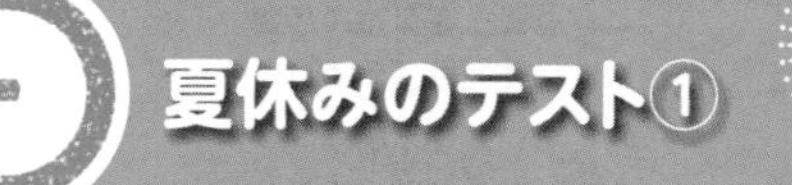
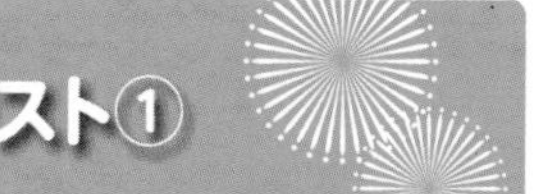

実力判定テスト 夏休みのテスト①

日本の国土と世界の国々

1 地図を見て、あとの問いに答えましょう。1つ4点〔36点〕

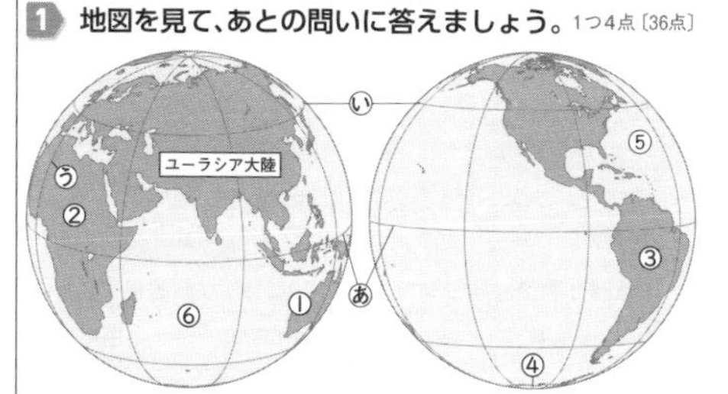

(1) 地図の①～⑥にあてはまる大陸と海洋を［　］からそれぞれ選びましょう。

① （オーストラリア大陸）　② （アフリカ大陸）
③ （南アメリカ大陸）　④ （南極大陸）
⑤ （大西洋）　⑥ （インド洋）

アフリカ　オーストラリア　南アメリカ　南極
インド洋　大西洋　北アメリカ　太平洋

(2) 次の（　）にあてはまる言葉を書き、それがわかるところをあ～うから選びましょう。

赤道は０度の（緯線）です。　あ

(3) 日本の位置について、ユーラシア大陸という言葉と方位を使って、かんたんに書きましょう。

（日本は、〈例〉ユーラシア大陸の東にある。）

2 資料を見て、あとの問いに答えましょう。1つ4点〔20点〕

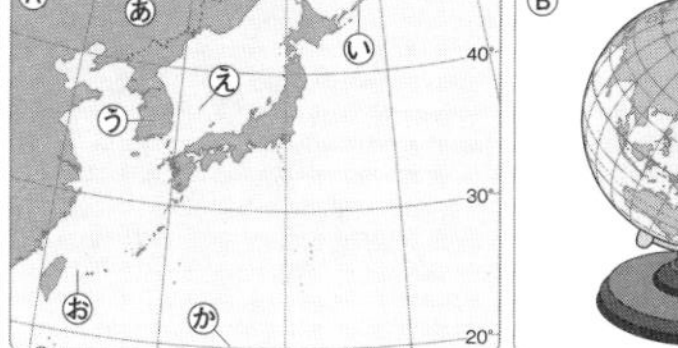

(1) 日本から見た、ほかの国までのきょりと方位を一度に調べたいとき、Ⓐ・Ⓑのどちらを使いますか。

（Ⓑ）

(2) 次の島や国の位置を、Ⓐからそれぞれ選びましょう。

① 沖ノ鳥島（か）　② 択捉島（い）
③ 中華人民共和国（あ）　④ 大韓民国（う）

国土の気候と地形の特色

3 地図を見て、あとの問いに答えましょう。1つ5点〔20点〕

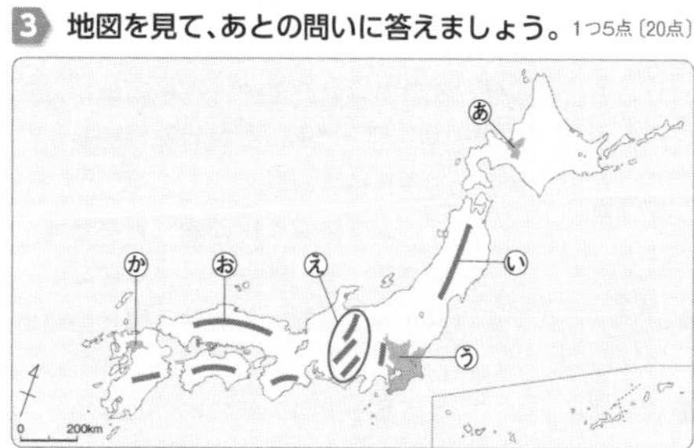

(1) ｛　｝にあてはまる言葉に○を書きましょう。

▶日本の国土全体は｛(山地)　平地｝が多い。
▶○の地域には、「日本の屋根」とよばれる｛(山脈)　盆地｝が続いている。

(2) 次の平野や山地の場所を地図からそれぞれ選びましょう。

① 石狩平野（あ）　② 中国山地（お）

4 地図を見て、あとの問いに答えましょう。1つ4点〔24点〕

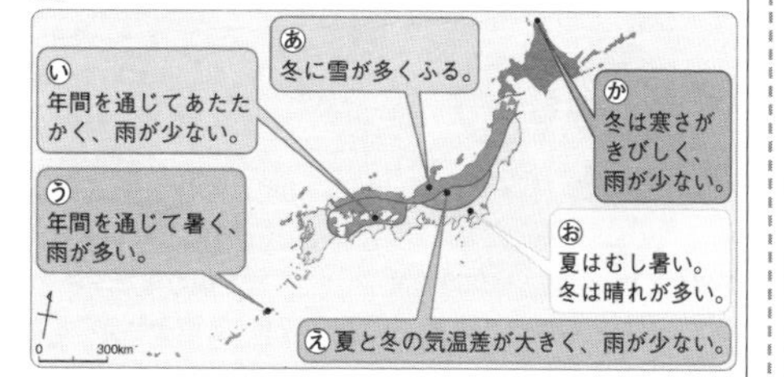

(1) 次のグラフの地域にあてはまる気候を地図からそれぞれ選びましょう。　①（う）　②（あ）　③（か）

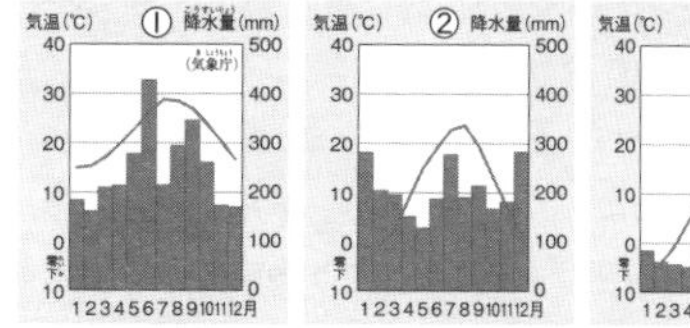

(2) 次の（　）にあてはまる言葉をそれぞれ書きましょう。

① ６月から７月に雨が多い（梅雨）がある。
② 夏から（秋）にかけて台風が多い。
③ 冬は大陸から日本海をわたって（季節風）がふき、日本海側に多くの雪をもたらす。

実力判定テスト 夏休みのテスト②

自然条件と人々のくらし

1 次の地域の様子にあう文をあとからそれぞれ選びましょう。1つ5点〔20点〕

㋐ 標高が高く、夏もすずしいので酪農がさかん。
㋑ 高い気温でよく育つ、さとうきびの生産がさかん。
㋒ 冬の寒さや、豊かな自然を観光に生かしている。
㋓ 低く平らな土地で、昔の水路を観光に生かしている。

2 資料を見て、あとの問いに答えましょう。1つ5点〔25点〕

Ⓐ沖縄島周辺の土地利用の様子　Ⓑ長野県南牧村

(1) 次の文が正しければ○を、あやまっていれば×を書きましょう。また、それがわかる資料を選びましょう。

険しい山ばかりで、野辺山原はなだらかな地形が全然ないよ。　（×）　Ⓑ

雨がたくさんふるけど、水不足に備えた施設があるね。　（○）　Ⓐ

(2) 次の説明を読んで、右の建物があたたかい地域と寒い地域のどちらの伝統的な建物か書きましょう。

伝統的なつくりの家

戸などを大きくして風通しをよくし、屋根のかわらが台風で飛ばないようにしている。

（あたたかい地域）

米づくりのさかんな地域

3 資料を見て、｛　｝にあてはまる言葉に○を書きましょう。1つ5点〔20点〕

主な食料の産地と都道府県別の米の生産量　主な食料の消費量

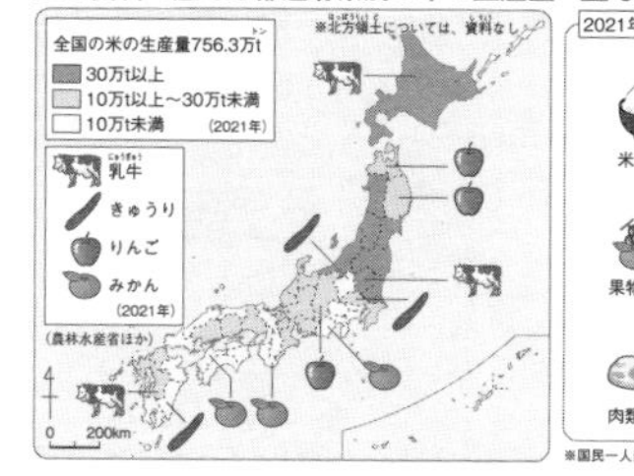

① 米づくりはどの都道府県でも行われるが、特に新潟県、北海道、｛(東北地方)　中国地方｝でさかん。
② りんごの産地は｛(北)　南｝の方に、みかんの産地は｛北　(南)｝の方に多い。
③ 日本では米や｛(野菜)　水産物｝の消費量が多い。

4 資料を見て、あとの問いに答えましょう。1つ5点〔35点〕

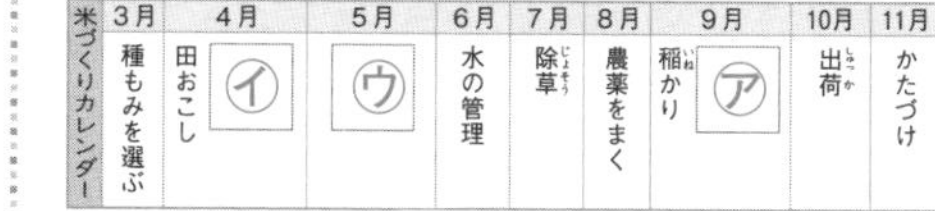

米づくりカレンダー	3月	4月		5月	6月	7月	8月	9月		10月	11月
	種もみを選ぶ	田おこし	イ	ウ	水の管理	除草	農薬をまく	稲かり	ア	出荷	かたづけ

(1) ［　］にあてはまる農作業を次から選びましょう。

㋐ 乾燥　㋑ しろかき　㋒ 田植え

(2) （　）にあてはまる言葉を［　］から選びましょう。

▶全国の研究所では（品種改良）を進めている。
▶水田の形を整える（耕地整理）の結果、大型の農業機械を使えるようになった。
▶米の値段には（輸送）の費用がふくまれる。

品種改良　生産調整　輸送　輸出
農業協同組合　耕地整理

(3) 農家による次のような取り組みの目的を、消費量の言葉を使ってかんたんに書きましょう。

玄米を材料に使ったパンなど、米を加工した食品を開発する。

インターネットを通じて米のはん売や宣伝をする。

地域の農家どうしで情報を交かんする勉強会を開く。

（〈例〉米の消費量を増やすため。）

実力判定テスト　冬休みのテスト①

水産業のさかんな地域

1 資料を見て、あとの問いに答えましょう。1つ5点〔30点〕

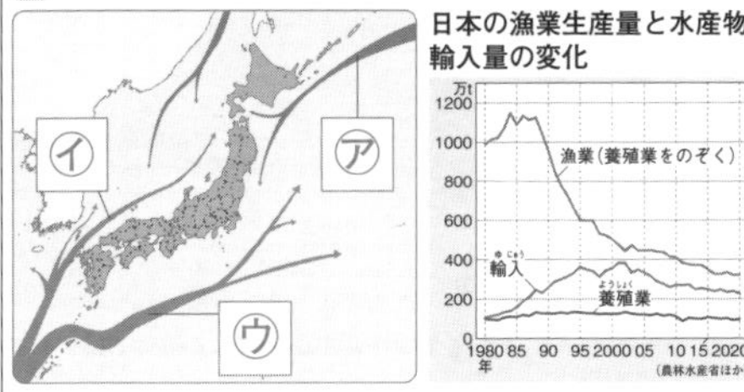

(1) □にあてはまる海流を次からそれぞれ選びましょう。
㋐ 親潮　㋑ 対馬海流　㋒ 黒潮　㋓ リマン海流

(2) 次の｛　｝にあてはまる言葉に○を書きましょう。
▶プランクトンが育つ｛水深200m　200海里水域｝の海が広がる日本近海は｛海流　季節風｝のえいきょうもあり、多くの種類の魚介類が集まっている。

(3) 資料からわかること1つに○を書きましょう。
(　)最近は、養殖業の生産量が最も多い。
(　)水産物の輸入量は増え続けている。
(○)日本の漁業全体の生産量が減ってきている。

これからの食料生産

2 資料を見て、あとの問いに答えましょう。1つ5点〔20点〕

Ⓐ食料の輸入量の割合　大豆 93.0%　えび 94.1%（2021年）（農林水産省ほか）

Ⓑ主な□の変化　米　野菜　魚・貝類　果物　肉類　小麦　※重量で計算した割合（農林水産省）

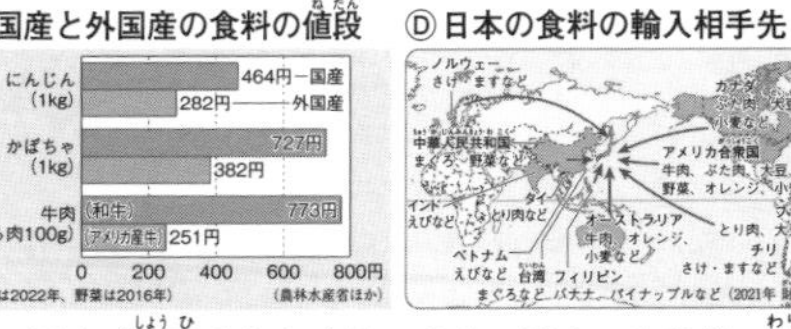

(1) 国内で消費された食料のうち、国内の生産量の割合を示す、□にあてはまる言葉を書きましょう。
（食料自給率）

(2) 次の話はどの資料を見たものかそれぞれ選びましょう。

日本食の原料も輸入にたよっているんだね。 Ⓐ	輸入して、安い食料が増えるのかな。 Ⓒ	えびはベトナムやインドから輸入されているね。 Ⓓ

自動車の生産にはげむ人々

3 自動車の生産のくふうについて、正しいもの2つに○を書きましょう。1つ5点〔10点〕

自動車はすべて船で運ばれている。(　)	自動車の生産はロボットだけで行っている。(　)
多くの部品は関連工場でつくっている。(○)	利用者のニーズから自動車を開発している。(○)

日本の工業生産と貿易・運輸

4 資料を見て、あとの問いに答えましょう。1つ5点〔40点〕

Ⓐ日本の主な輸出品　機械類　自動車　鉄鋼　自動車部品　プラスチック　輸出額 83兆914億円（2021年）（財務省）

Ⓑ主な燃料や原料の輸入の割合　原油 99.7%　鉄鉱石 100%　石炭 99.6%　天然ガス 97.8%（2021年）（経済産業省ほか）

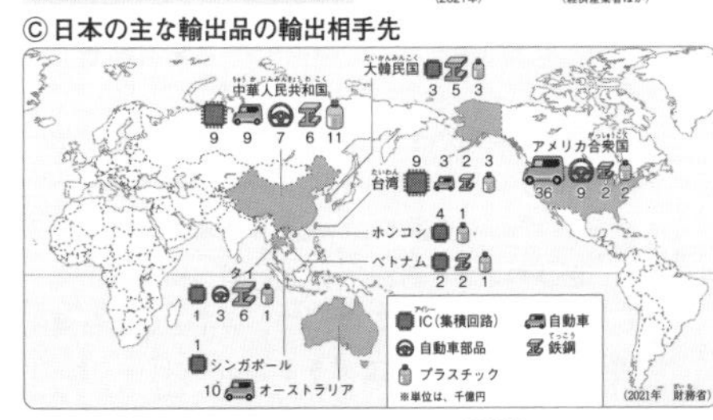

(1) 次の(　)にあてはまる言葉を□からそれぞれ選びましょう。
▶国と国との間で、品物を売り買いすることを(貿易)という。
▶最近は、航空機を利用して、(IC)や食料品なども多く外国に運ばれている。小型のものに向いています。

貿易　輸送　IC　自動車

(2) 次の文の――が正しければ○を、あやまっていれば正しい言葉を書き、それがわかる資料を選びましょう。
① 日本から近い国に向けた輸出が多い。(○) Ⓒ
② 日本は燃料や原料のほとんどを輸出している。(輸入) Ⓑ
③ 日本はせんい品の輸出の割合が現在最も高い。(機械類) Ⓐ

実力判定テスト　冬休みのテスト②

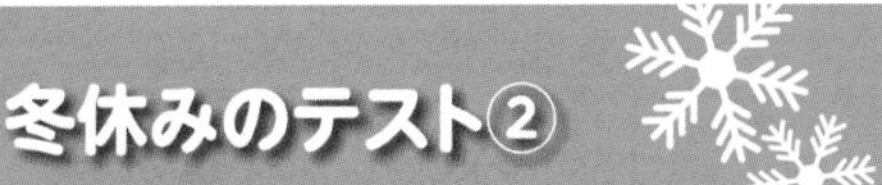

日本の工業生産の今と未来

1 次の工業製品にあてはまる分類を、あとの□からそれぞれ選びましょう。1つ5点〔15点〕

(機械 工業)(化学 工業)(せんい 工業)

金属　機械　化学　せんい　食料品

2 資料を見て、あとの問いに答えましょう。1つ5点〔35点〕

Ⓐ日本の工業生産の分布（中京工業地帯 54兆6299億円、京浜工業地帯 36兆723億円、阪神工業地帯 32兆4505億円、北関東工業地域 28兆4075億円、瀬戸内工業地域 27兆9905億円、東海工業地域 16兆5147億円、京葉工業地域 13兆2525億円、北陸工業地域 11兆9770億円、北九州工業地帯 8兆9950億円）（2020年）（経済産業省）

Ⓑ大工場と中小工場
	1〜299人の中小工場	300人以上の大工場
工場数 22万912	98.4%	1.6
働く人の数 756万人	67.0	33.0
生産額 303兆5547億円	48.9	51.1

（2021年）※生産額は、2020年（経済産業省）

Ⓒ自動車の生産台数の変化　国内生産　海外生産（日本自動車工業会）

(1) 次の文が正しければ○を、あやまっていれば×を書きましょう。また、それがわかる資料を選びましょう。
- 大工場は、働く人の数も生産額も中小工場より多いね。(×) Ⓑ
- 日本の自動車会社の海外での生産は最近まで増え続けていたよ。(○) Ⓒ
- 生産額が最も多いのは中京工業地帯で、機械工業がさかんだね。(○) Ⓐ

(2) 日本の主な工業地帯が海ぞいにある理由を、船と原料や部品の言葉を使って、かんたんに書きましょう。
(〈例〉必要な原料や部品を船で運びやすいから。)

情報を伝える人々とわたしたち

3 資料を見て、あとの問いに答えましょう。1つ5点〔30点〕

あ 記者やカメラマンが現場に行って、映像をとり、情報を集める。
い 放送で流す映像を編集して字幕や図を入れる。
う 責任者を中心に、番組の内容や順番を確かめる。
え 映像の見やすさに気をつけてカメラを操作する。

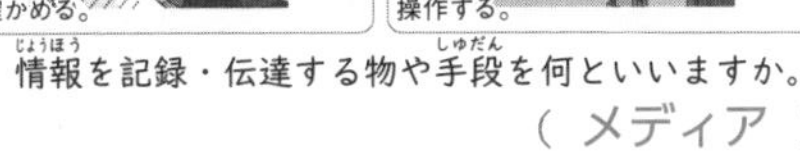

(1) 情報を記録・伝達する物や手段を何といいますか。
(メディア)

(2) 次の言葉にあてはまる資料を上から選びましょう。
① 打ち合わせ(う)　② 取材(あ)
③ 映像の編集(い)　④ 放送(え)

(3) (　)にあてはまる言葉を書きましょう。
▶うその情報が事実ではないことを取材して確かめる「(ファクトチェック)」を行い、マスメディアで働く人たちは正確な情報の発信に努めている。
「内容のチェック」でも正解です。

4 次の資料の特長にあてはまる話を、あとからそれぞれ選びましょう。1つ5点〔20点〕

テレビ ㋐　ラジオ ㋓　新聞 ㋒　インターネット ㋑

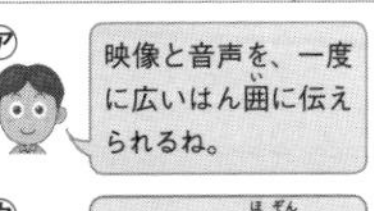
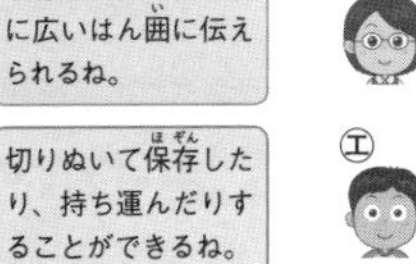

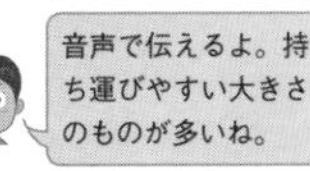

㋐ 映像と音声を、一度に広いはん囲に伝えられるね。
㋑ 文字や映像などの情報をパソコンですぐに調べられるよ。
㋒ 切りぬいて保存したり、持ち運んだりすることができるね。
㋓ 音声で伝えるよ。持ち運びやすい大きさのものが多いね。

実力判定テスト　学年末のテスト①

くらしと産業を変える情報通信技術

1 資料を見て、あとの問いに答えましょう。 1つ5点〔50点〕

Ⓐ電子マネーでの支はらい　Ⓑインターネットショッピングの売り上げ額の変化

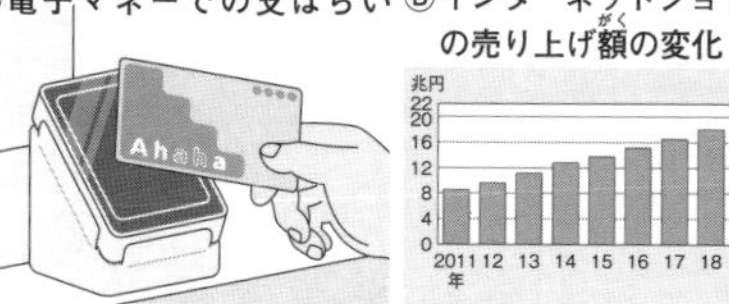

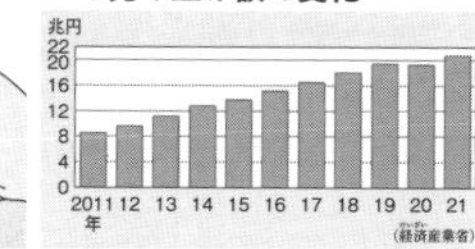

Ⓒインターネットで世界中を流れる情報量の変化　Ⓓ情報サービスに関する仕事につく人の数の変化

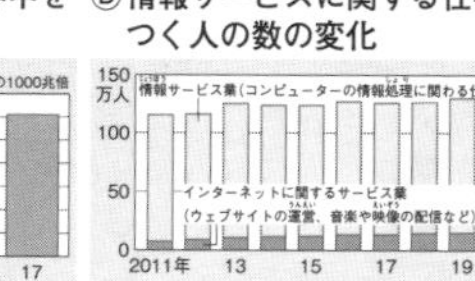

(1) 次の{　　}にあてはまる言葉に○を書きましょう。

▶情報通信技術({ (ICT)　POS })が広まり、インターネットなどで情報のやりとりをしている。

▶鉄道やバスに乗車するときに{ AI　(IC)　JA }カードが使える地域もある。

▶店のレジでは、{ ICT　(POS) }システムが使われ、商品の売れ行きの情報を管理し、仕入れの量を決めるのに役立てられている。

▶情報を処理して、人間のように今後の予測などができる機能を備えた{ (AI)　IC　JA }(人工知能)の研究・開発が進められている。

(2) 次の話はどの資料を見て話したものですか。上から それぞれ選びましょう。

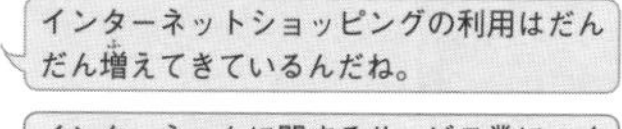

（Ⓑ）

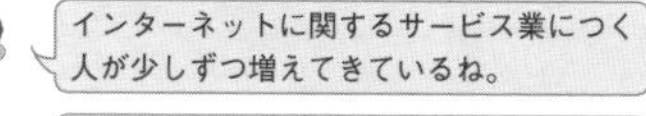

（Ⓓ）

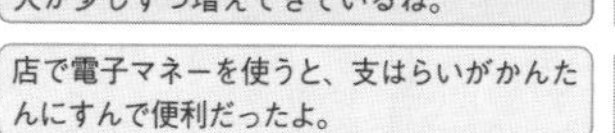

（Ⓐ）

以前に比べて、より大量の情報がやりとりされるようになっているのかな。（Ⓒ）

(3) 情報について、正しいもの2つに○を書きましょう。

- インターネットは便利なので、個人情報もたくさんのせるとよい。（　）
- 情報の流出を防ぐために厳重なしくみを開発する人がいる。（○）
- 情報へのつながりやすさに家庭や地域で差があることもある。（○）

自然災害とともに生きる

2 資料を見て、あとの問いに答えましょう。 1つ5点〔50点〕

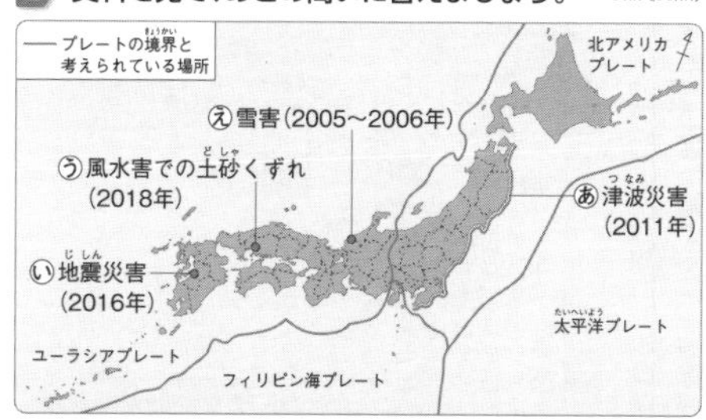

(1) 写真はどのような自然災害の被害を減らす施設ですか。地図中の㋐～㋓からそれぞれ選びましょう。

(2) 次の(　　)にあてはまる言葉を[　　]からそれぞれ選びましょう。

▶大きな地震が発生したとき、強いゆれが予想されることを知らせる(緊急地震速報)が出る。

▶(ハザードマップ)を見ると、災害の被害が予想されるはん囲や避難場所などがわかる。

[ハザードマップ　緊急地震速報　津波警報]

(3) 地図を見て、日本の国土で地震が発生しやすい理由をプレート、境界の言葉を使って書きましょう。

(〈例〉複数のプレートの境界にあるから。)

(4) 日本の自然災害について、正しければ○を、あやまっていれば×を書きましょう。

①(×)多くの火山があるが、ほぼ活動していない。

②(○)防災だけでなく、減災の考え方も大切である。

③(○)梅雨や台風などの大雨は土砂災害も起こす。

実力判定テスト　学年末のテスト②

森林とともに生きる

1 資料を見て、あとの問いに答えましょう。 1つ5点〔60点〕

Ⓐ世界各国の、国土にしめる森林の割合　Ⓑ日本の国土の土地利用の割合

Ⓐ % 100 80 60 40 20 0　フィンランド　スウェーデン　日本　アメリカ合衆国　中華人民共和国　(2021年)　(林野庁ほか)

Ⓑ 道路3.7　住宅地など5.2　農地11.6　その他13.3　森林66.2%　総面積37.8万km²　(2020年)　(国土交通省)

Ⓒ天然林と人工林の面積の割合　Ⓓ[　　]で働く人の数の変化

Ⓒ 人工林43.1　天然林56.9%　合計23.7万km²　(2017年)　(林野庁)

Ⓓ 万人 20 15 10 5 0　60才以上　35　59　34才以下　1980年 90 2000 10 2020　(総務省)

(1) [　　]にあてはまる、木を育てて、切って売る産業を何といいますか。（林業）

(2) 次の文の{　　}にあてはまる言葉に○を書き、何の資料について話しているかそれぞれ選びましょう。

- 国土の約{ (3分の2)　2分の1 }は、森林で、農地の約6倍もあるよ。（Ⓑ）
- [　　]の仕事で働く人の数は、だんだん{ 増え　(減っ) }てきているよ。（Ⓓ）
- 自然のままの森林と人の手で植えた{ 天然林　(人工林) }があるよ。（Ⓒ）
- 世界の国に比べて日本は、森林の割合が{ (多い)　少ない }ね。（Ⓐ）

(3) 次の(　　)にあてはまる言葉を書きましょう。

▶ぶな林が広がる秋田県から青森県の境にある(白神山地)は、世界(自然遺産)に登録されている。

(4) 木材、自然災害という言葉を使って、森林のはたらきについてかんたんに書きましょう。

(〈例〉木材をつくり出し、自然災害を防ぐ。)

環境をともに守る

2 次の表を見て、あとの問いに答えましょう。 1つ4点〔20点〕

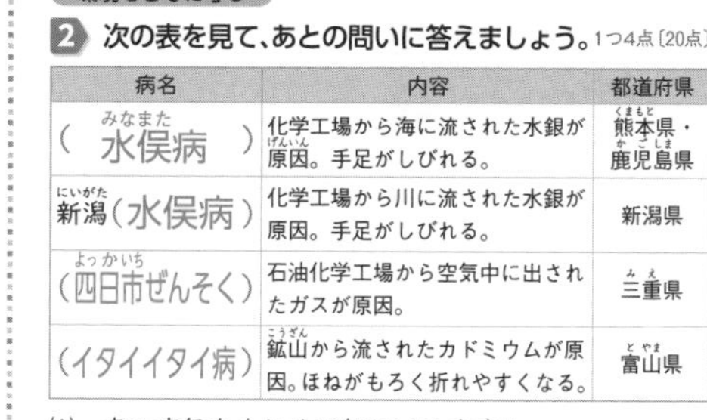

病名	内容	都道府県
(水俣病)	化学工場から海に流された水銀が原因。手足がしびれる。	熊本県・鹿児島県
新潟(水俣病)	化学工場から川に流された水銀が原因。手足がしびれる。	新潟県
(四日市ぜんそく)	石油化学工場から空気中に出されたガスが原因。	三重県
(イタイイタイ病)	鉱山から流されたカドミウムが原因。ほねがもろく折れやすくなる。	富山県

(1) 表の病気をまとめて何といいますか。（四大公害病）

(2) 表の(　　)にあてはまる病気の名前をそれぞれ書きましょう。同じ言葉を書いてもかまいません。

3 資料を見て、あとの問いに答えましょう。 1つ4点〔20点〕

年	北九州市の[　　]防止の歩み
1901年	洞海湾の近くに製鉄所ができる
1950年	ばいじんによる被害が出始め、市民が反対運動を始める
1967年	北九州市と工場の間で、[　　]を防ぐための取り決めを結ぶ
1970年	北九州市が[　　]を防ぐためのきまりをつくる
1987年	北九州市が「星空の街」に選ばれる

(1) [　　]に共通する産業の発展によって環境が悪化して起こる被害を何といいますか。（公害）

(2) 北九州市の[　　]の対策と取り組みについて、次の(　　)にあてはまる言葉を[　　]から選びましょう。

▶被害をなくすために、自分たちで調査をしたり、市にうったえたりする(住民運動)が高まった。

▶市は、[　　]防止(条例)をつくり、よごれを取りのぞく作業などを行った。

▶市は、「北九州エコタウン事業」を進め、ごみをできるだけ出さずに資源を有効に使う、「(持続可能)な社会」をめざしている。

[持続可能　条例　住民運動　環境]

(3) 正しいもの1つに○を書きましょう。

- 環境を守る取り組みは、今は市だけが中心となって行っている。（　）
- 今は対策が進んだので、環境をよごす心配がまったくない。（　）
- 地域のごみを拾うなど、一人一人の行動が大切である。（○）

実力判定テスト かくにん！世界地図と主な国

☆ □にあてはまる大陸や海洋の名前を書きましょう。また①～⑯にあてはまる国の名前を□から選びましょう。

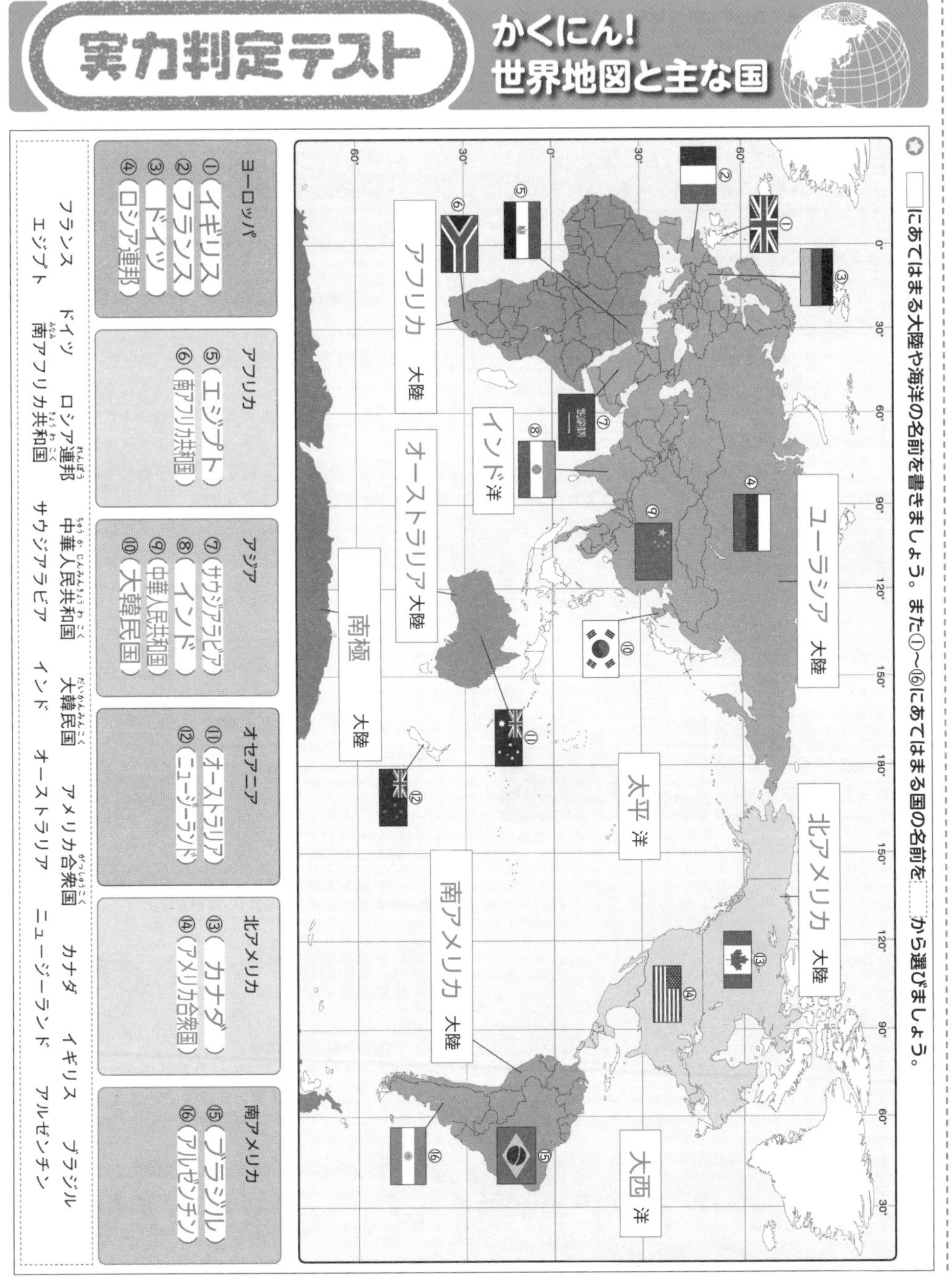

ヨーロッパ	アフリカ	アジア	オセアニア	北アメリカ	南アメリカ
①（イギリス）	⑤（エジプト）	⑦（サウジアラビア）	⑪（オーストラリア）	⑬（カナダ）	⑮（ブラジル）
②（フランス）	⑥（南アフリカ共和国）	⑧（インド）	⑫（ニュージーランド）	⑭（アメリカ合衆国）	⑯（アルゼンチン）
③（ドイツ）		⑨（中華人民共和国）			
④（ロシア連邦）		⑩（大韓民国）			

フランス　ドイツ　ロシア連邦　中華人民共和国　大韓民国　アメリカ合衆国　カナダ　イギリス　ブラジル
エジプト　南アフリカ共和国　サウジアラビア　インド　オーストラリア　ニュージーランド　アルゼンチン

実力判定テスト かくにん！日本の国土

☆（　）にあてはまる言葉を□から選びましょう。

いろいろな地形

高地	標高が高いところ
（山脈）	山が列のように連なったところ
（山地）	山が集まったところ
（盆地）	山に囲まれた平地

低地	標高が低いところ
（平野）	海に面している平地
（台地）	まわりよりいちだんと高くなっているところ
（湾）	陸地に入りこんだ海

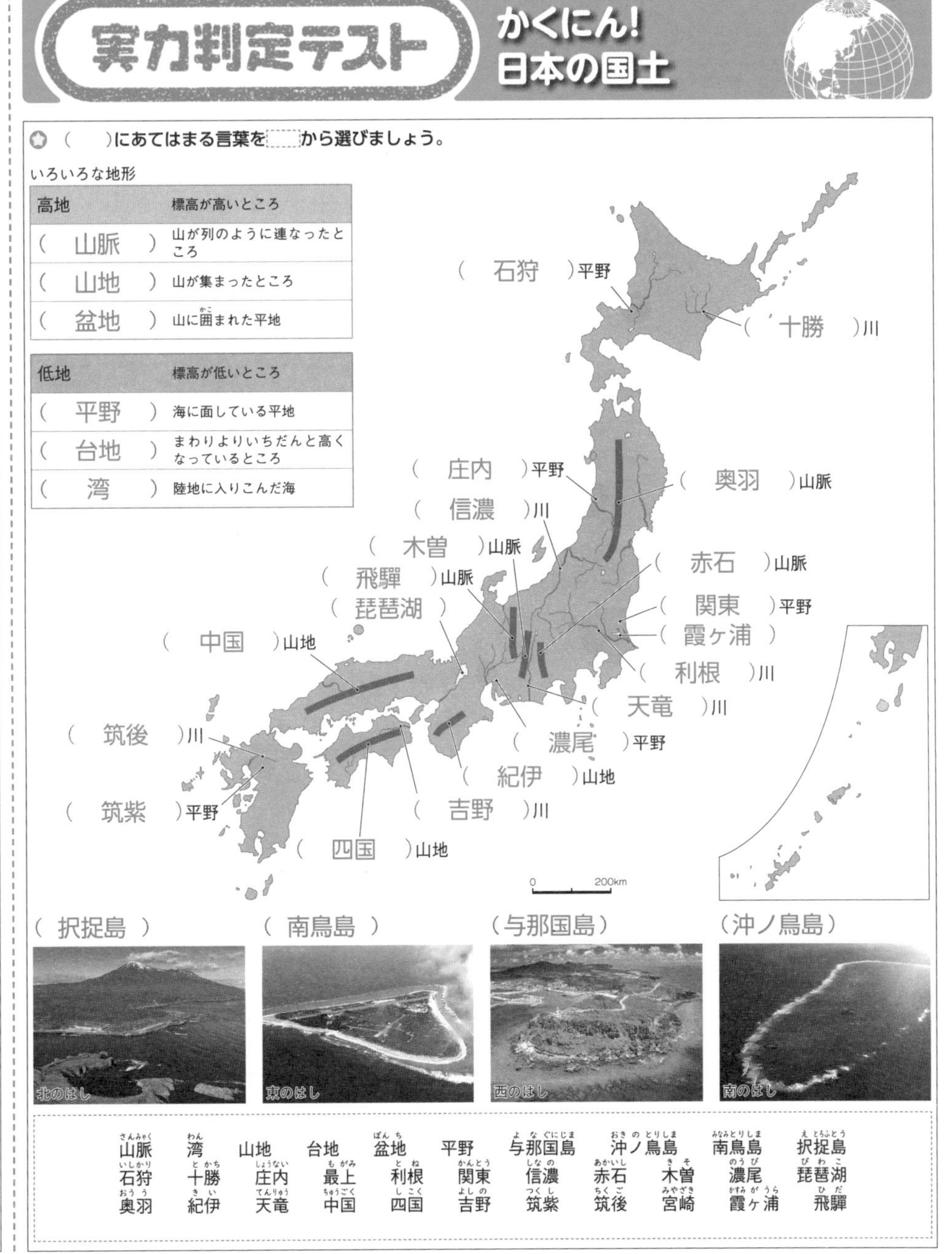

山脈　湾　山地　台地　盆地　平野　与那国島　沖ノ鳥島　南鳥島　択捉島
石狩　十勝　庄内　最上　利根　関東　信濃　赤石　木曽　濃尾　琵琶湖
奥羽　紀伊　天竜　中国　四国　吉野　筑紫　筑後　宮崎　霞ケ浦　飛驒

3 2 1 0 9 8 7 6 5 4
＊ ＊ D C B A